手把手教你

公文写作

{附赠范例宝典}

陈 征◎主编

人民邮电出版社

北 京

图书在版编目（CIP）数据

手把手教你公文写作：附赠范例宝典 / 陈征主编
. -- 北京 ：人民邮电出版社，2018.6（2023.12重印）
ISBN 978-7-115-47915-0

Ⅰ. ①手… Ⅱ. ①陈… Ⅲ. ①公文－写作 Ⅳ.
①H152.3

中国版本图书馆CIP数据核字(2018)第028650号

内 容 提 要

本书结合党政机关公文的具体范例，先讲再练，旨在讲通、讲懂、讲会，还要能看、能写、能判，真正达到像本书名字一样的效果——手把手教你公文写作。

本书分为 7 章，内容涉及公文写作新手需要熟悉的公文写作理论方面的基础知识，以及各类公文的写作和具体模板，包括知照类公文中的公告、通知和公报等内容，报请类公文中的报告、请示和批复等内容，指令类公文中的纪要、规定和决定等内容，洽谈类公文中的合同、招标书和商业计划书等内容，规范类公文中的总结、简报和细则等内容，社交类文书中的演讲稿、书信等内容。

本书适合党政机关、企事业单位各类从事文字写作的人员阅读，也可作为院校新闻传播、汉语言文学专业学生的选读参考书。

◆ 主　编　陈　征
　责任编辑　刘　尉
　责任印制　马振武
◆ 人民邮电出版社出版发行　　北京市丰台区成寿寺路 11 号
　邮编　100164　　电子邮件　315@ptpress.com.cn
　网址　http://www.ptpress.com.cn
　北京虎彩文化传播有限公司印刷
◆ 开本：700×1000　1/16
　印张：17.5　　　　　　　2018 年 6 月第 1 版
　字数：237 千字　　　　　2023 年 12 月北京第 14 次印刷

定价：59.80 元

读者服务热线：(010)81055256　印装质量热线：(010)81055316
反盗版热线：(010)81055315
广告经营许可证：京东市监广登字 20170147 号

前　言

我曾经和一些在企事业单位从事文字工作的朋友聊天，他们经常提及的问题是，刚刚进入工作单位的年轻人写作水平参差不齐，他们不能很好地把握某些文字工作上的注意事项和写作要求，也常常会因为不能很好地在公文中实现真正的意图而导致事倍功半。为此我也和一些年轻人有过交流，我深刻地认识到他们对于公文写作方面知识的匮乏，以及他们对于一个"手把手式"的公文写作工具书的渴求，为此，我整理编写了本书。

本书从公文写作基本知识入手，对知照类公文、报请类公文、指令类公文、洽谈类公文、规范类公文、社交类公文这几种公文类别逐一进行讲解并指导写作。书中涵盖了各类公文的范例；本着"拿来主义""即学即用""包教包会"的原则，方便读者学以致用。

在本书的写作过程中，编者努力做到语言通俗、图文并茂，并配以示例图辅助讲解，给读者一个更直观清晰的印象，便于读者理解和实际创作。除了正文中展示的各类公文范例外，本书还另外赠送公文范例包，读者扫描封面的二维码，即可下载。

编者

2018 年 1 月

目 录

第二章　知照类公文写作要点与范文

第三章　报请类公文写作要点与范文

第四章　指令类公文写作要点与范文

第五章　洽谈类公文写作要点与范文

第一章
公文写作原理

公文是公务文书的简称，简而言之，是政府机关或官员处理公务往来的文件。具体来讲，公文是一级机关在行政管理过程中为处理公务而按照规定格式制作的书面材料，是国家行政机关在进行行政管理、处理各种公务过程中形成的具有法定效力和规范体式的文字工具，是依法行政和进行各种公务活动的重要工具。

了解公文写作的特点，熟悉公文写作的基本流程，体会公文语体风格，学习收集素材及拟订提纲的方式、方法，建立起对公文的整体意识，是学习公文写作的基本功。

第一节　公文概论

一、公文的含义与特点

1. 公文的含义

公文的基本概念包括以下几个方面：（1）公文是在公务活动中形成的；（2）公文的形成者是各类社会组织；（3）公文以文字为信息表达方式；（4）公文是进行各项管理活动的重要工具。

2. 公文有广义和狭义之分

狭义的公文是指 2012 年 4 月 16 日中共中央办公厅、国务院办公厅印发的《党政机关公文处理工作条例》（2012 年 7 月 1 日起施行）中规定的 15 种公文，这些公文也被统称为法定公文。

广义的公文，除党政机关法定公文外，还包括实物类公文（计划、总结、调研报告等）、讲话类公文（开幕词、闭幕词、会议报告等）、规范类公文（章程、条例、规定等）。

此外，广义的公文还有专用公文，如外交公文、法规公文、司法公文、经济公文、公共公文、军事公文等众多种类。

3. 公文的特点

◆ 真实的事实与政策

公文的真实性是指事实与方针、政策的真实性与统一性，这是公文的一大原则。事实的真实性一般是指公文所涉及的事实以及所引用的材料和数据，必须是没有丝毫出入的，是绝对真实可靠的，是没有任何虚假和错漏的；而方针、政策的真实性是指制定方针、政策时要从客观实际出发，科学地进行拟订，而且要遵循事物发展的客观规律。公文是进行公务处理的文书，这就决定了公文必须是根据实际情况的需要、针对具体问题而制定，它有着明确的写作目的。因此，公文的真实性非常重要。

◆ 明确的法定作者

公文由法定作者制成和发布。法定作者是依法成立并能以自己的名义行使职权、承担义务的各类社会组织（即党政机关、企事业单位和人民团体等）及其法定代表人。为证实公文作者的法定地位与身份，并表明公文的法定效用，各机关在制发公文时必须标明发文机关署名，加盖发文机关印章或签署领导人职务、签名章。

◆ 法定的权威性

公文法定的权威性是指公文在一定时间与空间范围内对受文者的行为所产生的指挥、协调、约束等强制性作用。这种强制性来自于公文作者的法定地位及其职权范围。具体表现为：下级机关对于上级文件的贯彻执行与回复；上级机关对于下级来文的回复；同级机关之间公文的往复等。

◆ 突出的现行效用

公文对收文机关的工作活动或读者行为所发挥的现实指导、规范等作用就是公文现行效用，也叫作"现实执行效用"或"时效"。由于客观形势的变化以及公务活动的阶段性，公文的现行效用都有一定的时间限定。有些公文有效期较长，如法规性文件和契约性文件的有效期一般都较长，有的可长达十几年甚至几十年；有些公文的有效期则比较短暂，如日常行政管理性文件 —— 通知、通报、请示、公函等，其现行效用一般都不超过一个年度。总之，不存在永远有效的文件。

◆ **规范的外观体式**

公文具有规范的体式，具有统一规定的文种，它在格式和行文等方面都有一定的规则，公文的拟订必须要遵循统一的规范，而且每种公文只适用于特定的范围，用来表达特定的内容。统一的公文格式依据 2012 年 7 月 1 日开始施行的新的国家标准 GB/T9704—2012《党政关公文格式》（以下简称"新《标准》"），制发公文必须依照新《标准》设计并编排公文格式，这样是为了更好地维护公文的权威性、准确性。

◆ **特定的处理程序**

公文从形成到承办处理要经过一个特有的处理过程。为了保证公文在制作、传递、处理等过程中准确、及时，避免疏漏，有关主管机关制定了统一的公文处理工作规范。中共中央办公厅、国务院办公厅 2012 年 4 月 16 日印发、2012 年 7 月 1 日起开始施行《党政机关公文处理工作条例》（以下简称"新《条例》"）。新《条例》对公文处理原则、公文文种、公文格式、行文规则、公文拟制、公文办理、公文管理等各方面业务均做出了严格明确的规定，要求各个单位在公文处理过程中严格按照规定执行，确保公文处理和公务活动的正常进行。

二、公文的分类

1. 按照公文的使用范围划分

◆ **通用公文**

通用公文是指机关、团体、企事业单位等各类社会组织在管理活动中普遍使用的公文，如决定、决议、通知、通报、请示、报告等。

通用公文具有统一的名称、标准的格式、明确的适用范围和统一的行文规则。

◆ **专用公文**

专用公文是指一些专业部门和系统内部根据特定工作内容和要求制作的公文，如军事文书、外交文书、司法文书、会计文书等。专用公文的种类繁多，且每种专用公文又有自身的类型系列以及特定的格式与处理要求。

2. 按照公文的来源划分

◆ **发文**

发文是指本单位制作并对外发出的公文。发文共分为两种：一种是发往外部单位的文件；另一种是发至本单位内部机构的文件。

◆ **收文**

收文是指本单位收到的由外部单位制发的公文。

3. 按照公文的行文方向划分

◆ **上行文**

上行文是指下级机关向所属上级机关报送的公文。例如，各省人民政府向国务院上报的请示、报告等。

◆ **下行文**

下行文是指上级机关向所属下级机关制发的公文。例如，省级人民政府向所属的市、县级人民政府下达的决定、通知等。

◆ **平行文**

平行文是指同级机关或不相隶属的机关之间相互发送的公文。例如，两县人民政府之间相互发送的公函。

上行文和下行文反映的是机关之间领导（指导）与被领导（被指导）的关系；平行文反映的是机关之间的工作协作关系。通常情况下，公文的行文方向不同，其所采用的文种、公文用语、表达方式、语气及处理过程也有所区别。

4. 按照公文的保密要求划分

◆ **保密公文**

保密公文是指由党和国家根据文件内容划定了秘密等级的文件。目前，我国保密公文分为绝密、机密、秘密三个级别。绝密公文是指涉及党和国家核心机密的文件，其一旦泄露会使国家的安全和利益遭受特别严重的损害；机密公文是指涉及党和国家重要机密的文件，其一旦泄露会使国家的安全和利益遭受严重的损害；秘密公文是指涉及党和国家一般机密的文件，其一旦泄露会使国家的安全和利益遭受损害。因此，保密公文在一定时期内需要限制阅读范围，并由专人负责处理和保管。

◆ **内部公文**

内部公文是指限于机关、团体、企事业单位或专业系统范围内使用的公文。其内容虽不涉及国家秘密，但含有单位和系统内部的情况、数据等，不宜对社会公开。

◆ **限国内公开的公文**

限国内公开的公文是指内容虽不涉密，但不宜向国外公布，而是在国内公布的公文。一些通过各级组织向群众传达的文件即属于此类。

◆ **对国内外公开的公文**

对国内外公开的公文是指内容不涉及机密，可直接对国内外发布的行文。通过报刊发布的法律、法规、公告和公报等即属于此类。

5. 按照公文的办理时限划分

◆ **特急件**

特急件是指内容特别重要且特别紧急，必须以最快的速度优先传递、处理的公文。

◆ **加急件**

加急件是指内容重要且紧急，要求迅速传递、处理的或必须在规定的时限内办理完毕的公文。

◆ **平件**

平件是指无保密和时限方面的特殊要求，按照工作常规传递、处理的公文。

特别说明的是，电报是一种特殊传递方式的公文。电报根据紧急程度，可分为"特提""特急""加急""平急"4类。

6. 按照公文的内容性质划分

◆ **规约性公文**

规约性公文是指国家各级立法机关和行政管理机关制定和颁发的法律和行政法规，如法律、条例、规定、办法、章程、细则等。

◆ **决策指挥性公文**

决策指挥性公文是指上级领导机关或业务主管部门制发的方针、政策性文件或发布政令、部署工作、提出指导性意见的文件，如命令、决定、决议、批复等。

◆ **报请商洽性公文**

报请商洽性公文是指下级机关因工作需要向所属上级机关报告情况、请示或在反映问题时制发的文件，如报告、请示等。

◆ **公布知照性公文**

公布知照性公文是指单位之间或国家管理机关向社会沟通情况、联系工作、公布事项时制发的文件，如通知、通报、通告、公函等。

◆ **日常事务性公文**

日常事务性公文是指单位在日常行政工作和业务活动中形成的各种文件，如计划、总结、简报、会议记录等。

第二节　公文的格式

公文比其他任何一种文体都更强调严格的格式，2012 年发布实施的《党政机关公文格式》（GB/T9704—2012）对现行党政机关公文格式做出了新的规定。

一、眉首

眉首即置于公文首页红色分隔线以上的各要素的统称，包括份数序号、密级和保密期限、紧急程度、发文机关标志、发文字号、签发人等。

1. 份数序号

份数序号又称份号，是公文印制份数的顺序号，即将同一文稿印刷若干份时每份公文的顺序编号。涉密公文应当标注份数序号。份数序号编排在公文的顶格，位于版心左上角第一行，用 6 位 3 号阿拉伯数字标注。份号并不是文件的必要构成要素，标注份号是为了方便对号分发和清退文件，只有涉密文件才需标注，如图 1-1 所示。

图 1-1　份号

2. 密级和保密期限

密级和保密期限用 3 号黑体字表示，顶格编排在版心左上角第二行。

公文的密级分为绝密、机密和秘密。保密期限是对公文秘密等级时效规定的说明，用阿拉伯数字标注。“秘密”级公文的保密期限不超过 10 年，“机密”级公文的保密期限不超过 20 年，“绝密”级公文的保密期限不超过 30 年，期满自动解密。

3. 紧急程度

紧急程度是对公文送达和办理的时限要求。公文根据紧急程度，可分为“特提”“特急”“加急”“平急”。公文的紧急程度用 3 号黑体字表示，顶格编排在版心左上角。公文需同时标注份号、密级和保密期限、紧急程度，并按份号、密级和保密期限、紧急程度的顺序自上而下分行排列，如图 1-2 所示。

4. 发文机关标志

发文机关标志表明公文的作者，通常被称为“文头”，由发文机关全称或规范化简称后加“文件”两字组成，居中红色套印在文件首页上。联合行文时，发文机关标志可以并用联合发文机关名称，也可以单独用主办机关名称，“文件”二字置于发文机关名称右侧，文字上下居中排布。

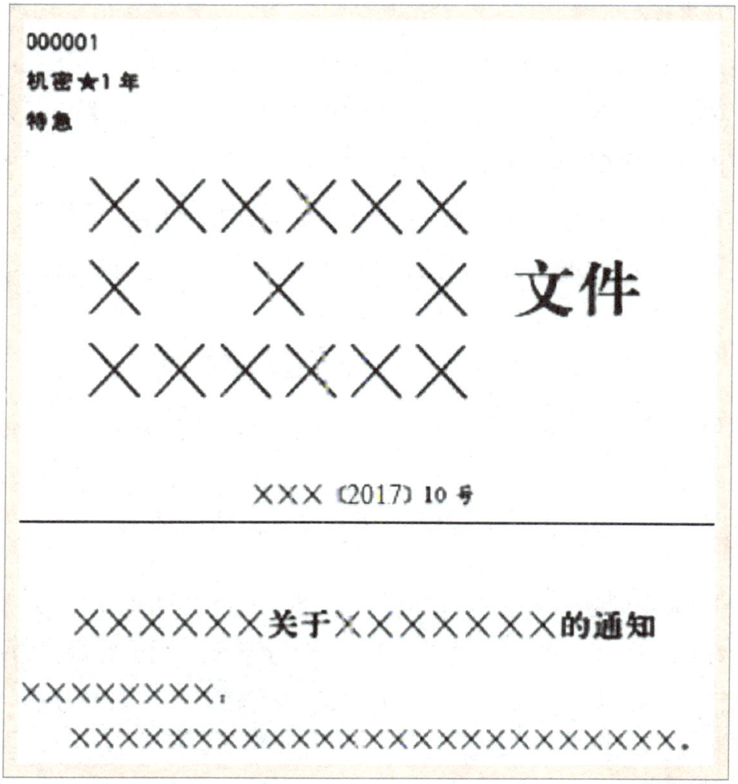
000001
机密★1 年
特急
××××××
×　×　×　文件
××××××
×××〔2017〕10 号
××××××关于×××××××的通知
××××××××：
×××××××××××××××××××××××××.

图 1-2　紧急程度

5. 发文字号

发文字号是发文机关按照发文顺序编排的顺序号，由发文机关代字、年份和序号组成。发文字号置于发文机关标识下两行，居中排布。年份、发文顺序号用阿拉伯数字标注；年份应标全称，用六角括号〔〕括入；发文顺序号不编虚位（即 1 不编为 01），不加"第"字。联合行文标注主办机关的发文字号，如"国发〔2017〕18 号"表示国务院 2017 年度所发的第 18 号文件。机关代字不能自创，应遵循领导部门统一编定的代号。

6. 签发人

签发人是在上报的公文中批准签发的领导人姓名，只用于上行文，平行排列于发文字号右侧。发文字号居左空一字，签发人姓名居右空一字；"签发人"三个字的字体格式为 3 号、仿宋体，"签发人"后标全角冒号，冒号后用 3 号楷体字标注签发人姓名。如有多个签发人，则签发人姓名按照发文机关的排列顺序从左到右、自上而下依次均匀编排，一般每行排两个姓名，回行时，在第二行内编排的第一个姓名要与上一行第一个签发人姓名对齐。

以机关名义发出的公文，由机关正职或正职授权常务副职领导签发。上行文（如请示、报告）由机关主要负责人签发，如由副职签发，应注明主要负责人已阅。一般事务性文件可由分管副职领导签发。日常工作性文件经授权后可由被授权人签发。联合发文应实行会签。会签是指联合发文的机关或部门通过沟通协商取得一致意见后共同签发的行文。经会议通过的文件，由会议主席或秘书部门领导签发。

二、公文主体

公文主体包括标题、主送机关、正文、附件说明、发文机关署名、成文日期、印章、附注、附件。

1. 标题

标题由发文机关名称、事由和文种组成，除法规名称加书名号外，一般不用标点符号。标题位于红色分隔线下两行，用 2 号小标宋体字表示，可一行或多行居中排布；回行时，要做到词义完整、排列对称、长短适宜、间距恰当，标题应排列成梯形或菱形结构。

2. 主送机关

主送机关是指收文机关，是公文主要接收和承办的机关，应当使用机关全称、规范化简称或者同类型机关统称，标注在标题下一行，并使用 4 号仿宋体字居左顶格排列，回行时仍顶格。最后一个主送机关名称后标全角冒号。

3.正文

正文是公文的具体内容，分为导语、主体和结束语 3 个部分。正文位于主送机关下一行，正文用 3 号仿宋体字，一般每面排 22 行，每行排 28 字。

4.附件说明

附件说明表明公文附件的顺序号和名称。在正文下空一行、左字标识"附件"二字，后标全角冒号和附件名称。如有多个附件，使用阿拉伯数字标注，如"附件：1.xx"，附件名称后不加标点符号。附件名称较长需回行时，应当与上一行附件名称的首字对齐，如图 1-3 所示。

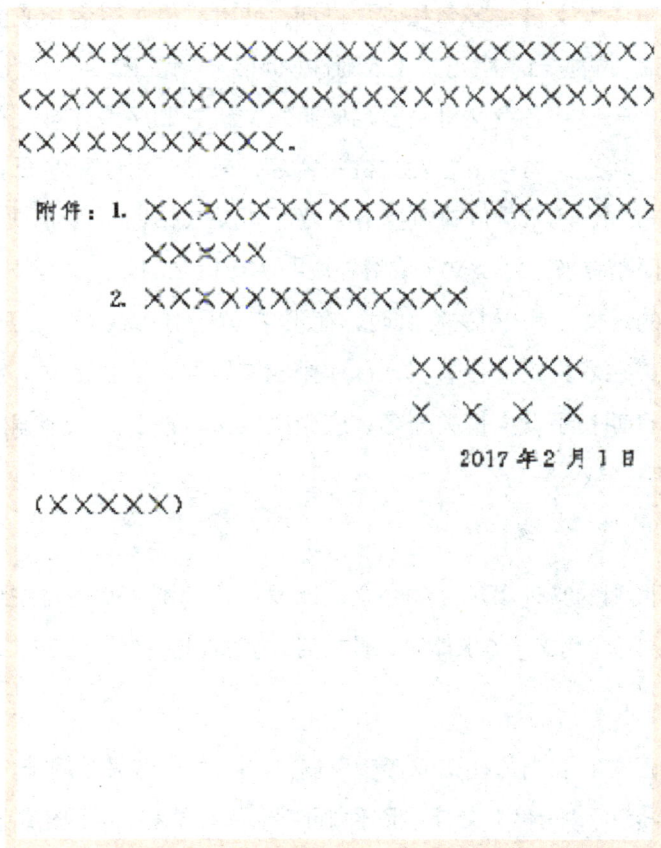

```
××××××××××××××××××××××××××
××××××××××××××××××××××××××
×××××××××××.

附件：1. ×××××××××××××××××××
        ×××××

     2. ×××××××××××


                      ×××××××
               × × × ×
                  2017 年 2 月 1 日

(×××××)
```

图 1-3　附件

5.发文机关署名

发文机关署名处署发文机关全称或者规范化简称。

6. 成文日期

成文日期处署会议通过或者发文机关负责人签发的日期。联合行文时署最后签发机关负责人签发的日期。标识在正文之下，空两行，右空四字。成文日期要求用阿拉伯数字表示。

7. 印章

公文中有发文机关署名的，应当加盖发文机关红色印章，并与署名机关相符，不得出现空白印章。有特定发文机关标志的普发性公文和电报可以不加盖印章。联合上报的公文，由主办机关加盖印章；联合下发的公文，发文机关都应加盖印章。

单一机关行文时，一般在成文日期之上、以成文日期为准居中编排发文机关署名，印章端正、居中下压发文机关署名和成文日期，使发文机关署名和成文日期居印章中心偏下位置，印章顶端应当上距正文（或附件说明）一行之内。

联合行文时，一般将各发文机关署名按照发文机关顺序整齐排列在相应位置，并将印章一一对应、端正、居中下压发文机关署名，最后一个印章端正、居中下压发文机关署名和成文日期，印章之间排列整齐、互不相交或相切，每排印章两端不得超出版心，首排印章顶端应当上距正文（或附件说明）一行之内。

不加盖印章的公文：单一机关行文时，在正文（或附件说明）下空一行右空二字编排发文机关署名，在发文机关署名下一行编排成文日期，首字比发文机关署名首字右移二字。如成文日期长于发文机关署名，应当使成文日期右空二字编排，并相应增加发文机关署名右空字数。

8. 附注

附注是需要说明的其他事项，如公文的印发传达范围、使用时注意的事项、联系人及联系方式等。附注用3号仿宋体字，居左空二字加圆括号标识在成文日期的下一行。

9. 附件

附件是公文正文的说明、补充或者参考资料。附件应当另面编排，并在版记之前，与公文正文一起装订。"附件"二字及附件顺序号用3号黑体字顶格编排在版心左上角第一行。附件标题居中编排在版心第三行，文件格式同正文。附件的序号和名称前后标识应一致。

如附件与公文正文不能一起装订，应在附件左上角第一行顶格编排公文的发文字号并在其后标识"附件"二字及附件顺序号。

三、版记

版记包括主题词、抄送机关、印发机关和印发日期。

1. 主题词

主题词，指用于揭示公文的主要内容并使用规范化的词或词组。其标识主要是为了适应办公自动化的需要，便于计算机的检索和管理。居左定格标识，后标冒号，词目之间空一个字，不适用标点符号。

2. 抄送机关

抄送机关指除主送机关外需要执行或知晓公文的其他机关，其应使用机关全称、规范化简称或者同类型机关统称。左右各空一字，用 4 号仿宋体字标识"抄送"，后标全角冒号；抄送机关间用逗号隔开，回行时与冒号后的抄送机关对齐；在最后一个抄送机关后标句号。

3. 印发机关

印发机关是印制公文的主管部门。印发日期是公文的付印时间，应位于末条分隔线之上，占一行位置，用 4 号仿宋体字。印发机关左空一字，印发日期右空一字。

4. 印发日期

印发日期以公文付印的日期为准，用阿拉伯数字标识。版记中的分隔线与版心等宽，首条分隔线和末条分隔线用粗线（推荐高度为 0.35mm），中间的分隔线用细线（推荐高度为 0.25mm）。首条分隔线位于版记中第一个要素之上，末条分隔线与公文最后一面的版心下边缘重合。

四、公文排版形式

2012 年版《党政机关公文格式》对公文的排版有具体规定，例如，公文用纸幅面尺寸采用国际标准 A4 型纸，210mm×297mm；公文页边与版心尺寸为：公文用纸天头 37mm±1mm；订口 28mm±1mm；版心尺寸 156mm×225mm（不含页码）；发文机关标志上边缘至版心上边缘为 35mm。

如无特殊说明，公文格式各要素一般用 3 号仿宋体字。特定情况下可做适当调整。页码用 4 号半角宋体阿拉伯数字标识，置于版心下边缘之下，数码左右各放一条一字线，一字线上距版心下边缘 7mm。单页码居右空一字，双页码居左空一字。

对信函式公文来说，发文机关名称上边缘距上页边的距离为 30mm，推荐用红色小标宋体字，字号由发文机关酌定；发文机关全称下 4mm 处印一条红色双线（上粗下细），距下页边 20mm 处印一条红色双线（上细下粗），两条线长均为 170mm，居中排布。

第三节　公文写作基本流程

掌握公文写作的一般流程，是理解公文写作含义的基本功，更是深刻体会公文写作规范的基本要求。

一、确定公文主旨

公文主旨指的是公文的写作用意和目的，无论长短，任何公文都应该有正确、鲜明、集中、深刻的主旨。主旨是衡量公文价值的重要标尺，是撰写公文的出发点，更应该充分体现党的方针、政策、国家的法律、法规和行政机关领导的意图。

1. 确定公文主旨的原则

确定公文主旨一般应该遵循以下原则。

◆ **鲜明**

鲜明，就是要求公文的主旨被表现得足够直白。公文多数必须遵照办事准则，观点要清楚明白，否则在实际解决问题时将失去准确可靠的依据和尺度。

◆ **正确**

公文主旨正确，首先是要求主旨必须与党和国家的方针、政策、法律、法规相一致，与上级意图相一致。其次，公文主旨必须是对客观外界的准确反应、中肯认识、合理分析，公文提出的措施、意见是实事求是的、合情合理的。某些道理即使不错但不切实际也不能被认为是主题正确的公文。提笔行文时就要坚信主旨的正确，要以表现主旨为主要目的。在文字表述上要注意维护主旨的这种正确性，其表述方法有两种：一是通过直白的方式，直截了当地、毫不含糊地表明主旨。另一种方法是采用证明主旨正确性的材料，间接维护主旨的正确性。如写报告时，为了表明某种做法的正确，可以写效果，以效果好间接证明做法的正确。

◆ **着眼全局**

在制发公文时都要从全局出发，保证公文的正确性，体现全党全民的意愿。为了更好地从全局着眼，提炼好具体公文的主旨，要认真学习、熟悉党和国家的方针、政策，经常从党和国家的重要文件中，揣摩、体会其决策的意向，体察政策调整方向的脉络。

◆ **集中一致**

公文的主旨应该围绕一个问题，集中力量把要说的主旨表达得鞭辟入里，不能面面俱到。有些公文，如请示等，应一文一事，一事一中心，防止"意多乱文"，这样便于落实、批复、贯彻执行，便于理解。主次不分，贪大求全，是公文写作的大忌。

由于公文的主旨具有单一性的特点，因此在表述时要力求集中。内容要围绕一个意图和观点展开，即使是篇幅较长、内容丰富的报告之类的公文，从属观点可以有多个，但也要像海纳百川那样统一于一个主旨。

◆ **预见性**

公文主旨的确定应该考虑预见性，因为国家政策具有调整社会各方面关系的作用，但同时也在促进问题解决、推动社会向前发展，因此在确定公文主旨时应该注意把握其预见性。

2. 正确表达公文主旨的方法

◆ **直抒胸臆法**

落笔入题，将主旨表现于篇首，交代行文目的、依据和总的要求，直接阐明意义和基本观点。

◆ **段前摘要法**

摘要即摘取要点，一般用于内容比较复杂、篇幅较长的公文文书。比如某组织科长在做入职竞演时，采用段前摘要法：

（1）比较熟悉业务；

（2）组织协调能力、行政管理能力较强，能独当一面开展工作；

（3）责任心强，有一定的实际工作能力和开拓进取精神，能创造性地开展工作，成效比较明显；

（4）做事比较沉着冷静，工作思路比较清晰，讲究工作方法；

（5）服从安排；

（6）注重团结，能与同志们和睦相处。

◆ **标题显旨法**

直接在标题中表达主旨，醒目突出，一般采用"发文机关＋事由＋文种"的格式。并要由开头部分作为补充，或者标题设问，开头做答，或者标题点明主旨，开头进一步解释等，两者互为补充，相得益彰。

"2017年昌平区优秀少儿绘画作品展"活动初评收件截稿时间延期通告

为传播先进文化，繁荣文化市场……经本次活动组委会研究决定，将本次活动初评收件截稿时间延长至2017年12月1日，在此之前递交的作品都可以参加本次初评，特此通告。

2017年昌平区优秀少儿绘画作品展活动组委会

2017年11月15日

◆ **首尾呼应法**

这种方法一般适用于内容复杂的公文，在主旨表达时通常在篇首提出一个问题，在篇尾做出明确回答，或者在篇首对某一情况或问题做出多种解释，而在篇尾得出正确结论等。

二、确定行文规则

行文规则主要是需要掌握组织关系和行文方向。

1. 组织关系

（1）**隶属关系**：指同一组织关系中存在直接职能往来的上下级之间的关系，比如省政府和管辖范围内的市政府、县政府、乡（镇）政府之间，以及省政府某厅和厅以下的处、科之间。遵循逐级行文原则，一般不可越级行文。

（2）**非隶属关系**：指不是同一组织关系中不发生直接职能往来的机关之间的关系。其既有平级机关，也有不相隶属的不同级别的机关，比如同级政府之间、同级政府各职能部门之间。这些没有隶属关系的机关如果因工作需要而联系、沟通、协调或共同办理事务，一般可使用不带指示事项的通知、函等。

2. 行文方向

行文方向就是以发文机关为基准，公文向不同层次的机关单位运行的方向。其一般可分为上行文、下行文、平行文等。

（1）**上行文**：指下级机关单位向上级机关单位的行文，如请示、报告等，其具体应遵循以下六条原则。

- 原则上主送一个上级机关，根据需要同时抄送相关上级机关和同级机关，不抄送下级机关。

- 党委、政府的部门向上级主管部门请示、报告重大事项，应当经本级党委、政府同意或者授权；属于部门职权范围内的事项应当直接报送上级主管部门。

- 下级机关的请示事项，如需以本机关名义向上级机关请示，应当提出倾向性意见后上报，不得原文转报上级机关。

- 请示应当一文一事，不得在报告等非请示性公文中夹带请示事项。

- 除上级机关负责人直接交办事项外，不得以本机关名义向上级机关负责人报送公文，也不得以本机关负责人名义向上级机关报送公文。

- 受双重领导的机关向一个上级机关行文，必要时抄送另一个上级机关。

（2）下行文：指上级机关单位向下级机关单位的行文，如命令、决定、批复等，其具体应遵循以下五条原则。

- 主送受理机关，根据需要抄送相关机关。重要行文应当同时抄送发文机关的直接上级机关。

- 党委、政府的办公厅（室）根据本级党委、政府授权，可以向下级党委、政府行文，其他部门和单位不得向下级党委、政府发布指令性公文或者在公文中向下级党委、政府提出指令性要求。需经政府审批的具体事项，经政府同意后可以由政府职能部门行文，文中须注明已经政府同意。

- 党委、政府的部门在各自职权范围内可以向下级党委、政府的相关部门行文。

- 涉及多个部门职权范围内的事务，部门之间未协商一致的，不得向下行文；擅自行文的，上级机关应当责令其纠正或者撤销。

- 上级机关向受双重领导的下级机关行文，必要时抄送该下级机关的另一个上级机关。

（3）平行文：指不相隶属的机关单位之间的相互行文。收发文双方本着平等沟通的原则进行公文往来，比如函来函往。

这三类划分不是一成不变的，比如我们通常把"通知"作为下行公文，但有时不相隶属的机关单位之间，或者平级之间在不存在指示和指导的情况下也采用这一文体互通有无，它虽然不属于平行文，却有平行的职能。

3. 行文方式

根据工作需要和机关单位的组织关系来决定行文方式。常见的有以下几种。

（1）根据行文对象划分。

◆ **逐级行文**：指行文机关向自己的直接上级上行公文或向直接下级下行公文。比如请示，必须逐级请示，且主送一个机关，不得擅自越级。

◆ **越级行文**：指行文机关越过自己的直接上级或直接下级，向非直接上级或非直接下级行文。如遇到特殊情况、紧急情况、突发事件，需要直接向再上一级机关或再下一级机关汇报情况、布置工作、请求事项，如果采用这种行文方式，必须要抄报被越过的机关。

◆ **多级行文**：指行文机关同时发送给上几级或下几级机关，甚至直达基层与人民群众直接见面。

◆ **普发行文**：指行文机关向所属的所有机关同时发文的方式。

◆ **通行行文**：指行文机关向隶属机关和非隶属机关、群众等的一次性泛向行文。这类行文往往没有明确的收文对象，比如公告。

（2）根据发文机关的数量划分。

◆ **单独行文**：指只以一个机关的名义发出的公文。比如《中国青基会希望工程公告》，汇报了希望工程的捐款收支情况、接受资助情况等，该文由中国青基会单独发文。

◆ **联合行文**：指以两个或两个以上的平行机关的名义共同发出的公文。《党政机关公文处理工作条例》第十七条明确规定："同级党政机关、党政机关与其他同级机关必要时可以联合行文。属于党委、政府各自职权范围内的工作，不得联合行文。"采用这种行文方式必须符合行文内容同时涉及两个或两个以上的平行机关这一条件，双方协商一致后共同发文。通告和倡议等经常采用这种行文方式，如1983 年发布的《大家都来说普通话倡议书》就是由教育部、原中国文字改革委员会等 15 个单位联合发文。

（3）根据行文对象的主次划分。

◆ **主送**：指要求公文予以办理或答复的主要受理机关，是行文机关直接对与行文内容关系密切、需要回复或贯彻执行的机关单位的行文。上行文一般只写一个主送机关，下行文可以有若干机关。如某大学关于印发《2017 年度教职工住房补贴发放办法》的通知为下行文，其主送机关有各院（系、所）、部处、校区管委会、直属单位。

◆ **抄送**：指在行文主送的同时，向需要了解行文内容的其他机关单位行文。比如《关于突击排查某街道存在道路安全隐患的情况报告》，主送上级机关为该街道所属的区政府，同时可以抄送市政管理、治安等部门。

三、拟订提纲

拟订提纲可以对大量凌乱的素材加以甄选；可以对公文进行合理的布局和安排，避免头重脚轻或主次不当等问题；可以不断提升撰写人的综合分析能力。写作提纲是由一组序码和文字组成的逻辑图，它是文稿写作的设计蓝本，具有参考和统领的作用。

1. 层次结构

应该根据内容来设定结构层次，其通常在两层到三层。根据需要来拟订文稿的逻辑图，层次之间的连接可用符号"｜"。层次图中的"一、二、三、"表示文稿的大要点；"（一）（二）（三）"表示其是"一"这个大要点下的从属要点；"1.2.3."表示其是"（一）"这个从属要点的从属要点，依此类推。

2. 提纲写法

提纲中大小要点的写法有以下几种。

一是标题式写法，用言简意赅的词语以标题的形式把内容概括出来，优点是简明扼要，缺点是没有细化，不能涵盖很多细节。

二是句子式写法，以一个能表达完整意思的句子把内容概括出来，此法相较标题式写法略为详细，优点是主题明确，意思完整，可以为行文做较好的参考。

三是段落式写法，是用更长的文字和篇幅将内容写下来，这一写法往往是建立在思路比较明确、材料比较丰富的基础之上，其优点在于对写作具有直接的指导作用，包含了很多细节和要点。

四、明确结构和形式

公文的结构包括公文的基本格式和组织结构。公文的基本格式是指文体格式，而组织结构包括安排开头、结尾、层次、过渡、照应、主次、详略等。公文结构具有以下特点。

● **单一性**：公文的功能非常单一，指向性明确。比如请示，只能包含一个请批事项，不能多事一请。函也是"一事一函"。

● 逻辑性：不管是思维还是行文都应讲究逻辑，因果关系、必要关系、偶然条件、必然因素都必须明确，逻辑关系必须严密，不能出现逻辑混乱的情形。

● 格式化：各类公文的结构组成通常由国家部门或相关权力机构统一规定，即便是没有统一的规定也往往有约定俗成的格式。

公文结构首先要设定层次和段落。层次是指公文内容展开的顺序。段落，也叫小节、自然段，是公文最小的构成单位，用以表达层次，在内容上具有相对的独立性和完整性。层次通常有总分、总分总、分总等几种模式。其次，注意过渡和照应。过渡指层次、段落之间的衔接和转换，其起到承上启下的作用。照应是指公文前后的关照和呼应，是为了显示公文的内在联系，强调重要环节和主题。常见的照应有这样几种形式：结尾和开头的照应、内容和标题的照应，前面部分和后面部分的照应。最后，注意用语和表达。语言表达是公文的外衣，包括遣词造句和修辞手法等。

汉语博大精深，使用近义词、同义词、褒义词、贬义词、中性词时都需恰如其分。比如："××办公室昨天已经拿到相关文件，并正在根据文件提出的要求进行修改。"这里的"拿到"很显然不符合公文的用词，可以改为"收悉"。

公文的造句应该遵循的原则为能用短句不用长句，能用散句不用整句，能用陈述句不用疑问句、感叹句。

修辞是常见的文学手法，包括比喻、对比、引用、设问、反问等，用以更加生动形象地表现事件和人物，但公文应尽量少用修辞，甚至不用。

五、收集材料

素材是指为完成文章的写作，体现自己的意图和目的，从现实生活以及文献资料中选取的一系列事实依据和理论根据。根据不同的分类标准，可以把素材分成不同的类别。

（1）从来源上看，可以分为一手材料和间接材料。对于间接材料必须核实，不能道听途说，很多民间传说、小道消息都是不足以采信的。

（2）从性质上看，有正面材料和反面材料。正面材料是指积极的、值得宣传和推广的材料，具有影响力和感召力，比如个人先进事迹汇报等。反面材料往往能让人吸取教训，对现实有借鉴作用，比如事故报告等。

（3）从范围上看，有典型材料和面上材料。在具体的写作过程中，经常使用的方法往往是"点面结合"，既要全面，又要有针对性。

（4）从时间上看，有历史材料和现实材料。可以将过去和现实相结合，这样的分析，其结果更透彻、更深刻。

（5）从形态上看，有事实性材料和观念性材料，事实性材料指客观存在的事物，包括人物、事件、现象、数据等。观念性材料主要指各种理论、思想、观点等。

六、审改

对公文进行审核、修改能够完善公文的内容和结构，使之更符合公文的格式和要求，也是写作者提升写作素养的有效渠道。反复地修改会使作者形成良好的行文习惯，从而触类旁通，拿捏得当，表情达意。对公文进行审核、修改主要可以从以下几个方面进行。

（1）对主旨和内容的审改。主要考查文稿是否符合党和国家的方针、政策，是否准确反映了制文的意图，是否体现了上级或领导的精神和指示，是否与其他文件和规定有抵触、矛盾之处。

（2）材料和事实的核实。文稿中所引用的材料和事实必须经过核实，数据和事例必须真实准确，不允许有丝毫的虚构和失实。

（3）结构和格式的调整。主要是指公文结构是否合理、条理是否清晰，格式是否符合相应文体的要求，行文关系是否准确，抬头署名是否无误。

（4）文字和语气的修改。主要是指文字和标点符号是否使用准确、是否有错别字等，语气是否合适、是否符合发文者的身份，是命令式的、强制式的还是请求支援或商洽式的口吻。

七、审核与签发

1. 审核

公文文稿完成之后，应当由发文机关办公厅（室）进行审核。

一般审核的内容有以下几部分。

（1）行文理由是否充分，行文依据是否准确，行文是否有必要。不必要的公文只能增加工作负担，坚决不发。

（2）内容是否符合国家法律、法规和党的路线方针、政策；是否完整、准确地体现发文机关意图；是否同现行有关公文相衔接；所提政策措施和办法是否切实可行。

（3）涉及有关地区或者部门职权范围内的事项是否经过充分协商形成一致意见。

（4）文种是否正确，格式是否规范；人名、地名、时间、数字、段落顺序、引文等是否准确；文字、数字、计量单位和标点符号等的用法是否规范。

（5）其他内容是否符合公文起草的有关要求。需要发文机关审议的重要公文文稿，审议前应由发文机关办公厅（室）进行初核。经审核不宜发文的公文文稿，应当退回起草单位并说明理由；符合发文条件但内容需做进一步研究和修改的，应由起草单位修改后重新报送。

2. 签发

公文应当经本机关负责人审批签发。重要公文和上行文由机关主要负责人签发。党委、政府的办公厅（室）根据党委、政府授权制发的公文，由授权机关主要负责人签发或者按照有关规定签发。签发人签发公文，应当签署意见、姓名和完整日期；圈阅或者签名的，视为同意。联合发文由所有联署机关的负责人会签。

第一节　公告

公告主要用于高级行政机关向国内外宣布外国元首访华、国家领导人出访、国家领导人选举结果、重大高尖技术试验成功、重要涉外活动以及广泛关注事宜等。在实际使用中，地方政府也使用公告宣布重大国际活动及法定事宜。

值得注意的是，公告与公报两种文种都是领导机关通过新闻媒介公布重大事件、内容的正式文件，但是这两者在文件性质、发布机关、发布内容、发布程序上有重大区别。

公告由国家行政系统使用，由国家高级行政领导机关发布，用于国家各种重大活动、重大事件和国内外关注的重大问题的发布，篇幅较短，可由领导机关决定后直接发布。公报由党的系统使用发布，内容丰富，用于发布党的高级会议重要精神和成果，经有关大会讨论通过后方可发布。

一、公告的特点

1. 发文权力的限制性

由于公告宣布的是重大事项和法定事项，因此拥有其发文权力的主体被限制在高层行政机关及其职能部门。具体来说，国家最高权力机关（全国人民代表大会及其常务委员会），国家最高行政机关（国务院）及其所属部门，各省、自治区、直辖市行政领导机关，某些法定机关（如税务局、海关、铁路局、检察院、法院等）有制发公告的权力。其他地方行政机关一般不能发布公告。党团组织、社会团体、企事业单位也不能发布公告。

2. 发布范围的广泛性

公告是向"国内外"发布重要事项和法定事项的公文，其信息传达范围有时是全国，有时是全世界。例如，中国曾以公告的形式公布中国科学院院士名单，这样做一方面确立了他们在我国科学界学术带头人的地位，一方面尽力为他们争取了在国际科学界的地位。这样的公告肯定会在世界科学界产生一定的影响。中国有关部门还曾在《人民日报》上刊登公告，公布中国名酒和中国优质酒的品牌、商标和生产企业，以便消费者辨认。

3. 题材的重大性

公告的题材必须是能在国内外产生一定影响的重要事项，或者依法必须向社会公布的法定事项。公告的内容庄重严肃，体现着国家权力部门的威严，既要能够将有关信息和政策公之于众，又要考虑在国内外可能产生的政治影响。一般性的决定、通知都不能用公告的形式发布，因为它们很难具有全国和国际性的意义。

4. 内容和传播方式的新闻性

公告还有一定的新闻性特点。所谓新闻，就是对新近发生的、群众关心的、应知而未知的事实的报道。公告的内容都是新近的、群众应知而未知的事项，在一定程度上具有新闻的特点。公告的发布形式也有新闻性特征，它一般不以红头文件的形式传播，而是公开刊登在报刊上。

二、公告的写作

公告的结构一般包含三部分的内容，即标题、正文和结尾。

1. 标题

标题一般由两部分组成：发文机关和"公告"二字，有时只标文种即可（标题如无发文机关名称，则在结尾必须落款）。

2. 正文

正文的开头主要讲述发布公告的原因，以及讲原因的目的；主体为主要事项和告知的内容，可以分条款写下；结语包括实施的期限、范围以及如果违反将如何等，也可以简洁地提出对人民的希望、对违背者的警告等，然后再写"特此公告"。

3. 结尾

结尾包括署名和日期。以机关名义发布的、标题已有机关名的公告，就不必再署名。

　　由于公告的接收面广，大家在撰写时要注意做到"事理周密无漏洞，条理清楚不啰唆，语言通俗不鄙俚，文风严肃不做作"，确保其易读、易懂、易知。

三、重要事项的公告

　　凡是用来宣布有关国家的政治、经济、军事、科技、教育、人事、外交等方面需要全民知晓的重要事项的，都属此类公告。常见的重要事项公告主要公布国家重要领导岗位的变动、领导人的出访或其他重大活动、重要科技成果、重要军事行动，等等。例如，《全国人民代表大会常务委员会关于确认全国人民代表大会代表资格的公告》《新华社受权宣布中国将进行军事演习的公告》等。

【重要事项公告范文（节选）】

全国人民代表大会常务委员会公告
〔十二届〕第二十一号

　　第十二届全国人民代表大会常务委员会第二十三次会议听取并审议了第十二届全国人民代表大会常务委员会代表资格审查委员会关于辽宁省第十二届人民代表大会选举产生的部分第十二届全国人民代表大会代表当选无效的报告。根据《中华人民共和国全国人民代表大会和地方各级人民代表大会选举法》第五十七条关于以金钱或者其他财物贿赂代表当选的，其当选无效的规定，确定由辽宁省第十二届人民代表大会第一次会议选举产生的以下45名第十二届全国人民代表大会代表当选无效：于洪、王文良、王占柱、王守彬、王宝军、王春成、方威、包紫臣、曲宝学、朱景利、刘云文、刘芝旭、刘清莲（女）、刘福祥、齐牧、孙寿宽、李玉环（女）、李东齐、李海阳、杨敏（女）、何著胜、冷胜军、宋树新、张文成、张玉坤（女）、张占宇、张国军、张素荣（女）、张振勇、张晓芳（女）、张铁汉、金占忠、柳长庆、姜秀云（女）、姚庭财、耿洪臣、高宝玉、郭元华、常薇（女）、韩有波、惠凯、谢文彦、谭文华、燕福龙、魏立东。

　　截至目前，第十二届全国人民代表大会实有代表2894人。

　　特此公告。

全国人民代表大会常务委员会
2016年9月13日

四、法定事项的公告

　　依照有关法律和法规的规定，一些重要事情和主要环节必须以公告的方式向全民公布。例如，《中华人民共和国专利法》第三十九条规定："发明专利申请经实质审查没有发现驳回理由的，专利局应当做出审定，予以公告。"

【法定事项公告范文】

国家税务总局关于营业税改征增值税试点期间有关增值税问题的公告
国家税务总局公告 2015 年第 90 号 2015-12-22

为统一政策执行口径，现将营业税改征增值税试点期间有关增值税问题公告如下。

一、蜂窝数字移动通信用塔（杆），属于《固定资产分类与代码》（GB/T 14885—1994）中的"其他通信设备"（代码 699），其增值税进项税额可以按照现行规定从销项税额中抵扣。

二、纳税人销售自己使用过的固定资产，适用简易办法依照 3% 征收率减按 2% 征收增值税政策的，可以放弃减税，按照简易办法依照 3% 征收率缴纳增值税，并可以开具增值税专用发票。

三、纳税人提供有形动产融资性售后回租服务，计算当期销售额时可以扣除的有形动产价款本金，为书面合同约定的当期应当收取的本金。无书面合同或者书面合同没有约定的，为当期实际收取的本金。

四、提供有形动产融资租赁服务的纳税人，以保理方式将融资租赁合同项下未到期应收租金的债权转让给银行等金融机构，不改变其与承租方之间的融资租赁关系，应继续按照现行规定缴纳增值税，并向承租方开具发票。

五、纳税人通过蜂窝数字移动通信用塔（杆）及配套设施，为电信企业提供的基站天线、馈线及设备环境控制、动环监控、防雷消防、运行维护等塔类站址管理业务，按照"信息技术基础设施管理服务"缴纳增值税。

纳税人通过楼宇、隧道等室内通信分布系统，为电信企业提供的语音通话和移动互联网等无线信号室分系统传输服务，分别按照基础电信服务和增值电信服务缴纳增值税。

本公告自 2016 年 2 月 1 日起施行，此前未处理的事项，按本公告规定执行。

特此公告

国家税务总局

五、专业性公告

有一类公告是专业性的或向特定对象发布的公告，如商用的招标公告，按专利法规定公布申请专利的公告等；也有按国家民事诉讼法规定发布的公告，如法院递交的诉讼文书无法送本人或代收人时，可以发布公告间接送达，此公告是向特定对象发布的。这些都不属行政机关公文。

【专业性公告范文】

×× 科技有限公司 2017 年度小阀门采购项目招标公告

我司"2017 年度小阀门采购项目"资金已经落实，具备招标条件，现拟进行公开招标。

一、本项目资质要求

1. 投标人须在投标项目经营范围；

2. 投标人须在中华人民共和国境内登记注册，并具有独立企业法人资格；专业制造商注册资金为 500 万元人民币或以上，经销商注册资金为 600 万元人民币或以上；

3. 投标人提供的货物必须符合国家和行业的有关技术及安全标准并有出厂合格证，投标人还要提供第三方产品质量检验报告；

4. 投标人必须是有能力提供议标货物及服务的专业制造商或经销商，并具有良好的供货能力和售后服务能力，经销商须提供经销证书；

5. 投标人须具有良好的信誉，未出现过招标人不接受其投标的问题；

6. 本项目不接受联合体投标。

二、投标报名时间及地点

请有意参加公开招标的单位于 2016 年 12 月 17 日 18：00（北京时间）前报名，将单位名称、报名参加投标的项目名称、联系人、联系电话及联系人邮箱传真至 xinda×××@163.com。

注：报名需附①营业执照；②产品质量检测报告；③经销商须提供阀门经销证书；④经营业绩及案例（以上所要求提供的资料均需盖章）。经初步审查合格后，我司将向报名单位发放议标文件。

报名地点：北京市西城区阜成门外大街诚基大厦 ×-×-××

联 系 人：马先生、李小姐

电　　话：010-6986××××　　　传真：010-6986××××

×× 科技有限公司

2016 年 12 月 13 日

第二节　通告

通告是行政机关、社会团体和企事业单位公布社会各有关方面应当遵守或周知的事项时使用的公文，一般分为周知性通告和规定性通告。

一、通告的特点

1. 规范性

通告所告知的事项常作为各有关方面行为的准则或对某些具体活动的约束限制，具有行政约束力甚至法律效力，要求被告知者遵守执行。

2. 业务性

通告常用于公布水电、交通、金融、公安、税务、海关等主管业务部门工作的办理、要求或事务性事宜，内容具有专业性、事务性。

3. 广泛性

通告的告知范围广泛，适用范围同样很广泛。通告不仅在机关单位内部公布，而且向社会公布。其内容可涉及社会生活各方面，因而各级机关、企事业单位、社会团体都可以使用。此外，通告的发布方式多样，可通过报刊、广播、电视公布，也可以张贴和发文，使通告内容广为人知。

二、通告与公告的区别

公告是国家权力机关、行政机关向国内外郑重宣布重大事件和决议、决定时所用的一种公文。《办法》规定："向国内外宣布重要事项，用'公告'。"公告的被使用频率也颇高，如公布国家领导人、人民代表大会代表、人民代表大会常务委员会委员职务的变更、任免，国家领导人的重要活动，重大科技实验等均可使用公告。

公告必须由特定的国家机关制发，内容重大而且多能引人关注。公告也可以由大众传播媒介予以广泛展布。公告由其性质、内容、发布机关的不同，一般分为重要事项公告和法定事项公告。

通告是适用于公布社会各有关方面应当遵循或者周知的事项的公文文体。

通告被称为发布性公文或知照性文告，中心是晓谕告知，就是把欲使接收者知晓的情况、事项、规定、要求发布出去，或者说是告知、关照到有关方面。由于告白的对象范围广泛，"一体周知"，所以其又被称为"周知性文章"。

公告与通告的分工如下。

- "公告"的发文机关级别更高（多为省、部级以上机关）；宣布的事更重大；告知的范围更广，有时包含国外；发布的方式一般不张贴，而是通过通讯社、电台、报刊发布。

● "通告"的使用机关范围较大，各种机关单位都可以发布；内容有时具有专业性（如金融、交通方面的），而事项则较一般化；发布方式多种式样，可张贴，也可在报刊、电台发布。因报纸上标注有日期，所以利用报纸发布的通告中可省略日期。

三、通告的写法

1. 标题

● "通告"。如遇特别紧急情况，可在通告前加上"紧急"二字。
● "关于 ××× 的通告"。
● "××× 关于 ××× 的通告"。
● "××× 的通告"。

2. 缘由

主要阐述发布通告的背景、根据、目的、意义等。通告常用的特定承启句式是"为……，特通告如下"，或者"根据……，决定……，特此通告"。

3. 通告事项

通告事项是通告全文的核心部分，包括周知事项和执行要求。这部分内容要条理分明，层次清晰，如果内容较多，可采用分条列项的写法；如果内容比较单一，也可采用贯通式写法。此外，该部分要明确具体，清楚说明受文对象应执行的事项，以便于其理解和执行。

4. 结语

通告常以"特此通告"或"本通告自发布之日起实施"作为结束语。

四、周知性通告

周知性通告用于传达告知业务性、事务性事项，一般没有执行要求，仅供人们知晓。

【周知性通告范文】

威海市人民政府办公室关于启用威海市外国专家局印章的通知

各区市人民政府，国家级开发区管委，南海新区管委，市政府各部门、单位：

根据市编委《关于市人力资源和社会保障局增挂市外国专家局牌子的通知》（威编〔2016〕72 号），现制发"威海市外国专家局"印章 1 枚，自 2017 年 2 月 24 日起启用。

附：印模

印模
特此通告。

威海市人民政府办公室

2017 年 2 月 24 日

五、规定性通告

规定性通告用于公布国家有关政策、法规或要求遵守的约束事项，告知对象必须严格遵照执行，用于公布带有强制性的行政通告。为确保某一事项的执行与处理，它将提出具体规定，以要求相关单位与个人遵守。

【规定性通告范文】

总局关于 5 批次食品不合格情况的通告（2017 年第 42 号）
2017 年 03 月 14 日发布

近期，国家食品药品监督管理总局组织抽检食用油、油脂及其制品、蔬菜制品、水产制品、方便食品、薯类和膨化食品、茶叶及相关制品、酒类、炒货食品及坚果制品和蜂产品 9 类食品 666 批次样品，抽样检验项目合格样品 661 批次，不合格样品 5 批次。根据食品安全国家标准，个别项目不合格，其产品即被判定为不合格产品。具体情况通告如下。

一、总体情况：食用油、油脂及其制品 93 批次，不合格样品 1 批次；蔬菜制品 58 批次，不合格样品 2 批次；水产制品 79 批次，不合格样品 2 批次。方便食品 84 批次，薯类和膨化食品 104 批次，茶叶及相关制品 39 批次，酒类 76 批次，炒货食品及坚果制品 69 批次，蜂产品 64 批次，均未检出不合格样品。

二、不合格产品情况如下。

（一）标称洪湖市洪湖浪米业有限责任公司生产、由武汉中商平价超市连锁有限责任公司鹦鹉洲店销售的洪湖浪金胚玉米油，苯并 [a] 芘检出值为 28 μg/kg，比标准规定（不超过 10 μg/kg）高 1.8 倍。检验机构为湖南省食品质量监督检验研究院。

（二）标称岳阳东方食品有限公司生产、由四川特产美食商城在1号店（网站）销售的酱香萝卜脆，苯甲酸及其钠盐（以苯甲酸计）检出值为1.1g/kg，比标准规定（不超过1.0g/kg）高出10%；乙酰磺胺酸钾（安赛蜜）检出值为0.60g/kg，比标准规定（不超过0.3g/kg）高1倍；防腐剂各自用量占其最大使用量比例之和检出值为1.7，比标准规定（不超过1）高出70%。检验机构为山东省食品药品检验研究院。

（三）标称湖南洞庭明珠食品有限公司生产、由香炜灵食品专营店在天猫（网站）销售的香辣萝卜，甜蜜素（以环己基氨基磺酸计）检出值为1.6g/kg，比标准规定（不超过1.0g/kg）高出60%；防腐剂各自用量占其最大使用量比例之和检出值为1.4，比标准规定（不超过1）高出40%。检验机构为山东省食品药品检验研究院。

（四）标称金华零度食品有限公司生产、由口口福旗舰店在苏宁易购（网站）销售的鱿鱼足，菌落总数检出值为4400000CFU/g，比标准规定（不超过30000CFU/g）高145.7倍。检验机构为上海市食品药品检验所。

（五）标称烟台珈众经贸有限公司生产、由金鹏海产官方旗舰店在1号店（网站）销售的鱿鱼片，菌落总数检出值为2300000CFU/g，比标准规定（不超过30000CFU/g）高75.7倍；大肠菌群检出值为930MPN/100g，比标准规定（不超过30MPN/100g）高30倍。检验机构为上海市食品药品检验所。

三、对上述抽检中发现的不合格产品，生产企业所在地浙江、山东、湖北、湖南等省食品药品监管部门已责令企业查清产品流向，召回不合格产品，并分析原因进行整改；经营单位所在地上海、浙江、江苏、湖北等省（市）食品药品监管部门已要求有关单位立即采取下架等措施，控制风险，并依法予以查处。查处情况于2017年5月31日前报国家食品药品监督管理总局并向社会公布。

特此通告。

国家食品药品监管总局

2017年3月13日

第三节　通知

通知是党政群机关和企事业单位使用范围最广、使用频率最高的一种公文，用于批传下级机关的公文，转发上级机关和不相隶属机关的公文，传达要求下级机关办理和需要有关单位周知或者执行的事项，以及公布任免干部事项。

一、通知的特点

一般而言，通知具有以下几个特点。

- 功能的多样性。通知可以用来传达指示、布置工作、发布规章、批转或转发文件、公布任免干部信息等。通知具有下行文的特点，在具有隶属关系的系统内自上而下地发布，带有指示性和指导性；需要平级行文时，可采用抄送的方式。通知不可用于上行文。

- 通知既可以普遍告知，也可以特定告之。

- 通知的内容一般简明扼要，篇幅不会很长。

- 一般情况下，通知都有主送机关，受理对象明确，但任免类通知可以没有主送单位。

二、通知的写作

1. 标题

通知的标题一般由发文机关、主要内容和文种组成，如《中共中央办公厅、国务院办公厅关于严禁用公费变相出国（境）旅游的通知》；通知的标题也可以省略发文机关，由主要内容、文种组成，如《关于印发〈规范国有土地租赁若干意见〉的通知》（国土资发〔1999〕222号）。发布规章的通知，所发布的规章名称要出现在标题的主要内容部分，并用书名号括入。

批转和转发文件的通知，所转发的文件名称要出现在标题中，但不一定使用书名号括入，如《国务院办公厅转发教育部等部门关于进一步加快高等学校后勤社会化改革意见的通知》。

2. 主送机关

通知的发文对象比较广泛，因此主送机关也较多，大家要注意主送机关排列的规范性。由于级别、名称不同，主送机关的称法和排列也有所不同，且非常复杂，因此其最终的确定要经过大家的深思熟虑。

3. 正文

- **通知缘由**

发布指示、安排工作的通知，该部分的写法和决定、指示很接近，主要用来表述有关背景、根据、目的、意义等。

晓谕性的通知也可参照上述写法。采用了根据与目的相结合的方式开头的通知如《国务院关于更改新华通讯社香港分社、澳门分社名称问题的通知》，采用以"为了"等领起的目的式开头的通知如《国务院办公厅关于成立国家信息工作领导小组的通知》。

批转、转发文件的通知，根据情况，可以在开头表述通知缘由，但多数以直接表达转发对象和转发决定为开头，无需说明缘由。

发布规章的通知，多数情况下篇段合一，无明显的开头部分，一般也不交代缘由。

◆ 通知事项

这是通知的主体部分，主体单位所发布的安排的工作、指示、提出的方法、措施和步骤等，都在这一部分中有条不紊地进行组织和表达。内容复杂的通知可以采取分条列款的方式来进行细说。

晓谕性通知有时需要列出新成立的组织的成员名单，以及改变名称或隶属关系之后职权的变动等。

◆ 执行要求

发布指示、安排工作的通知，可以在结尾处提出贯彻执行的有关要求。如果没有相关事宜，可以不写。

其他篇幅短小的通知，一般不需有专门的结尾部分。

三、事务性通知

事务性通知用于处理日常工作中带事务性的事情，常把有关信息或者要求用通知的形式传达给有关机构或群众。比较常见的事务性通知有开会通知、放假通知、缴费通知等。

【事务性通知范文】

正安县人民政府办公室
关于召开全县经济工作调度会议的通知

各乡镇人民政府，县政府各工作部门：

经县人民政府研究，定于 2016 年 7 月 28 日召开全县经济工作调度会议，现将有关事项通知如下。

一、会议时间及地点

7 月 28 日上午 8：30 在县政府五楼会议室召开会议。

二、会议内容

全面分析总结上半年全县经济运行情况，安排部署下半年经济工作。

三、参会人员

（一）县人民政府全体领导；

（二）各乡镇人民政府乡镇长；

（三）县政府各工作部门主要领导。

四、会议要求

（一）县投促局就招商引资工作，工业园区就园区建设工作，扶贫办就减贫摘帽工作发言（时间控制在 5 分钟以内）；

（二）各乡镇根据《加快发展的决定》，结合本乡镇的实际情况提出下半年工作措施，并形成书面材料，印制 120 份，于 7 月 27 日 16：00 前送县政府办公室，逾期不予接收。凤仪镇就固定资产投资工作做经验交流发言，乐俭乡、小雅镇就固定资产投资情况做表态发言（时间控制在 5 分钟以内）；

（三）各分管县长就自己分管的工作发言（时间控制在 15 分钟以内）；

（四）参会人员必须按时参会，不得缺席和迟到，确有特殊情况不能参会者，必须在 2016 年 7 月 27 日前书面向县政府主要领导请假；

（五）请督查局做好会风督查；

（六）请县电视台、县新闻宣传中心、县电子政务办做好会议报道。

正安县人民政府办公室

2016 年 7 月 26 日

四、批转性通知

批转是指"批准、转发"，带有指示性和指导性。批转性通知在上级机关转发下级机关公文时使用，如下级机关的总结、报告等对全局有指导意义，批转后有助于推动工作发展；下级机关的建议、意见，经过上级机关转发后，就代表了上级机关的意见，具有了效力。一般情况下，部门的意见以单位的名义下发。

【批转性通知范文】

国务院批转国家发展改革委关于 2016 年
深化经济体制改革重点工作意见的通知

国发〔2016〕21 号

各省、自治区、直辖市人民政府，国务院各部委、各直属机构：

国务院同意国家发展改革委《关于 2016 年深化经济体制改革重点工作的意见》，现转发给你们，请认真贯彻执行。

国务院

2016 年 3 月 25 日

五、转发性通知

转发性通知用于转发上级机关和不相隶属的机关的公文给所属人员，让他们周知或执行。

【转发性通知范文】

黑河市人民政府办公室关于转发《黑河市交通运输局关于印发〈黑河市港口船舶污染物接收、转运及处置设施建设方案〉的通知》的通知

黑市政办规〔2017〕5 号

中、省、市直有关单位：

现将《黑河市交通运输局关于印发〈黑河市港口船舶污染物接收、转运及处置设施建设方案〉的通知》（黑市交发〔2017〕2 号）转发给你们，请结合各自职能认真抓好工作落实。

黑河市人民政府办公室

2017 年 2 月 20 日

六、指示性通知

指示性通知用于上级机关指示下级机关开展工作。该类通知的内容具有指示性或指导性，下级机关要将其进行贯彻落实。这类通知在写作时要注意：

- 一要写清楚通知的原因、依据、意义、目的；
- 二要写清楚应知或应办事项，如交代任务、政策措施、具体办法和应该注意事项等；
- 三要条理层次清楚。

【指示性通知范文】

保定市人民政府办公厅关于 2017 年春节放假的通知

根据国务院办公厅、省政府办公厅通知要求，现将 2017 年春节放假安排通知如下。

1 月 27 日至 2 月 2 日放假调休，共 7 天。1 月 22 日（星期日）、2 月 4 日（星期六）上班。

节假日期间，各级各部门要妥善安排好值班、安全保卫、安全生产、公共卫生和社会秩序

等工作，遇有重大突发事件和紧急情况，要按规定及时报告并妥善处置，确保人民群众祥和平安度过节日假期。

保定市人民政府办公厅

2017 年 1 月 17 日

七、任免性通知

任免性通知用于任免干部。

【任免性通知范文】

天津市人民政府关于杜翔等任免职务的通知

各区人民政府，各委、局，各直属单位：

市人民政府决定：

杜翔任天津市人民政府副秘书长、天津市人民政府办公厅主任；

免去朱军天津市人民政府副秘书长、天津市人民政府办公厅主任职务；

免去段学让天津市人民政府办公厅副主任职务。

天津市人民政府

2017 年 1 月 10 日

八、发布性通知

发布性通知用于发布行政规章制度及党内规章制度、意见、办法等带有法规性文书的告之通知 —— 告之具体事项，提出指导性意见。

【发布性通知范文】

通　知

各单位：

为了加强劳动纪律管理工作，现将人事处关于加强劳动纪律的管理规定发给你们，请遵照执行。

××××总公司

××××年×月×日

第四节　通报

通报是一种告知性下行文，主要包括表彰性通报、批评性通报、情况性通报，是各级机关、企事业单位和团体经常使用的文种，运用范围十分广泛。凡是具有典型示范和普遍教育、警戒意义的事项，均可用通报下发，借以指导工作、教育广大干部和群众。

一、通报的特点

- 典型性：要求通报的是典型人物、事件或情况，且具有典型意义，而非一般人、事件、情况。
- 时效性：抓住有利时机，及时通报，才能达到教育、宣传的目的，取得良好效果。
- 教育性：通报通过表彰先进，弘扬正气，鼓励人们学习先进；通过发布反面事例批评错误，使人们汲取教训、引以为戒，改正错误；通过发布带有倾向性的信息，使人们了解好的苗头和不良倾向，以引起人们重视。
- 真实性：表扬、批评和传达的情况，要准确无误、实事求是，不允许有任何虚假成分，以防达不到教育目的。

二、通报、通知、通告的区别

1. 三者告知的范围不同

通知和通报主要为内部行文，告知的是有关单位，有些通知还是保密的，而通告则是周知性公文，应公开发布，目的是将通告内容让大众知道。

2. 三者用途不同

通报可用来表彰先进，批评错误，而通知、通告都不具备这种用途。但通知的一些用途，如批转公文、转发公文、发布任免干部信息、发布规章制度等，又是通告和通报所没有的。

3. 三者告知的内容不同

这三者都对受文者有告知的功能。通告和通知告知的是"事项"，如机构的建立或撤销、公章的改换或启用等，而且都是事前或事初告知，二者的不同之处是告知的范围有大有小。而通报所告知的是"情况"，如会议情况、工作情况、事故情况等，所以事后才可告知。

三、通报的写作

1. 标题

标题的构成要素包括制发机关名称、事由和文种。标题的构成形式通常有两种。

- 由事由和文种构成，如《关于给不顾个人安危勇于救人的王东平同志记功表彰的通报》；
- 由发文机关名称、事由和文种组成，如《国务院办公厅关于对少数地方和单位违反国家规定集资问题的通报》。

此外，有少数通报的标题是在文种前冠以机关单位名称，如《中共湖州市纪律检查委员会通报》，也有的通报标题只有文种名称。

2. 主送机关

除普发性的或在本单位内部公开张贴的通报外，其他通报应标明主送机关。

3. 正文

通报的类型不同，其写作的方法也不相同。其正文的写作方法将在类型介绍中进行详细说明。

4. 发文单位、日期

如果标题已注明发文机关，则可只写发文日期。发文日期置于正文右下方，也可加小括号居中置于标题下方。

5. 写作要求

- 通报的内容要真实可靠，有代表性，要对事件进行客观、准确地分析、评论。
- 通报的决定要恰如其分，态度鲜明，分析中肯，并把握好分寸。
- 通报的语言要简洁、庄重。

四、表彰性通报

表彰性通报就是表彰先进个人或先进单位，教育、引导干部群众学习和赶超先进典型的通报。表彰性通报着重介绍人物或单位的先进事迹，点明实质，提出希望、要求，然后发出学习的号召，如《杭州市人民政府办公厅关于表彰 2016 年度杭州市科技进步奖的通报》。

表彰性通报一般包括三部分内容。

- 介绍被表彰单位或个人的主要事迹；
- 通过分析评论，指出事件的意义，并写明给予的相应的表彰；
- 提出希望和要求，号召大家学习。

【表彰性通报范文】

杭州市人民政府办公厅关于表彰 2016 年度杭州市科技进步奖的通报
杭政办函〔2016〕121 号

各区、县（市）人民政府，市政府各部门、各直属单位：

　　根据《杭州市科学技术进步奖励办法》（市政府令第 233 号公布，市政府令第 288 号修改）规定，经市科学技术进步奖委员会评审并报市政府同意，决定授予杭州水处理技术研究开发中心有限公司、杭州（火炬）西斗门膜工业有限公司"万吨级膜法海水淡化单机设计与系统集成技术"等 5 个项目 2016 年杭州市科技进步一等奖，授予杭州永创智能设备股份有限公司"配套于高速自动化流水线 ZX-80T 纸包机关键技术研制及产业化"等 15 个项目 2016 年杭州市科技进步二等奖，授予泰瑞机器股份有限公司"DH2000J1370 塑料注射成型机"等 60 个项目 2016 年杭州市科技进步三等奖，现予以通报表彰，并按规定给予奖励。

　　希望获奖项目的承担单位和个人珍惜荣誉，再接再厉，勇攀高峰，再创佳绩。各地各单位和广大科技工作者要以先进为榜样，认真贯彻落实全国、全省科技创新大会精神，牢固树立创新发展理念，不断加大科技创新力度，为深入实施创新驱动发展战略、促进全市经济社会持续健康发展做出更大贡献。

杭州市人民政府办公厅

2016 年 11 月 8 日

五、批评性通报

　　批评性通报是披露和批评错误，教育和引导他人引以为鉴的通报。通常这类通报通过摆情况、找根源、阐明处理决定来使人从中汲取教训，以免重蹈覆辙。这类通报应用面广，数量大，惩戒特点比较突出，如《国家安全监管总局关于吉林省松原石化有限公司"2·17"闪爆事故情况的通报》。

　　批评性通报一般包括以下内容：介绍受批评单位或个人的主要错误事实经过，交代清楚事实发生的时间、地点、造成的后果；分析评论，指出错误的实质、危害和原因，并写明批评的目的及给予的处理意见；提出应汲取的教训和要求，防止类似情况再一次发生。

【批评性通报范文】

国家安全监管总局关于吉林省松原石化有限公司"2·17"闪爆事故情况的通报

安监总管三〔2017〕12号

各省、自治区、直辖市及新疆生产建设兵团安全生产监督管理局，有关中央企业：

2017年2月17日，吉林省松原市松原石化有限公司江南厂区，在汽柴油改质联合装置酸性水罐动火作业过程中发生闪爆事故，造成3人死亡。初步分析事故直接原因为：事故企业春节后复工，组织新建装置试车，对40万吨/年汽油加氢装置催化剂进行硫化，在未检测分析可燃气体的情况下，在酸性水罐顶部进行气割作业，引起酸性水罐内的可燃气体（主要成分为氢气）闪爆。事故详细原因仍在调查之中。

这起事故暴露出事故企业复产复工管理混乱，动火等特殊作业安全管理失控，试生产过程安全管理存在严重漏洞，对国家有关安全生产的要求执行落实不到位等突出问题。为深刻汲取事故教训，杜绝类似事故再次发生，确保全国化工和危险化学品安全生产形势稳定，现提出如下要求。

一、牢固树立红线意识，严格复产复工安全管理

各地区和相关化工、危险化学品生产储存企业（以下简称企业）要牢固树立红线意识，认真落实《国务院安委会办公室关于切实做好全国"两会"期间安全生产工作的通知》（安委办明电〔2017〕3号）要求，深刻汲取近期一些企业在复产复工过程中发生事故的教训，针对春节以后企业复产复工增多的情况，研究采取措施，有效应对节后员工思想不稳定、新员工增多等不利因素影响，精心组织安排，逐一排查重点企业、重点单位，全面掌握本辖区内企业复产复工情况。有关企业要强化风险防控意识，坚决杜绝松懈麻痹思想，在复产复工前组织生产、技术、设备等部门全面辨识存在的安全风险，制订科学严密的复产复工方案，健全完善应急预案，并对相关人员开展有针对性的安全培训。要制定并严格履行复产复工操作审批和验收程序，有关安全检查和验收报告要经本企业主要负责人签字确认。各地区安全监管部门要加大检查执法与处罚力度，严格安全生产要求，对不具备安全条件的一律不批准复工复产。

二、提高认识，加强特殊作业安全管控

相关企业要提高对动火、进入受限空间等特殊作业过程风险的认识，严格按照《化学品生产单位特殊作业安全规范》（GB30871—2014）要求，制定和完善特殊作业管理制度，强化风险辨识和管控，严格程序确认和作业许可审批，加强现场监督，确保各项规定执行落实到位。各地区安全监管部门要按照国家安全监管总局2017年全国危险化学品安全生产重点工作部署，

深入分析本地区特殊作业安全管理存在的问题与薄弱环节，持续开展特殊作业安全专项整治，组织进行特殊作业安全专项执法检查。要严格按照《化工（危险化学品）企业主要负责人安全生产管理知识重点考核内容》和《化工（危险化学品）企业安全生产管理人员安全生产管理知识重点考核内容》，强化企业主要负责人、安全管理人员安全生产知识考核，对上述人员考核不合格的生产、经营企业不予办理相关安全许可；要把动火作业管理作为企业是否具备安全生产条件的主要判定指标之一，将动火作业管理不到位的，视为不具备安全生产条件，并严格按照《国家安全监管总局关于进一步严格危险化学品和化工企业安全生产监督管理的通知》（安监总管三〔2014〕46号）要求予以处理。

三、严格程序把关，强化试生产安全管理

各地区和相关企业要按照《国家安全监管总局关于加强化工过程安全管理的指导意见》（安监总管三〔2013〕88号）等文件要求，进一步严把化工装置试生产安全关。相关企业要充分认识"三查四定"、吹扫、气密、单机试车、联动试车等程序在试生产过程中的重要性，认真确保每个环节的工作质量，努力将工程建设阶段存在的问题和隐患在试车投料前全部予以消除。装置引入物料后，要按照生产运行装置进行严格管理，有效控制现场人员数量，有关施工作业必须按照规定进行，严禁边投料、边施工作业。各地区要进一步加强对试生产的安全监督，按照《遏制危险化学品和烟花爆竹重特大事故工作意见》（安监总管三〔2016〕62号）要求，组织专家对涉及"两重点一重大"的危险化学品生产经营新建、改建、扩建项目试生产方案进行论证把关。

四、切实抓好工作落实

近年来，国家安全监管总局相继出台了多项危险化学品安全生产的规章、标准和规范性文件。各地区安全监管部门和相关企业要认真贯彻落实2月17日全国危险化学品和烟花爆竹安全监管工作视频会议以及2月20日全国安全生产工作视频会议精神，牢固树立责任意识、法治意识，聚焦抓执行、抓落实，把国家有关安全生产的要求不折不扣地贯彻执行到位，确保见到实效，不断提升化工和危险化学品企业安全生产水平。对于因不严格执行有关要求而导致事故发生的，要依法依规严肃追究有关单位和人员的责任。

请迅速将本通报传达到辖区内各级安全监管部门和所有化工及危险化学品生产储存企业，并切实督促抓好贯彻落实。

国家安全监管总局

2017年2月22日

六、情况性通报

情况性通报是传递信息，沟通情况，让人们了解事态发展，了解全局，与上级协调一致，统一认识，统一步调，克服存在的问题，开创新的局面，为工作提供指导或参考的通报，如《固原市一季度经济运行预测和重点项目开工建设情况通报》。

情况性通报一般包括：

- 基本情况介绍，交代所通报事情的概况；
- 介绍做法或经验，并进行分析、评价；
- 提出希望和要求。

【情况性通报范文】

固原市一季度经济运行预测和重点项目开工建设情况通报

按照市委、市政府"早分解、早部署、早落实"的工作要求，2月27日至28日，市发改委派出2个督查组，由两名副主任分别带队，深入县（区）、市直相关部门（单位）及项目施工现场，对全市一季度经济运行和2017年重大项目开工建设情况进行了督促检查。现就有关情况通报如下。

一、一季度经济运行情况预测

今年以来，面对宏观经济形势持续趋紧，市委、市政府准确把握"稳中求进、稳中向好"的总基调和"稳增长、控物价、调结构、惠民生、抓改革、促和谐"的总要求，全市上下紧紧围绕经济社会发展，认真分析客观利好和不利因素，早动手早预判，抓项目的投资，1~2月全市经济运行整体良好，有望实现季度"开门红"。

通过本次深入县区、企业调查了解，与县（区）和市有关部门（单位）座谈交流，经分析预测，全市一季度有望实现地区生产总值33亿元，同比增长8%；农业实现增加值4亿元，同比增长4%；工业实现增加值3.96亿元，同比增长1.5%；服务业实现增加值21.7亿元，同比增长9.5%；完成社会消费品零售总额15亿元，同比增长8%；完成固定资产投资18.2亿元，同比增长27.9%；实现城镇居民人均可支配收入5 924元，同比增长5%，农村居民人均可支配收入1 621元，同比增长6%。

二、重点项目开工情况

2月24日，全市举行了2017年重点项目集中开工仪式，集中开工了66个重点项目，从督查情况看，各县（区）、市直各相关部门都高度重视项目开工建设工作，扎实开展项目开工前各项准备工作，加班加点完善开工手续，督促施工企业设备、人员提前进场，开工率总体良好。截至2月底，集中开工的66个项目中已正式开工56个，占应开工项目数的84.8%，其中：市直项目16个，开复工10个，开工率62.5%；原州区项目7个，开复工6个，开工率85.7%；西吉县项目11个，开复工10个，开工率90.9%；隆德县项目13个，开复工13个，开工率100%；泾源县项目9个，开复工8个，开工率88.9%；彭阳县项目10个，开复工9个，开工率90.0%。

三、存在的主要问题

督查中发现两个主要问题，一是部分项目前期工作推进慢。主要是个别县（区）和市直部门准备不充分、征地拆迁缓慢、建设方案尚未完全确定，除集中开工的 66 个重点项目仍有 10 个未开工外，在全年确定的八大项目包中其余 63 个前期工作缓慢，如期开工还需进一步加大力度。二是部分项目落地建设难度较大。从现场督查情况来看，市直项目建设进展不平衡，按照市委、市政府提出的政府投资新建项目 4 月底前、社会投资新建项目 5 月底前必须开工的要求来衡量，部分新建项目还不具备如期开工条件，特别是企业投资项目落地建设困难较大，还需进一步加大对接协调，确保如期开工。

四、建议

为确保我市一季度各项目标任务的全面完成，建议从以下几个方面抓好推进落实工作。

一是抓"政策落实"。要进一步研究掌握中央、区、市出台的一系列政策和措施，把市委、政府的安排部署转化为自觉行动，认真贯彻落实到各自的工作中。要牢固树立抓项目就是抓发展的意识，规范项目管理，提前做好项目前期准备工作，扎实推进重点项目建设。

二是抓"稳生产"。"一产"做好春耕备耕和畜禽防疫工作；"二产"做好领导包抓责任制，帮助解决中小企业生产经营过程中流动资金不足的问题；"三产"要加快培育规上企业，着力推进电子商务、全域旅游等各项服务业的发展。

三是抓"扩投资"。要千方百计促进重点项目全面开工建设，通过扩大融资，招商引资等措施加大资金投入，要在谋划、储备、争取项目上下真功夫，出实招，特别是加快工业项目进度，保证固定资产投资目标任务的顺利完成。

四是抓"督查与统计"。切实加强固定资产投资项目统计，督促各项目建设单位及时将新开工项目申报入库，纳入统计范围，及时向统计、发改部门报送相关数据，以便更好地掌握情况，分析研判，精准发力，全面完成年度固定资产投资任务。同时，要确保数据准确一致，应统尽统，尤其是对重点项目进行月监测、季通报、年考核，定期召开项目推进协调会议，研究解决项目实施过程中推诿扯皮、配合不力等问题，确保项目顺利实施。

固原市发改委
2017 年 3 月 8 日

第五节 公报

公报主要是用来通报情况、协约遵守、公告备忘，是党和国家领导机关向国内或国外发布重大事件、重大事项的公文，以重要性、公开性、新闻性为主要特点。公报主要分为会议公报、事项公报和联合公报。

一、公报的特点

1. 重要性

公报的发布机关级别很高，或者是以中央的名义，或者是以国家的名义，或者是以中央政府的名义发布。公报所涉及的内容应是党内外、国内外普遍关心和瞩目的重大事件或重要决定。

2. 公开性

公报是公之于众的文件，无需保密，一般也没有主送机关、抄送机关，而是普告天下，一体周知。

3. 新闻性

公报的内容都是新近发生的事件或新近做出的决定，属于人民群众关心、应知而未知的事项，要求制作和发布迅速、及时，因此又具有新闻性特点。

二、公报的写作

公报包括首部、正文和尾部三部分。

1. 首部

公报的首部包括标题和成文时间。

◆ 标题

公报标题的常见形式有三种：第一种是只写文种，如《新闻公报》；第二种由会议名称和文种构成；第三种是联合公报，由发表公报的双方或多方国家的简称、事由、文种构成。

◆ 成文时间

用括号在标题之下正中位置注明公报发布的年、月、日。

2. 正文

公报的正文包括开头、主体两部分。

◆ 开头

开头即前言部分。事项公报要求用最鲜明、最精练的语言概述事件的核心内容，即何时、何地、发生了什么重大事件；会议公报要求概述会议的名称、时间、地点、参加人员等；联合公报要求概述公报的来由，即在何时、何地、谁与谁举行了什么会谈或谁对谁进行了什么性质的访问等。

◆ **主体**

主体是公报的核心内容，要把公报的内容完整、系统、有序地表达清楚。

常见的公报主体有三种形式：第一种是分段式，即每段说明一层意思或一项决定；第二种是序号式，多用于内容复杂、问题较多的公报；第三种是条款式，多用于联合公报。

3. 尾部

事项公报和会议公报一般没有尾部；联合公报要在正文之后写明双方签署人的身份、姓名，并写明签署时间和地点。

三、会议公报

会议公报是用以报道重要会议或会谈的决定和情报的公报。这种公报一般用于发布党中央召开的会议的内容。

【 会议公报范文 】

中国共产党第十八届中央委员会第六次全体会议公报
（ 2016 年 10 月 27 日中国共产党第十八届中央委员会第六次全体会议通过 ）

中国共产党第十八届中央委员会第六次全体会议，于 2016 年 10 月 24 日至 27 日在北京举行。

出席这次全会的有，中央委员 197 人，候补中央委员 151 人。中央纪律检查委员会委员和有关方面负责同志列席会议。党的十八大代表中部分基层同志和专家学者也列席会议。

全会由中央政治局主持。中央委员会总书记习近平做了重要讲话。

全会听取和讨论了习近平受中央政治局委托做的工作报告，审议通过了《关于新形势下党内政治生活的若干准则》和《中国共产党党内监督条例》，审议通过了《关于召开党的第十九次全国代表大会的决议》。习近平就《准则（讨论稿）》和《条例（讨论稿）》向全会做了说明。

全会充分肯定党的十八届五中全会以来中央政治局的工作。一致认为，面对复杂的国际国内形势，中央政治局高举中国特色社会主义伟大旗帜，坚持以马克思列宁主义、毛泽东思想、邓小平理论、"三个代表"重要思想、科学发展观为指导，全面贯彻党的十八大和十八届三中、四中、五中全会精神，深入贯彻习近平总书记系列重要讲话精神和治国理政新理念新思想新战略，把握时代大势，回应实践要求，团结带领全党全国各族人民同心协力、苦干实干，统筹推进"五位一体"总体布局和协调推进"四个全面"战略布局，开展"两学一做"学习教育，推动全面深化改革、供给侧结构性改革、国防和军队改革迈出重大步伐，党和国家各项工作取得新的重大进展。

全会高度评价全面从严治党取得的成就，认为党的十八大以来，以习近平同志为核心的党中央身体力行、率先垂范，坚定推进全面从严治党，坚持思想建党和制度治党紧密结合，集中整饬党风，严厉惩治腐败，净化党内政治生态，党内政治生活展现新气象，赢得了党心民心，为开创党和国家事业新局面提供了重要保证。

全会总结了我们党开展党内政治生活的历史经验，分析了全面从严治党面临的形势和任务，认为办好中国的事情，关键在党，关键在党要管党、从严治党。党要管党必须从党内政治生活管起，从严治党必须从党内政治生活严起。为更好进行具有许多新的历史特点的伟大斗争、推进党的建设新的伟大工程、推进中国特色社会主义伟大事业，经受"四大考验"、克服"四种危险"，有必要制定一部新形势下党内政治生活的准则。

全会强调，新形势下加强和规范党内政治生活，必须以党章为根本，坚持党的政治路线、思想路线、组织路线、群众路线，着力增强党内政治生活的政治性、时代性、原则性、战斗性，着力增强党自我净化、自我完善、自我革新、自我提高能力，着力提高党的领导水平和执政水平、增强拒腐防变和抵御风险能力，着力维护党中央权威、保证党的团结统一、保持党的先进性和纯洁性，努力在全党形成又有集中又有民主、又有纪律又有自由、又有统一意志又有个人心情舒畅生动活泼的政治局面。

全会强调，新形势下加强和规范党内政治生活，重点在于各级领导机关和领导干部，关键在于高级干部特别是中央委员会、中央政治局、中央政治局常务委员会的组成人员。高级干部特别是中央领导层组成人员必须以身作则，模范遵守党章党规，严守党的政治纪律和政治规矩，坚持不忘初心、继续前进，坚持率先垂范、以上率下，为全党全社会作出示范。

……

全会强调，加强和规范党内政治生活、加强党内监督是全党的共同任务，必须全党一起动手。各级党委（党组）要全面履行领导责任，着力解决突出问题，把加强和规范党内政治生活、加强党内监督各项任务落到实处。

全会决定，中国共产党第十九次全国代表大会于 2017 年下半年在北京召开。全会认为，召开党的十九大是党和国家政治生活中的一件大事，全党要全面贯彻党的十八大和十八届三中、四中、五中、六中全会精神，团结带领全国各族人民，坚定信心，奋发进取，进一步做好党和国家各项工作，特别是要切实做好思想理论准备工作、组织准备工作、经济社会发展工作、意识形态工作，切实维护社会和谐稳定，以优异成绩迎接党的十九大召开。

全会按照党章规定，决定递补中央委员会候补委员赵宪庚、咸辉为中央委员会委员。

全会审议并通过了中共中央纪律检查委员会关于王珉、吕锡文严重违纪问题的审查报告，审议并通过了中共中央军事委员会关于范长秘、牛志忠严重违纪问题的审查报告，确认中央政治局之前做出的给予王珉、吕锡文、范长秘、牛志忠开除党籍的处分。

全会号召，全党同志紧密团结在以习近平同志为核心的党中央周围，全面深入贯彻本次全会精神，牢固树立政治意识、大局意识、核心意识、看齐意识，坚定不移维护党中央权威和党中央集中统一领导，继续推进全面从严治党，共同营造风清气正的政治生态，确保党团结带领人民不断开创中国特色社会主义事业新局面。

（本文有删节）

四、事项公报

事项公报是指党的高级领导机关用以发布重大情况、重要事件的公报。高层行政机关、部门向人民群众公布重大决策、重要事项或重大措施时也采用此类公报。

【事项公报范文】

县总会：便民服务事项公报

2016 年 10 月 20 日

本会自 2013 年 5 月公开便民服务事项以来，因救助政策依据及办理流程有所变动，现将修改后便民服务事项公告如下。

项目名称：慈善零星济困、恤病、赈灾申请

办理地点：

岱山县慈善总会、各乡镇（机关）慈善分会、各社区（村）慈善工作联络站（各类救助"申请表"可向上述机构索取，也可在"岱山慈善网"上自行下载）。

办理流程：

救助申请人可填报的《岱山县慈善总会救助申请表》分 1 号、2 号、3 号三种表。

【1 号表】县慈善总会办理［经所在社区（村）慈善工作联络站和本乡镇（机关）慈善分会同意上报］。

【2 号表】乡镇（机关）慈善分会办理［经所在社区（村）慈善工作联络站同意上报，办理后报县慈善总会备案］。

【3 号表】社区（村）慈善工作联络站办理［由所在社区（村）慈善工作联络站直接办理，办理后报县慈善总会备案］。

注：《申请表》中的各类救助申请人公示后无异疑的，公示时间和地点由所在社区（村）或单位负责注明；若申请人要求县银台基金会或深圳晴娃娃基金会救助，均填报【1 号表】。

受理条件：

因困、因病、因灾造成家庭生活严重困难者和其他符合条件的困难对象。

所需材料：

填报《岱山县慈善总会救助申请表》（1 号、2 号、3 号任何一种表），应附下列所需材料。

（一）提交《救助申请报告》，内容应写明申请理由（本人或家庭遇到的困难情况，含家庭成员在何处生产或就业、家庭和本人全年经济收入，有否缴纳养老保险费，有否医疗报销渠道，有否享受其他生活补助等）；

（二）提供本人（户主）身份证复印件；

（三）提供有关复印件（如低保户、低保边缘户、特困户、残疾人证件和其他证明困难或经济损失的资料，属恤病类的应增附诊断证明和医疗发票复印件）。

办理时间：

零星济困、恤病、赈灾求助可随时提交申请表及附件。县慈善总会（包括银台基金会、晴娃娃基金会）一般每月研究一次［社区（村）慈善联络站和乡镇（机关）慈善分会办理时间自行确定］，申请被批准后一周内发放救助金；受助人名单次月在"岱山慈善网"上或适当场合公开。

是否收费：否。

政策依据：

（一）依据《岱山县慈善总会慈善救助实施办法》《岱山县慈善总会关于完善和规范救助工作的内部操作办法》《岱山县慈善总会关于对因灾和大病医疗的贫困群众实行救助实施意见》《岱山县慈善总会救助工作操作办法》《岱山县慈善总会银台助医助困助学基金管理委员会管理办法》《岱山县慈善总会·深圳企业家晴娃娃基金委员会管理办法》。

（二）依据岱山县慈善总会会长办公会议研究的有关救助工作（事项）意见。

政策摘要：

（一）《岱山县慈善总会慈善救助实施办法》："1. 慰问：200~2000 元（含慰问品）。2. 济困：2000~3500 元。3. 助学：略。4. 恤病、赈灾：4000~8000 元；大病、大灾 1 万 ~2 万元。5. 其他：如扶老、救孤、助残、优抚等酌情参照对应的慰问、济困、恤病标准。6. 属定项（定向）救助范围与对象，按照捐赠人的意愿或《捐赠协议》约定的救助标准，本会各层面按项目设置的要求进行申报与审批。""各分会、联络站视善款来源和当地实际情况，对各类救助额度不得低于上述救助标准的 50% 或高于标准。""救助对象当年接受本会各层面救助金之和接近对应救助标准的，或当年在本会各层面接受救助之和已有二次的，当年不再接受其他救助。"

（二）《岱山县慈善总会关于对因灾和大病医疗的贫困群众实行救助实施意见》："凡获准救助者，可视情况给予人民币 1 万 ~2 万元的救助金。"

（三）《岱山县慈善总会银台助医助困助学基金管理委员会管理办法》《岱山县慈善总会·深圳企业家晴娃娃基金委员会管理办法》："济困：1000~3000 元。恤病：4000~8000 元，符合因灾和大病医疗救助范围的，救助 1 万 ~3 万元"。

（四）《岱山县慈善总会关于完善和规范救助工作的内部操作办法》："救助对象另有特殊情况的，应提交会长办公会议研究确定；救助对象符合条件向上级慈善机构申请救助的，初审后予以转报。"县总会"救助审议小组会议一般每月召开一次，时间在每月下旬；必要时可随时召开或延迟召开"。

备注：

（一）今后"政策摘要"有变更，则按新规定办理。

（二）联系电话：448××××、447××××（66××××）、448××××

（2016 年 10 月修改）

五、联合公报

联合公报是一种特殊用途的公报，用以发布国家之间、政党之间、团体之间经过会议达成的某种协议，如《中越联合公报》。

【联合公报范文】

中越联合公报

新华社北京 9 月 14 日电

一、应中华人民共和国国务院总理李克强邀请，越南社会主义共和国政府总理阮春福于 2016 年 9 月 10 日至 15 日对中国进行正式访问。

访问期间，中共中央总书记、国家主席习近平会见阮春福总理，国务院总理李克强同阮春福总理举行会谈，全国人大常委会委员长张德江、全国政协主席俞正声分别会见阮春福总理。双方在友好、坦诚的气氛中，相互通报了各自党和国家的情况，就新形势下进一步深化中越全面战略合作伙伴关系及共同关心的国际地区问题深入交换意见，达成广泛共识。除北京外，阮春福总理还出席了在南宁举行的第十三届中国－东盟博览会和中国－东盟商务与投资峰会，并访问了广西壮族自治区和香港特别行政区。

二、双方对两国经济社会发展取得的成就感到高兴。越方衷心祝愿中国党、政府和人民胜利实现建成富强、民主、文明、和谐的社会主义现代化国家目标。中方衷心祝愿越南党、国家和人民胜利实现越共十二大提出的革新和社会主义建设事业的任务和目标，早日把越南建设成为民富、国强、民主、公平、文明的现代化工业国家。

三、双方认为，中越友谊是两党两国和两国人民的宝贵财富，应共同继承、维护和发扬好。在当前国际地区形势快速复杂演变的背景下，双方将坚持相互尊重，加强战略沟通，增进政治互信，深化互利合作，妥善管控和处理存在的分歧和出现的问题，推动中越全面战略合作伙伴关系持续健康稳定发展，给两国人民带来实实在在的利益，为促进地区和平稳定繁荣做出积极贡献。

四、双方同意通过灵活方式保持两党两国高层密切接触的传统，就双边关系的重大问题和国际地区形势及时交换意见，加强对中越关系发展的引领和指导。发挥好中越双边合作指导委员会在统筹推进落实两国高层共识方面的作用。有效落实 2016—2020 年阶段两党合作计划，加强治党治国经验交流，办好两党理论研讨会，执行好两党干部培训合作计划（2016—2020年），加强两党中央部门和地方特别是边境省份党组织交流合作。加强中国全国人民代表大会和越南国会、中国全国政协和越南祖国阵线之间的友好交流合作。

五、双方同意继续加强外交、国防、安全和执法领域交流合作。用好双方现有合作机制和合作协议。落实好两国外交部合作议定书，保持两部领导经常交往和对口司局交流。加强两军和两国执法力量专业交流，举行北部湾联合巡逻和海上搜救、打击海盗和反恐方面的联合训练，防范和打击各类犯罪。

六、双方认为，两国经贸合作潜力较大。一段时间以来，越南对华贸易逆差初步改善。双方同意采取有效措施推动双边贸易投资经济合作持续健康稳定发展，以利于两国发展经济和改善民生。

（一）落实好《中越两国政府经贸合作五年发展规划延期和补充协议》，根据双方需求和利益尽早确定重点合作项目清单，继续完善合作机制，拓展合作领域，提升合作水平。

（二）发挥中越经贸合委会及相关合作机制的作用，采取切实措施进一步缓解两国贸易不平衡；落实好《农产品贸易领域合作谅解备忘录》，支持两国企业在尽快完成检验检疫准入工作后，开展包括大米、乳制品、经过加工的水果在内的农林水产合作；尽早批准和执行《边贸协定》（修订版）；本着平等互利、符合自身法律规定的原则，加快研究商定《跨境经济合作区建设共同总体方案》。

（三）推进两国投资合作与战略对接。发挥基础设施合作工作组作用，积极研究并推动"两廊一圈"和"一带一路"框架下的互联互通合作项目；加紧制订老街－河内－海防标准轨铁路规划；支持双方企业加快解决有关合作项目遇到的困难和障碍；加强投资促进活动，鼓励中国企业投资符合越南可持续发展需要和战略的项目。

（四）加强货币与金融合作。落实好金融与货币合作工作组第二次会议后续工作，同时密切配合用好中国向越南提供的贷款和无偿援助。

七、进一步推动农业、环境、科技、交通运输等领域合作。积极推动落实海上渔业活动突发事件联系热线，就如何妥善处理相关问题保持沟通；加强在培育适应干旱和盐碱地条件的稻种和树种及造林方面的合作；开展好澜沧江－湄公河水资源可持续利用合作，做好跨境河流水文资料共享；落实好中越科技合作联委会第九次会议成果；积极研究和商签新的《国境铁路协定》；同时为双方航空合作提供便利。

八、扩大文化、教育、体育、旅游等领域合作。加强两国媒体交流；继续开展两国民间特别是年轻一代友好交流活动，办好年内在越南举行的第三届中越青年大联欢。

九、加强对两国地方特别是边境省区开展友好交流和互利合作的指导和支持；推动有关地方发挥好现有机制作用，扩大经贸、旅游、交通基础设施互联互通等重点领域合作；积极研究解决两国边境地区季节性务工问题。

十、双方同意继续发挥好中越陆地边界联合委员会作用，执行好两国陆地边界法律文件；加强管理工作，维护边境地区的社会秩序和安宁；继续推动边境口岸开放和升格，采取通关便利化措施，为两国边境地区发展创造有利条件。

十一、双方就海上问题坦诚深入交换意见，一致同意继续恪守两党两国领导人达成的重要共识和《关于指导解决中越海上问题基本原则协议》，用好中越政府边界谈判机制，寻求双方均能接受的基本和长久解决办法。

双方一致同意做好北部湾湾口外海域共同考察后续工作，稳步推进北部湾湾口外海域划界谈判并积极推进该海域的共同开发，继续推进海上共同开发磋商工作组工作，有效落实商定的海上低敏感领域合作项目。

双方一致同意继续全面、有效落实《南海各方行为宣言》（DOC），在协商一致基础上，早日达成《南海行为准则》（COC）；管控好海上分歧，不采取使局势复杂化、争议扩大化的行动，维护南海和平稳定。

十二、越方重申奉行一个中国政策，支持两岸关系和平发展与中国统一大业，坚决反对任何形式的"台独"分裂活动。中方对此表示赞赏。

十三、双方同意继续加强在多边事务中的配合，共同维护地区乃至世界的和平、稳定与发展。中方支持越方成功主办 2017 年亚太经合组织领导人非正式会议；越方支持并愿积极参加在中国举办的国际会议。

十四、访问期间，双方签署了《中华人民共和国政府和越南社会主义共和国政府经贸合作五年发展规划延期和补充协议》《中华人民共和国政府和越南社会主义共和国政府边境贸易协定》（2016 年修订）、《中华人民共和国国家发展和改革委员会与越南社会主义共和国工贸部关于产能合作项目清单的谅解备忘录》《中华人民共和国国家发展和改革委员会与越南社会主义共和国计划投资部关于共同制定陆上基础设施合作 2016—2020 年规划的谅解备忘录》《中华人民共和国教育部和越南社会主义共和国教育培训部 2016—2020 年教育交流协议》等合作文件。

十五、双方对阮春福总理访华取得的成果感到满意，一致认为此次访问对推动两国关系发展具有重要意义。阮春福总理对中国党、政府和人民所给予的热情和友好接待表示衷心感谢，郑重邀请李克强总理再次访问越南。李克强总理对此表示感谢。

第三章
报请类公文写作要点与范文

第一节　报告

报告是一种上行文，是向上级机关汇报工作、反映情况，答复上级机关的询问时使用的陈述性公文，使用频率很高。

一、报告的特点

1. 内容的汇报性

一切报告都是下级机关向上级机关汇报工作，旨在让上级机关掌握基本情况并及时对下级机关的工作进行指导，所以，内容具有汇报性是报告的一大特点。

2. 语言的陈述性

因为报告具有汇报性，是向上级机关讲述具体的工作内容，或说明工作是怎样做的，有什么经验、情况、体会，存在什么问题，今后有什么打算或者是对领导有什么意见、建议，所以行文上一般都使用叙述方法，即陈述其事实，所以语言具有陈述性是报告的又一特点。

3. 行文的单向性

报告是下级机关向上级机关行文，是为上级机关进行宏观领导提供依据，一般不需要受文机关的批复，属于单向行文。

4. 成文的事后性

多数报告都是在事情做完或发生后，才向上级机关做出汇报的，是事后或事中行文。

5. 双向的沟通性

报告虽不需批复，却是下级机关取得上级机关支持与指导的桥梁；同时，上级机关也能通过报告获得信息，了解下情。报告成为上级机关决策指导和协调工作的依据。

二、报告的写作

报告的结构一般包括标题、主送机关、正文、落款和日期四部分。

1. 标题

报告的标题一般有两种形式，具体的形式如下所示。

- 发文机关＋事由＋文种，如《水利部关于加强防洪工作的报告》《中共邢台市委关于召开市委八届十次全会情况的报告》。
- 事由＋文种，如《关于加强素质教育的报告》《关于我省女大学生就业情况的报告》。

报告一般不将文种"报告"单独作为标题。

2. 主送机关

报告的主送机关只有一个直接上级机关。

3. 正文

- **报告缘由**

交代报告的目的、根据、意义或原因，概述基本内容或基本情况，如"现将……情况报告如下"。

- **报告事项**

说明具体情况，总结成功经验，指出存在的问题，提出解决办法、改进措施及今后的工作设想。内容较多的报告，可分条列项，由主至次排列。

- **结语**

用简明的文字概括全文，或使用惯用语结束全文，如"请审核""请查收""以上报告，如无不当，请批转有关单位执行""特此报告"等，不宜写"以上报告，请指示"等语句。

4. 落款和日期

本部分包括发文机关名称、成文日期、印章。标题上如已有发文机关名称，落款处则可省略。

报告的写作注意事项如下。

- 主题要新颖。写作者要善于发现新的、有价值的材料，分析取舍材料，提炼新观点、新主题。

- 报告不能夹带请示事项。报告不需批复，报告中夹带请示事项，会给上级机关带来不便，容易贻误工作。

- 陈述事实时要尽量做到叙述简明扼要。写作者在编写以汇报工作为主的报告时，应该做到突出重点，把主要的事实讲清楚。但讲清楚事实并不意味着会把具体的情形写得很烦琐，这就要求写作者具有较强的总结能力。

- 观点的表达要精练清晰。报告中需要表达报告者观点、需要对自我进行评价、需要对今后工作提出建议或是意见的时候，应以阐述事实为主。报告中涉及观点的地方，必须要做到精练清晰，即意见要明确，不能吞吞吐吐或是含含糊糊，要做到文字少且表达准确，不能说空话或废话，并且每一条意见都必须切实可行。

- 语言要简洁朴实。报告的目的是向上级机关报告工作，所以写作者在写作过程中必须做到实事求是，不可夸大或缩小事实或是报喜不报忧，也不可过分强调困难，要做到有一说一，有二说二，减少花哨的形容词以及含糊不清或过于灵活的概念的使用。

- 报告的格式比较简单。标题多由事由和文种组成，常用的标题形式有"关于……的报告"。正文之前通常写受文单位，正文之后署发文单位和日期。

三、汇报性报告

汇报性报告主要是下级机关向上级机关汇报工作、反映情况的报告，一般分为如下两类。

1. 综合报告

这种报告是一个单位工作到一定的阶段，就工作的全面情况向上级机关递交的汇报性报告。其内容大体包括工作进展情况、成绩或问题、经验或教训以及对今后工作的意见或建议。这种报告的特点是全面、概括、精练。

2. 专题报告

这种报告是针对某项工作中的某个问题向上级机关递交的汇报性报告。

【汇报性报告范文】

社区党委书记抓基层党建工作述职报告

今年，在区委、区政府的正确领导和区委组织部的精心指导下，以党的群众路线教育实践活动为载体，以落实党委主体责任为契机，深入践行抓基层打基础、抓班子带队伍，扎实推进党建工作，按照区委要求，现将我抓基层党建工作情况汇报如下。

一、履职工作特色和亮点

作为党工委书记，我深知扎好基层党建、夯实基层基础的重要性和必要性。

（一）加强党工委班子自身建设，充分发挥党建工作"第一责任人"职责。我坚持把党工委班子建设作为党建工作的首要任务来抓。一是在班子内部，进一步明确党建工作分工，形成了党工委统一领导、各部门各司其职、一级抓一级、层层抓落实的党建工作格局。二是进一步加强党工委工作制度的规范，成立了雁北街道党风廉政建设主体责任贯彻落实推进工作领导小组。三是修订了《雁北街道考勤管理制度》《雁北街道机关请销假制度》，形成"以制度管人，用制度说话"的工作氛围。四是重视学习，加强党工委班子和基层党组织落实"两个责任"意识。

（二）夯实组织建设，筑牢党的基层战斗堡垒。按照区委组织部的要求，雁北街道对软弱涣散基层党组织宋家滩村社区进行检查验收：一是在街道党工委和办事处的指导下，宋家滩村于2017年3月7日以无记名投票方式，选举产生了宋家滩村社区居民委员会。二是村两委会采取多种举措改善村室建设，提升后进村为民服务能力。三是开展了包联共建工作，通过对该村社区抓思想、教方法、提能力、政策引导等，村班子科学发展能力得到提升。

（三）扎实开展教育实践活动，抓党员队伍建设。街道党工委结合群众路线教育实践活动，加强干部队伍自身素质建设。结合我街道实际，重新梳理了20余项制度，进行修改完善，修订制度9项，新建制度1项。今年全年街道共组织5人进行了入党积极分子培训，转正党员2名。

二、存在的主要问题及原因

自我今年3月初上任以来，虽然在落实党工委主体责任方面和转变街道机关作风方面做了一些工作，但也存在一些问题。

（一）党工委主体责任落实不到位。由于近年来雁滩地区开发进程的加快，街道党工委和5个村社区工作重心都倚重在项目引进和征地拆迁上，对基层党建和基层党组织主体责任的落实有所放松，在工作的完成上沿用老的办法、老的思路，创新意识不强，党工委主体责任落实不到位，对村社区党支部完善基层党的组织建设指导力度和检查力度不大。

（二）对各项工作的落实检查督促不够。作为街道党工委书记，我能做到以身作则、严格要求自己，但在对机关干部的管理上存在"老好人"思想，街道日常工作本身就比较繁重，干部职工平日工作压力比较大，觉得对他们适当地放松管理也是可以的，因此对干部工作作风和各项工作的开展情况落实检查和督促不到位，街道纪工委没有将各项督察制度发挥到实处，这种思想导致了街道机关个别人员工作滞后，出现了松懈散慢的现象。

（三）基层党支部作用发挥不到位。这主要表现在村社区"三资管理"工作较薄弱，各村党支部不能积极履行职责，在村集体资产上未做到公开透明，导致个别村社区的部分村民上访，前段时间我街道高滩村社区部分村民就村两委会不及时公开财务收支情况进行了上访。基层党支部作用发挥不到位，就会引发各种纠纷和矛盾，产生信访事件，甚至影响到村务的有序开展。

三、下步工作思路和主要措施

在今后的工作中，我将结合"教育实践"活动，充分发挥党建工作"第一责任人"的作用，认真贯彻落实党的十八届六中全会精神，推进基层服务型党组织建设，努力把党建优势转化为发展优势，把党建资源转化为发展的资源、服务的资源和稳定的资源。

一是构建基层党建责任体系。严格落实社区党组织书记履行党建责任意识，健全完善党建工作考核办法，加强社区党建工作考核力度，实行党建工作项目化目标管理，年初与街道党委签订党建工作目标责任书，并做出公开承诺。深化基层党组织分类定级、对相对后进基层党组织，采取"定人定责帮扶、定时定标提升"的机制，确保晋位升级。

二是健全完善联系群众制度。结合群众路线教育活动、双联双结等活动，抓实走访活动，并进一步深化"在职党员进社区"工作，努力为民办实事，推进联系服务群众长效机制的落实。

三是加强基层党员队伍建设。针对街道、社区近两年来年轻干部逐渐增多的实际，进一步搭平台、压担子、一线墩苗、实绩比拼，加大力度抓好年轻干部培养。

×××

20××年×月×日

四、答复性报告

这类报告是针对上级机关或管理层所提出的某些要求或问题而写出的报告，要求问什么答什么，内容不涉及询问以外的情况或问题。

【答复性报告范文】

安远县人民政府
关于中央环境保护督察组第三十一批 79—31 号信访件调查处理情况报告

赣州市人民政府：

一、交办的信访件事项情况

曾投诉反映：赣州市安远县长沙乡垃圾焚烧场和采砂场污染环境问题，已有调查处理情况。

投诉人反映该垃圾焚烧场目前还在焚烧垃圾，采砂场还在采砂，长沙河吉祥村与箕笃村的渡改桥被挖断，现在已经下沉，希望问题能尽快处理。

二、交办的信访件所属批次、接办时间、办理时间情况

交办的信访件所属批次：第三十一批 79—31 号。

2016 年 8 月 15 日接办，2016 年 8 月 17 日办理完成。

三、信访的诉求情况

垃圾焚烧场、采砂场未处理。

四、被举报对象的基本情况

（一）垃圾焚烧场信访件是第三批 15 号、第十三批 39—21 号、第二十四批 60—28 号重复信访件。该焚烧场系贯彻全国改善农村人居环境工作会议及省、市相关精神，落实"特别偏远的乡镇可建设 1 座符合环保要求的垃圾焚烧设施"的要求，于 2015 年 9 月，建造了 2 座垃圾焚烧炉，实行生活垃圾无害化、减量化、资源化处理。垃圾焚烧时会产生水蒸气和少量白烟，非废气直排。目前，我县已通过户长会、上门入户等多种形式向周边村民解释，获得了绝大多数村民的理解。

（二）采砂场信访件是第二一八批 76—25 号重复信访件。我县于 8 月 12 日接到交办件后，已调查处理，采砂场目前已停采。信访人反映的"桥被挖断，现在已经下沉"的问题，经工作人员现场核实，两座桥（即 1989 年建设的吉祥村黄邦围大桥、1995 年建设的箕笃村龟形上大桥）旁有部分河岸被河水冲刷掏空，且龟形上大桥在 2015 年下半年被洪水冲断约 15 米，从现场核实看并非采砂所致。

五、调查核实的经过情况

2016 年 7 月以来，县领导多次带领县农工部、环保局、生态综合执法大队和长沙乡党委、政府主要负责同志赴长沙乡垃圾焚烧场现场，采取现场勘查、调查询问等方式进行了调查。同时，由县农粮局、环保局、生态综合执法大队和长沙乡政府组成的联合工作组对垃圾焚烧场进行了现场调查处理。

2016 年 8 月 15 日，县水利局和长沙乡政府工作人员到长沙乡吉祥采砂场，采取现场勘查、调查询问等方式对其进行了调查处理。2016 年 8 月 16 日，长沙乡政府主要负责同志再次带领分管领导和乡村干部到吉祥黄邦围大桥和箕笃村龟形上大桥，实地察看现场。

六、被举报对象存在的主要问题

（一）垃圾焚烧炉焚烧的垃圾因湿气较重，焚烧时产生的水蒸气和少量烟雾被群众误以为是废气直排。

（二）两座桥旁有部分河岸被河水冲刷掏空，龟形上大桥被洪水冲毁，村民误以为是采砂所致。

七、采取的处理和整改措施情况

（一）进一步做好群众解释工作，争取理解与支持。

（二）争取资金解决河岸冲刷和村龟形上大桥部分被洪水冲毁的问题。

八、问题解决情况

（一）我县已联系监测部门于 8 月中旬对垃圾焚烧场周边进行监测，并向垃圾焚烧场周边村民通报了政府的态度和已采取的措施，目前已获得绝大多数村民理解。

（二）采砂场已停采。我县长沙乡正积极争取资金用于冲刷河岸及部分被洪水冲毁的桥段的修复。

九、向社会公开情况

我县将于 8 月 19 日在政府网公开处理情况。

十、其他需要说明的情况

无。

安远县人民政府

2016 年 8 月 18 日

五、呈报性报告

呈报性报告是下级机关向上级机关报送文件、物件随文呈报的一种报告，一般是用一两句话说明报送文件或物件的根据或目的，以及与文件、物件相关的事宜。

六、例行工作报告

例行工作报告是下级机关因工作需要定期向上级机关所递交的报告，如费用支出报告、财务报告等。

【例行工作报告范文】

例行工作报告
生产中心 黄先祥

从三月入厂以来，我首先制订了生产中心三个百日工作计划，在总经办的领导和各部努力配合下，各项工作得到有效开展，取得阶段性的改善，具体工作如下。

1. IE 工程改造

结合生产工艺，整合原有 IE 方案，把生产线布局重新调整、优化，在保证实用、可行的条件下，把原有方案滚轴 2560 米降到 1528 米，减少公司 21 万元的投入；改进洗尘房工艺，使生产线流程化、简单化、合理化，使生产快捷，安全生产得到保障。

2. 加强目视管理建设

组会研讨，规划区域，落实责任，增两个公司宣传栏以加强管理方针贯彻和丰富员工文化；新安装了 LED 屏，加注车间警示线，规范工序标识、产品标识和安全标识，提报包装设计和执行员工着装管制；共投入 230 名工人，整理车间，处理呆滞品、返修库存不良品，整合利用 70 立方米的余料，规划生产车间，使公司的形象得到提升。

3. 改进工艺

将改进工艺、提升品质始终作为生产部的重要工作，组织研讨会，加强员工沟通；改变思想观念，推陈出新。

（1）把油漆产品内堂改为三胺板，这既能节省油漆材料成本，又能降低油磨瓶颈工序压力，有利于生产效率的提高。

（2）将贴纸改贴木皮，面修色改为底擦色，这既增加了产品美观度，也使产品细节得到改善，提升了产品品质和档次。

（3）建立样品标准，组织样品专线生产、评审和验收工作，保证样品的质量与交期。

4. 加强制度管理

（1）执行"2S 标准"，推行"6S 管理"，建立"6S 考评细则"，划分区域，实行"谁主管谁负责的管理"办法，加大奖罚力度，提高员工自律性，使制度得到落地。

（2）"品质成本是生产中心最大的成本"，我们坚持这一理念，组建品管部门，制定公司品质体系，汇总产品的质量投诉分析，推行《品质事故赔偿连带责任制度》，使各部、各级、各工段的防范责任意识增强。六月产品质量事故得到有效控制，出厂产品的投诉率下降，我们正向零投诉目标迈进。

（3）在生产进度方面，成立生产管理部，推行计划管理，拟定生产进度管理制度，每日例行向综合部发送生产进度信息，加强生产信息沟通，方便销售部查询，使综合部计划装车和运输工作有所保障。

5. 建立产品标准成本

在产品方面，我们组建研发小组，建立了产品材料、工艺和成本标准，细化生产中心固定、变动成本，建立了各项成本控制系数，挖掘成本亏空，提供价廉物美的产品，为部门独立核算打下数据基础，帮助自身向自力更生的运营模式过渡。

"没有计划的工作是空想，没有措施的工作是空谈"，生产中心坚持以《三个百日的工作计划》为指导组织开展工作，在实施中我们发现产品还存在质量、交期和生产瓶颈等问题，因此我们要在短时间内加大工作力度，改善工作缺失项，向创新过渡。

第二节　请示

请示在工作中的应用非常广泛，是下级机关向上级机关请求指示或请求批准某一事项的公文，属于上行文，根据内容可以分为请求指示的请示、请求批准的请示和请求批转的请示三类。

一、请示的特点

请示的特点和报告的特点有所不同，具体如下。

1. 呈请性

请示是下级机关向上级机关请求指示和批准的公文，具有请求性；报告是下级机关向上级机关汇报工作、反映情况、答复上级机关询问或要求的公文，具有陈述性。

2. 求复性

请示的目的是请求上级机关批准，并要求上级机关做出答复，即有请必复；报告的目的是告知，使上级机关掌握情况，不要求答复。

3. 超前性

请示须事前行文，报告可事后行文，也可工作中行文。

4. 单一性

请示要求一文一事，报告可一文一事，也可一文多事。

二、请示的写作

请示一般包括标题、主送机关、正文、落款和日期四部分。

1. 标题

● 发文机关＋事由＋文种，如《公安部、民航局关于简化购买国内飞机票手续问题的请示》。

● 事由＋文种，如《关于交通肇事是否给予被害家属抚恤问题的请示》《关于建立中国工程院有关问题的请示》。

请示的标题不可只写文种。

2. 主送机关

请示的主送机关只有一个，即直接上级机关。

受双重领导的机关在报送请示时，可同时抄送另一领导机关。

3. 正文

请示的正文一般由请示缘由、请示事项、结语三部分组成。

◆ **请示缘由**

请示缘由用来说明请示的原因，突出请示的必要性和迫切性。作为请示的重点，请示缘由要充分。可采用"现将就……问题请示如下"的形式来进行详细阐述。

◆ **请示事项**

请示事项就是请求上级机关批准或指示的具体事项。事项要明确、条理要清楚。请示事项要符合法规、实际，并具有可行性和可操作性。

◆ **结语**

结语即提出批复请求。此部分行文要谦和有礼、大方得体。常用的结语表达方式有"以上请示，请批复（审批）""以上请示如无不妥，请批准"或"妥否，请批复"。

4. 落款和日期

落款和日期主要包括发文机关名称、成文日期以及印章。标题处如已有发文机关名称，落款处则可省略。

三、请示写作的注意事项

● 一文一事，不要一文多事。一份请示只能写一件事、一个问题；如一文多事会贻误工作。

● 只能有一个主送机关，不得多方请示。

● 一般不能越级请示，要逐级请示。如遇特殊情况必须越级行文时，则应抄送越过的直接上级机关。

● 不要同时上报下发。在上级机关答复前，不得抄送下级机关。

● 不事后请示，必须事前行文。

- 不直接递送给领导个人。

- 理由充分，要求合理。请示的理由要充分，能体现请示的必要性；要求要合理，方便上级机关批复，促使问题及时解决。

- 语言简明，语气得体。请示的语言要简明扼要，以便突出重点，引起重视；语气要谦恭、委婉，这样容易被上级接受并得到及时批复。

四、请求指示的请示

请求指示的请示一般是政策性请示，是下级机关需要上级机关对原有政策规定做出明确解释，对变通处理的问题做出审查认定，对如何处理新情况、新问题或突发事件做出明确指示等的请示。

【请求指示的请示范文】

关于给公安文化优秀编辑嘉奖的请示

市局政治部：

在去年公安文化网站、微信管理和其他公安文化工作中，涌现出了许多工作负责、任劳任怨、令人感动的先进人物。我们从中挑选两名最优秀的人物，其基本情况如下。

李晓丽，长葛市公安局警令部民警，在做好本职工作的同时，担任公安文化网站执行副主编9个月之久，期间尽职尽责，不怕得罪人，每月对公安文化网站的工作情况进行审读总结，挑选优秀稿件发至市局主页"公安文化"栏目，而且在家中婆婆病重需有人在医院照顾，后婆婆又去世的情况下，依然认真负责网站工作，令人感动。

崔志中，鄢陵县公安局交警大队副大队长，负责城区交通工作，又担任公安文化网站"人物评析"栏目责任编辑，在本职工作繁重的情况下，依然尽心尽力，把编辑工作做到最好。他所负责的栏目年发稿量高达584篇，编辑了大量对广大民警产生深刻影响的好文章。他在11月被市局抽调，对《警界参考》刊发过的所有公安理论的文章进行审核编辑，期间付出了大量辛劳的工作，值得敬佩。

为鼓励先进，表彰老实肯干的好同志，同时鞭策落后的同志，激励大家共同努力，建设好为全市乃至全国民警提供精神食粮的精神家园，希望对以上两名同志予以嘉奖。

妥否，请批示。

市局政治部文体科

2017 年 1 月 18 日

五、请求批准的请示

此类请示是下级机关针对某些具体事宜向上级机关请求批准的请示，其主要目的是解决某些实际困难和具体问题。

【请求批准的请示范文】

关于给"2016年度优秀员工"奖励的请示

公司领导：

为进一步弘扬正气，表扬先进，树立典型，激发广大员工以公司为家的主人翁精神、爱岗敬业的奉献精神、团结向上的进取精神、开拓创新的拼搏精神，有效提高员工的工作质量和效率，使其形成人人争当先进，人人争做优秀员工的"比、学、赶、帮、超"的良好氛围，特定于2017年1月开展"2016年度优秀员工"评选活动，所需活动经费如下：年度优秀员工6名，奖金500元，合计3000元；绶旗10条，工本费15元，合计150元；共计3150元。

妥否，请批示！

人事部

2017年1月5日

六、请求批转的请示

下级机关就某一涉及面广的事项提出处理意见和办法，需各有关方面协同办理，但按规定又不能指令平级机关或不相隶属部门办理，需上级机关审定后批转执行，此时下级机关向上级机关提交的请求审定批转的请示就是请求批转的请示。

【请求批转的请示范文】

湄洲区人民医院关于引进德国西门子视网膜平板C形臂X光机的请示

湄洲区卫生局：

随着当今科技的飞速发展，视网膜平板C形臂X光机与以往设备相比，在中枢神经、腹部、骨关节、胸部等方面有着不可比拟的优势，可对全身系统各部位的组织结构进行成像。其扫描速度更快、分辨率更高、诊断更准确。在临床救治方面，它不仅能为我们提供更准确的依据，而且能够达到早诊断和早期治疗的目的，可以挽救更多患者的宝贵生命。

德国西门子视网膜平板C形臂X光机，采用最新的平板探测技术，使C臂口径更大，灵敏度更高，噪声更低，能以比传统影像增强器更低的剂量，呈现出更加完美的图像。其硬件图像处理模块，采用视网膜解析集成电路，能进一步优化图像质量，自动调节对比度、亮度等参数，快速获得最佳的临床图像，满足临床心内科、神经外科等各科介入诊疗的需要，它适用于头颈部、胸部等血管系统的检查，并广泛的应用于经皮腔内成形术、经导管药物灌注治疗等介入放射治疗。

为了适应医疗环境的要求，根据国家卫计委有关规定，我院拟从德国西门子医疗器械公司引进一台视网膜平板 C 形臂 X 光机。所需的 2000 万元人民币资金，由我院自筹 1350 万元，其余 650 万元可向中国工商银行贷款解决。该设备被引进后，将广泛应用于临床领域。

当否，请批复。

湄洲区人民医院
2016 年 12 月 12 日

第三节　批复

批复是下行文，是上级机关答复下级机关请示事项的指导性公文，以下级机关请示为前提条件，正常情况下，下级机关有请示，上级机关就应有批复。

批复具有极强的针对性、指示性和权威性，批复一经做出，下级机关就必须执行。根据事项不同，批复可以分为三类：一是对不明确事项的批复，二是对下级机关开展某项工作自己无权决定或按职权范围应由上级机关决定的事，报请上级机关批准的批复；三是下级机关请求帮助，解决问题的批复。

一、批复的特点

1. 权威性

批复传达的是上级机关的结论性意见，具有法定权威性，代表上级机关的权力和意志，下级机关必须严格贯彻执行，不得违背。

2. 针对性

首先，上级机关的批复只针对下级机关的请示而制发，行文方向有针对性。其次，批复内容应针对请示内容，下级机关请示什么问题，上级机关就回答什么问题，即谁请示就给谁批复，请示什么就批复什么。

3. 指示性

批复的目的是指导下级机关的工作，要先表明态度，还应概括说明方针、政策及执行要求。

二、批复的写作

批复一般由标题、主送机关、正文、落款和日期构成。

1. 标题

批复中最常见的标题形式是完全式标题，即由发文机关、事由和文种构成，在事由中一般将下级机关及请示的事由和问题写进去；还有另一种完全式的标题形式，即"发文机关＋表态词＋请示事项＋文种"形式，这种形式的标题较为简明、全面和常用。

有些批复标题只写事由和文种。

2. 主送机关

批复的主送机关一般只有一个，即报送请示的下级机关。其位置同一般行政公文一样左起顶格写于标题之下，正文之前。批复不能越级行文，当所请示的机关不能答复下级机关的问题而需要向更上一级机关转报"请示"时，更上一级机关所做批复的主送机关不应是原请示机关，而是"转报机关"。如果批复的内容同时涉及其他机关和单位，则要采用抄送的形式送达其他机关和单位。

3. 正文

批复的正文一般由引述语、批复内容、提出要求和结语组成。

◆ 引述语

引述下级来文的标题、发文字号，加上"收悉"，如"你省《关于×××的请示》（××〔2017〕5号）收悉。"批复中惯用"经研究，现批复如下："来引出下文。

◆ 批复内容

批复内容是针对请示事项给予明确答复或指示，表明同意或不同意态度的内容。如果事项较多，则分条列项写出批复内容。批复所表明的态度分三种：完全同意、基本同意、完全不同意。

◆ 提出要求

提出具体处理意见、希望或要求。

◆ 结语

批复的结语包括"此复""特此批复""此复，希执行"等；有的批复会省去结语。

4. 落款和日期（批复机关名称、成文日期、印章落款）

这部分写在批复正文右下方，署成文日期并加盖公章，成文日期用阿拉伯数字表示。

批复既是上级机关指示性、政策性较强的公文，又是对下级单位请求指示、批准的答复性公文，因此，写作者在撰写批复时要慎重及时，根据现行政策法令及办事准则，及时给予答复；撰写时，不管同意与否，批复意见必须十分清楚明白、态度明朗，不能含糊其词、模棱两可，以免下级机关无所适从。

同时，批复必须是有针对性地一文一批复，即请示要求解决什么问题，批复就答复什么问题。

需要指出的是，写作者在撰写批复时应使其内容针对性强、态度明确、表达准确、篇幅短小且要批复及时。

三、指示性批复

指示性批复是指在审批某一问题时，先明确答复请示事项，再进一步提出指示性意见，要求下级机关执行。其篇幅一般相对较长。

【指示性批复范文】

国务院关于同意设立长春新区的批复
国函〔2016〕31号

吉林省人民政府：

你省关于申请设立长春新区的请示收悉。现批复如下。

一、同意设立长春新区。长春新区范围包括长春市朝阳区、宽城区、二道区、九台区的部分区域，规划面积约499平方公里。长春新区区位优势明显、产业基础坚实、创新氛围浓厚、开放条件优越、承载能力较强。要把建设好长春新区作为推进"一带一路"建设、加快新一轮东北地区等老工业基地振兴的重要举措，为促进吉林省经济发展和东北地区全面振兴发挥重要支撑作用。

二、长春新区建设，要全面贯彻党的十八大和十八届二中、三中、四中、五中全会以及中央经济工作会议、中央城市工作会议、中央农村工作会议精神，根据党中央、国务院决策部署，按照"五位一体"总体布局和"四个全面"战略布局，牢固树立和贯彻落实创新、协调、绿色、开放、共享的发展理念，全面深化改革、扩大开放，坚决破除体制机制障碍，推进产业优化升级，形成特色新兴产业集群，加快构建现代产业体系，积极推动产城融合和新型城镇化建设，努力把长春新区建设成为创新经济发展示范区、新一轮东北振兴的重要引擎、图们江区域合作开发的重要平台、体制机制改革先行区。

三、吉林省人民政府要切实加强组织领导，明确工作分工，完善工作机制，加大支持力度，积极探索与现行体制协调、联动、高效的新区管理方式，扎实稳妥推进长春新区建设发展。要认真做好长春新区发展总体规划编制工作，规划建设必须符合土地利用总体规划、城市总体规划、镇总体规划、环境保护规划、水资源综合规划等相关专项规划的要求。要推动新区探索实施"多规合一"，着力优化空间布局。涉及的重要政策和重大建设项目要按规定程序报批。

四、国务院有关部门要按照职能分工，加强对长春新区建设发展的指导，在有关规划编制、政策实施、项目安排、体制机制创新等方面给予积极支持，帮助解决长春新区建设发展过程中遇到的困难和问题，营造良好的政策环境。

建设好长春新区，对于加快推进"一带一路"建设和新一轮东北地区等老工业基地振兴，深化图们江区域合作开发，具有重要意义。各有关方面要统一思想，密切合作，勇于创新，扎实工作，共同推进长春新区持续健康发展。

国务院

2016 年 2 月 3 日

四、表态性批复

表态性批复用于回答请求批准类的请示，表明同意或不同意。其内容单一，不涉及其他问题，主要以"表态"为主要内容。表态性批复主要表明态度，也可以在表态之后，提出贯彻执行要求。

【表态性批复范文】

中能针织总公司关于不同意提高产品价格的批复

中能针织二厂：

你厂 2016 年 11 月 24 日关于提高产品价格的请示收悉。经研究，不同意你们用提高产品价格扭亏为赢的做法。你厂应加强市场调查和加速技术改造，开发新的产品，提高产品的竞争能力，以适应国内外市场需要，这才是扭亏为赢的根本途径。

此复

中能针织总公司（印章）

2016 年 11 月 27 日

第四节 函

　　函具有行文方向多样和写作灵活等优点，是应用范围广泛、使用频率极高的一种公文，是不相隶属的机关、单位之间相互商洽工作、询问和答复问题，向有关主管部门请求批准和答复审批事项的公文文书。

一、函的特点

1. 沟通性

　　函用于不相隶属机关之间相互商洽工作、询问和答复问题，起着沟通作用，这充分显示了平行文种的功能，是其他公文所不具备的特点。

2. 灵活性

　　● 行文关系灵活。函是平行公文，但是它除了平行行文外，还可以向上行文或向下行文，没有其他文种那样严格的特殊行文关系的限制。

　　● 格式灵活，除了国家高级机关的主要函必须按照公文的格式、行文要求行文外，其他一般函比较灵活自便，可以有文头版，也可以没有文头版，可不编发文字号，甚至可以不拟标题。

3. 单一性

　　函的篇幅短小、内容单一，语言简洁，写作程序简易，被称为公文的"轻骑兵"。

二、函的写作

　　函由标题、主送机关、正文、落款和日期四部分构成。

1. 标题

　　● 发文机关＋事由＋文种，如《国务院办公厅关于羊毛产销和质量等问题的函》《广东省人民政府关于要求免税进口物资的函》。

　　● 事由＋文种，如《关于请求 ×× 市节约能源中心编制的函》《关于请悦海商厦准备安全保卫工作经验材料的函》。

● 复函的标题中要标明"复函"，还可加回复对象，如《国务院办公厅关于同意在"中国藏学研究珠峰奖"获奖证书上使用国徽图案的复函》《国务院办公厅关于悬挂国徽等问题给湖北省人民政府的复函》。

2. 主送机关（即收函机关）

函的主送机关一般只有一个，也可有多个的。复函的主送机关就是来函的发文机关。

3. 正文

函的正文一般包括发函缘由、事项、希望要求和结语四部分内容。

◆ 发函缘由

函的开头要简要写明发函的根据、目的以及原因。复函则先用一句话引述对方来函的标题（或主要内容）、发文字号，再交代根据、原因，并说明函已收悉。在函中常用的表明发函缘由的语句包括"现将有关情况说明如下""现就有关问题函复如下"等。

◆ 事项

函中要具体写明所商洽、询问、告知或请求批准的事项，内容较多的可以分条款写。复函要针对来函事项给予明确的答复。

◆ 希望要求

希望要求一般包括提出具体处理意见、希望或要求。

◆ 结语

去函的结语惯用语一般包括"特此函达""即请复函""敬请回复""务希见复""请研究后函复"。复函的结语惯用语一般包括"特此函复""特此函告""此复"。有的函则只提要求，没有结语。

4. 落款和日期

函的落款和日期一般包括发函机关名称、成文日期以及印章。

三、商洽事宜函

【商洽事宜函范文】

龙腾集团有限公司关于建立全面协作关系的函

海达集团有限公司：

近年来，我公司与你公司双方在一些科学研究项目上互相支持，取得了一定的成绩，建立了良好的协作基础。为了巩固成果，建议我们双方今后能进一步在学术思想、科学研究、人员培训、仪器设备等方面建立全面的交流协作关系，特提出以下意见。

一、定期举行公司之间技术讨论与交流。（略）

二、根据公司各自的科研发展方向和特点，对双方共同感兴趣的技术进行协作。（略）

三、根据公司各自人员配备情况，双方在可能的条件下对对方科研人员的培训予以帮助。（略）

四、双方技术研究所需要高、精、尖仪器设备，在可能的条件下，予对方提供利用。（略）

以上各项，如蒙同意，建议互派科研主管人员就有关内容进一步磋商，达成协议，以利工作。特此函达，务希研究见复。

龙腾集团有限公司（盖章）

2017 年 2 月 24 日

四、通知事宜函

【通知事宜函范文】

国务院办公厅关于同意建立网络市场监管
部际联席会议制度的函
国办函〔2016〕99 号

工商总局：

你局关于建立网络市场监管部际联席会议制度的请示收悉。经国务院同意，现函复如下。

国务院同意建立由工商总局牵头的网络市场监管部际联席会议制度。联席会议不刻制印章，不正式行文，请按照国务院有关文件精神认真组织开展工作。

国务院办公厅

2016 年 12 月 9 日

五、征求意见函

【征求意见函范文】

关于征求《分解 2017 年度全市政务公开工作目标任务》意见的函

各县区政府、管委政务公开办、市政府各部门、市直属机构：

2017 年市《政府工作报告》明确提出"全面推进政务公开、办事公开，让权力在阳光下运行"。为做好 2017 年政务公开工作，我们代拟草了《六安市人民政府办公室关于分解 2017 年全市政务公开工作目标任务的通知》（征求意见稿），现发送你们征求意见，请认真讨论研究。修改意见请于 3 月 15 日前通过 OA 办公系统内部邮件反馈至市政务公开办（收件人：漆××、马××）。

六安市人民政府

2017 年 2 月 27 日

六、请求批准函

【请求批准函范文】

海口招商局销售公司请求批准函
局销办函〔2017〕5 号

海口招商局：

我销售公司从去年 10 月成立以来，国内商务活动日益增多，经常有许多文件、合同、契约、技术资料需要复印，为便于工作，我们拟购买一台复印机，请给予批准。

可否，请批复。

海口招商局销售公司（盖章）

2017 年 2 月 10 日

七、答复事宜函

【答复事宜函范文】

国务院办公厅关于政府部门涉企信息
统一归集公示工作实施方案的复函
国办函〔2016〕74号

工商总局：

你局会同有关部门关于《政府部门涉企信息统一归集公示工作实施方案》的请示收悉。经国务院批准，现函复如下。

一、国务院同意《政府部门涉企信息统一归集公示工作实施方案》（以下简称《方案》）。

二、各省、自治区、直辖市人民政府要切实加强对《方案》实施工作的组织领导，结合当地实际制定具体工作方案，逐级落实工作目标和任务，并在政策和资金上给予保障，确保在2016年年底前初步实现各政府部门涉企信息统一归集、记于相对应企业名下并依法予以公示。

三、国务院有关部门要根据职能分工，加强对《方案》实施工作的指导、支持和协调，及时研究解决《方案》实施过程中出现的问题，共同落实好《方案》各项任务。工商总局负责制定发布《政府部门涉企信息归集格式规范》，定期汇总发布《政府部门涉企信息归集资源目录》，会同有关部门对落实《方案》情况进行督查，重大情况及时向国务院报告。

国务院办公厅
2016年8月8日

八、报送材料函

【报送材料函范文】

关于报送资产清查工作情况的函
柘民函〔2016〕24号

县财政局：

根据柘政办〔2016〕40号、柘财资〔2016〕6号，柘财资〔2016〕10号等文件精神及其部署，我局认真对待，积极组织实施，制定了柘荣县民政局资产清查工作方案，成立了柘荣县民政局资产清查领导小组，局长为第一责任人，并抽调计财股和办公室等相关科室人员，对我局基本情况、财务情况以及资产情况等进行全面清理和清查。清查结果：我局固定资产清查总值3064034.84元，其中超过使用年限待报废资产297673.04元；其他应收款清查帐面7616740.06元，其中因历史遗留民政福利企业久款清查减少数929501.91

万元，其他应付款 1087796.97 元，无盈亏。

附件：1. 资产清查汇总表

2. 资产清查工作报告

柘荣县民政局

2016 年 6 月 20 日

九、转办函

【转办函范文】

厦门市集美区安全生产委员会办公室转办函

集安办函〔2016〕17 号

集美区交通运输局：

近日，区交委办收到江西省公安厅交管局高速公路交警总队直属六支队第三大队通报："我辖区企业厦门嘉信发运输有限公司的车辆，在福银高速公路路段，因具有违法行为被该大队电子监控设备记录 [见（附件）]。"经核实，该企业是危化品运输从业单位，现将该件转给贵局，请加大对危化品运输企业的监管力度，督促其加强交通安全管理，限期进行整改，消除危化品运输安全隐患。

处理情况请于 2017 年 1 月 15 日前函复我办。

集美区交通安全生产委员会办公室

2016 年 12 月 22 日

十、催办函

【催办函范文】

交通部广州救捞局催办函

福建造船厂：

贵厂 2013 年为我局建造的和平马力拖轮"穗救 202"轮，出厂至现在已经三年了，可是当时欠装的拖缆机至今尚未安装。为此我局曾多次去函催贵厂尽快给予解决，但贵厂一直未明确答复。该轮由于缺少拖缆机，长期无法正常执行生产任务，经济上已造成了很大的损失。为此特再次函请贵厂尽快为我局"穗救 202"轮安装拖缆机，以免再延误该轮的正常生产。

敬礼

交通部广州救捞局（盖章）

2016 年 11 月 17 日

十一、邀请函

【邀请函范文】

2016 年环保产业发展与 PPP 模式研讨会邀请函

各有关单位：

环境保护是国民经济和社会发展的重要基础，是社会和谐、生产力发展、经济增长的重要前提条件。随着市场经济的不断发展，环保产业建设的规模也在不断扩大，仅依靠政府财政拨款的资金投入，已满足不了其高速发展的需求，为此，PPP 模式在我国环保项目建设中的应用得到长足发展。为了更好地推动环保产业与 PPP 模式的结合，帮助广大环保产业单位了解最新政策，掌握操作方法，把握市场机遇，实现创新发展，由环境保护部主管的中国环境报社和四川联合环保装备产业技术研究院共同举办环保产业发展与 PPP 模式研讨会，具体安排如下。

一、会议时间：2016 年 5 月 6 日（5 月 5 日全天报到）

二、会议地点：四川省成都市（具体地点另行通知）

三、主办单位：中国环境报社四川联合环保装备产业技术研究院

四、会议内容

1. 国家发改委、财政部、环保部最新 PPP 政策解读。

2. 环保产业 PPP 投资业务发展趋势。

3. 环保产业 PPP 项目的实施流程。

4. 政府采购 PPP 项目最新信息发布。

5.PPP 模式带来的市场机遇分析。

6. 知名环保企业 PPP 项目应用案例解剖与分析。

五、参会代表

1. 地方发改委、经信委、财政、环保、水务等部门及各工业园区、化工园区、经济开发区管委会等有关负责人。

2. 从事第三方治理的环保产业公司及机构。

3. 地方投融资平台公司和市政公用企业。

4. 投资银行、信托机构、咨询公司等专业服务机构。

5. 其他与 PPP 业务相关的机构和人员。

六、参会报名

1. 报名联系: 李 ×　　沙 ×　　　028-6556××××
　　　　　　 13018255×××　　15928743×××
　　　　　　 鹿 ××　010-67127×××　　13811038×××
2. 商务合作: 方 ×　　010-67117×××　　13161700×××
3. 会议详细内容见
　　中国环境网
　　四川环保产业网

第四章
指令类公文写作要点与范文

第一节 命令

命令的主要特点是权威性、强制性、严肃性，是国家行政机关依照有关法律公布行政法规和规章，宣布施行重大强制性行政措施，嘉奖有关单位及人员使用的公文。

命令按内容的不同可以分为发布令、行政令、嘉奖令、惩戒令、任免令、撤销令等；按发布者不同，可以分为以政府机关名义发布的命令和以政府机关领导人名义发布的命令；按姓氏，可以分为带附件的命令和不带附件的命令等。

一、命令的适用范围

命令适用于公布行政法规和规章、宣布施行重大强制性措施、批准授予和晋升衔级、嘉奖有关单位和人员。

- 全国人民代表大会常务委员会、委员长、国家主席、国务院总理、国务院各部部长、各委员会主任、各地方人民政府（县以上）及其首长，可以发布命令。
- 党的各级领导机关一般不单独发布命令，需要时可与人民代表大会或政府机关联合发布命令。
- 中央军事委员会可以单独发布命令。
- 任何国家机关和个人，如地方政府的各个职能部门（如省教育厅）、各群众团体、各企事业单位等，都不能发布命令。

二、命令的特点

1. 内容重要

命令所涉及的事项，如发布行政法规和规章、宣布施行重大强制性行政措施，这些内容都是非常重要的。运用命令来奖惩有关人员，往往也是因为该人员在全国或某一地区影响较大。如果是一般性的表彰先进或批评错误，则不用命令而用通报级别的公文文种。

2. 权威性

根据《中华人民共和国宪法》的规定，只有中华人民共和国主席、国务院总理、国务院各部部长、各委员会主任及县以上各级地方人民政府才可以依据法律规定的权限发布命令，其他任何单位和个人均不得发布命令。在实际工作中，各级地方政府都很少使用命令这一文种，国家高级领导机关和主要领导人才较多使用。因此，命令具有权威性，命令一旦发布，别的单位或个人都不得修改或歪曲，如果别的公文的内容与命令的有关精神相抵触，也一律以命令为准。

3. 强制性

命令具有明显的强制性，上级机关发布了命令，下级机关不管是否同意，不管有什么困难或问题，都必须坚决地、无条件地执行。令出必行，违反命令或抗拒执行命令，就要受到惩罚。在所有国家机关行政公文中，命令是最具有强制性的。

三、命令的写作

1. 标题

命令的标题一般有以下四种形式。

- 发布者（机关或个人）＋事由＋文种，如《中华人民共和国国务院关于发行新版人民币的命令》。
- 发布者＋"令"，如《中华人民共和国主席令》。
- 事由＋文种，如《抗洪抢险的命令》《向全国进军的命令》。
- 文种，如《嘉奖令》。

2. 发文字号

命令的发文字号有以下三种格式。

- 文件式格式即由机关代字、年份、序号构成，如"国发〔2017〕3号"。
- 序号式，如"第387号""第五号"。
- 以发令机关的发令顺序按年度编流水号，或者按领导人任期的法令顺序编号。

3. 主送机关

命令的主送机关有时有，有时没有。

4. 正文

命令的正文主要包括发布命令的根据、事项、执行要求等内容。针对不同种类的命令，还有一些细节要求，这些内容我们将在后面进行详细介绍。

5. 署名和日期

该部分一般由发令机关（或发令者职务和姓名）、成文日期构成。发令机关处要加盖公章。成文日期一般写在署名下方，或者在标题之下。

命令的格式如图4-1所示。

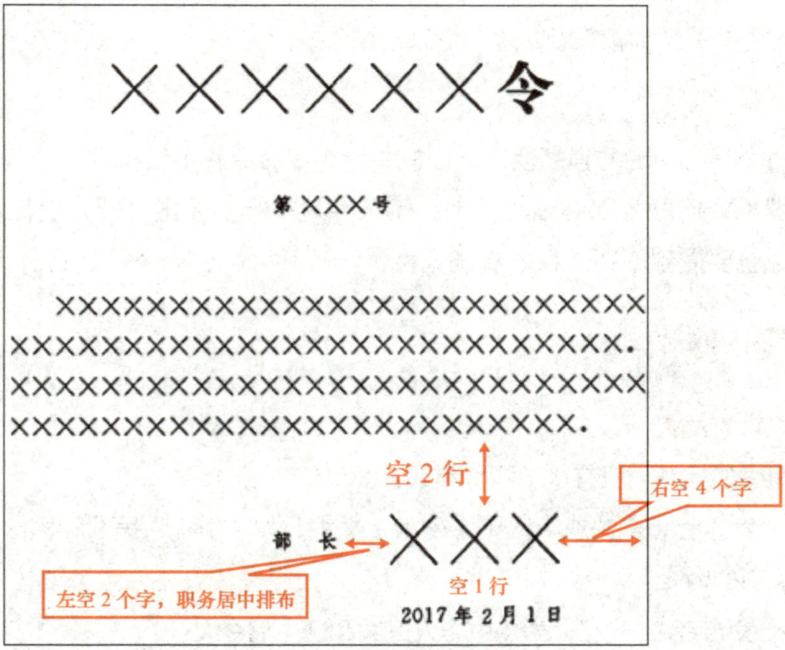

图4-1 命令的格式

四、发布令

发布令就是用于发布行政法规和规章的文件，由正文及附件组成。附件即应公布的行政法规或规章。

发布令的正文包括发布对象（即行政法规或规章的名称）、发布依据、执行要求、行政法规、规章通过或批准的时间和施行起始日期。

【发布令范文】

中华人民共和国主席令

第六十三号

《中华人民共和国红十字会法》已由中华人民共和国第十二届全国人民代表大会常务委员会第二十六次会议于 2017 年 2 月 24 日修订通过，现将修订后的《中华人民共和国红十字会法》公布，自 2017 年 5 月 8 日起施行。

中华人民共和国主席　习近平

2017 年 2 月 24 日

五、行政令

行政令或称行政法令，是用于国家领导机关或领导人发布重大的强制性行政措施的一种公文。行政令又分为颁布性命令（令）和事项性命令（令）。

行政令的正文由发令缘由（即原因、目的、依据）、命令事项、施行要求三部分组成。

【行政令范文 1】

中华人民共和国国务院令

第 648 号

现公布《国务院关于废止和修改部分行政法规的决定》，自 2014 年 3 月 1 日起施行。

总理　李克强

2014 年 2 月 19 日

《国务院关于废止和修改部分行政法规的决定》（略）

【行政令范文 2】

XX 县人民政府森林防火戒严令

为防止发生森林火灾，确保全县森林资源安全，县政府决定自每年 12 月 15 日起至翌年 4

月 10 日止，在全县范围内实行森林防火戒严管理。

一、森林防火戒严期内，在全县所有林区内禁止一切烧荒、烧草场、烧秸秆、烧田埂、炼山造林和火烧防火隔离带等生产性用火行为；禁止在林区内上坟烧纸等非生产性用火行为。特殊情况确需野外用火的，必须经县人民政府批准；林区农村居民需要烧灰积肥的，必须经当地镇级森林防火组织批准。用火单位或个人在野外用火申请得到批准后，应严格按照《××县野外用火管理办法》领取《野外用火许可证》，并按要求用火。

二、禁止一切人员携带火种进入林区。林区内未成年人、精神病患者由其监护人负责监护，监护人应防止其使用明火，以免引发森林火灾。

三、任何单位和个人均有防范森林火灾的义务，一旦发现森林火情，应迅速报告当地人民政府或县护林防火指挥部办公室（电话：××××—×××××××××）。接到扑火命令的单位和个人，必须在规定时间内到达指定地点，开展扑救工作。

四、在森林防火工作中，有下列行为之一的单位或个人，给予表彰奖励。

（一）发生火灾后积极采取措施，避免了重大损失；

（二）积极参加扑救，表现突出；

（三）及时报告森林火情；

（四）发现纵火行为，及时制止或检举；

（五）举报隐瞒火情；

（六）积极协助林业部门和公安机关查处森林火灾案件。

五、有下列行为之一的单位或个人，由县林业主管部门或者监察机关给予处罚。

（一）在林区内吸烟等随意用火，尚未造成损失；

（二）在森林防火区内的单位或个人拒绝接受森林防火检查，或者接到森林火灾隐患整改通知书，逾期不消除火灾隐患；

（三）未及时采取森林火灾扑救措施；

（四）过失引起森林火灾，尚未造成重大损失；

（五）未经批准在森林防火区内进行爆破等活动。

凡有以上第一项、第二项行为之一的，依据《森林防火条例》，对个人处以 200 元以上、3000 元以下的罚款，对单位处以 1 万元以上、5 万元以下的罚款；有第三项行为的，对主管人员和直接责任人员给予处分；有第四项行为的，除给予经济处罚外，县林业主管部门还应责令其限期更新造林，赔偿损失；有第五项行为的，由县林业主管部门责令停止违法行为，给予警告，并处 5 万元以上、10 万元以下的罚款。

六、违反森林防火管理规定构成犯罪的，由司法机关依法追究刑事责任。

七、本戒严令自发布之日起施行。

县长：XXX

2016 年 11 月 29 日

六、嘉奖令

嘉奖令是中央机关对个人、集体取得重大功绩进行公开表彰的文书，它是法定公文中命令的一小类。嘉奖令比较庄重，发文单位级别较高，属于下行文，一经发出，下级机关必须坚决服从和执行。嘉奖令具有强制性、领导性、指挥性，内容丰富，篇幅较长。

嘉奖令的正文一般包括嘉奖对象的主要事迹和功勋、嘉奖决定（荣誉称号或奖励措施）、号召和希望。

【嘉奖令范文】

中共中央军委嘉奖令

军〔2015〕×××号

各省、自治区、直辖市，解放军各大军区，新疆维吾尔自治区生产建设兵团：

2015年9月3日，参加纪念抗战胜利70周年阅兵的解放军和武警部队全体官兵，在纪念中国人民抗日战争暨世界反法西斯战争胜利70周年盛大庆典活动中，作为共和国武装力量的代表，光荣地接受了祖国和人民的检阅。各级党委领导坚决贯彻党中央、中央军委决策指示，紧紧围绕阅兵主题，精心筹划、周密组织、团结协作，保证了阅兵任务有力有序推进。受阅官兵勇于追求卓越，将军领队率先垂范，担负保障工作的同志们甘当无名英雄，高标准高质量完成了各项任务。阅兵实践中，广大官兵表现出听党指挥、绝对忠诚的政治品格，献身使命、崇尚荣誉的价值追求，精益求精、争创一流的进取意识，顾全大局、甘于奉献的高尚情怀，埋头苦干、顽强拼搏的优良作风，立起了有灵魂、有本事、有血性、有品德新一代革命军人的好样子。受阅部队以强军兴军的崭新风貌、威武雄壮的磅礴阵容、能打胜仗的过硬素质，向国内外集中展示了全国人民弘扬抗战伟大精神、聚力实现中国梦强军梦的豪迈意志，展示了在强军目标引领下国防和军队建设的新成就、新气象，展示了人民军队捍卫国家主权、安全、发展利益和维护世界和平的坚强决心，充分激发了全党全军全国各族人民为实现中华民族伟大复兴而奋斗的强大正能量。

全军指战员要向阅兵部队学习，用好这次阅兵取得的成功经验，把阅兵焕发出的爱国热情、强军壮志，转化为牢记使命担当、投身强军实践的自觉行动。各级要深入贯彻党的十八大和十八届三中、四中全会精神，坚持以邓小平理论、"三个代表"重要思想、科学发展观为指导，按照"四个全面"战略布局，加快推进国防和军队建设改革，为实现党在新形势下的强军目标努力奋斗！

中共中央军委

2015年9月3日

七、惩戒令

惩戒令用于惩戒有关人员与撤销下级机关不适当的决定。它的写法与嘉奖令的写法基本相同。

惩戒令的正文也分三部分：第一部分为惩戒的缘由、所犯错误的事实及后果；第二部分为惩戒的方式方法；第三部分为教训。

惩戒令一般不轻易使用。

八、任免令

任免令用于任免国家高级干部和其他重要工作人员，如国务院总理、各部部长、各委员会主任、驻外全权代表等。

任免令的正文包括任免依据、任免事项两部分内容。

【任免令范文】

中华人民共和国主席令
（第六十五号）

根据中华人民共和国第十二届全国人民代表大会常务委员会第二十六次会议于 2017 年 2 月 24 日的决定：

一、免去徐绍史的国家发展和改革委员会主任职务；

任命何立峰为国家发展和改革委员会主任。

二、免去吴爱英（女）的司法部部长职务；

任命张军为司法部部长。

三、免去高虎城的商务部部长职务；

任命钟山为商务部部长。

中华人民共和国主席　习近平

2017 年 2 月 24 日

九、撤销令

撤销令即用于撤销下级机关不适当的决定的命令。

【撤销令范文】

关于撤销 × × 市擅自改变上级机关
对外商赠送物品的审批权限规定的令

× × 市人民政府：

关于外商赠送物品审批权限问题，商务部相关文件规定，外商赠送物品以及

××、××接受外商赠送汽车 10 辆以下，由省人民政府批准，而且省政府已发出×府办〔20××〕××号文件明确了接受赠送物品报批手续。查××市政府×府〔20××〕××号文件通知市属单位，从今年 6 月 1 日开始，外商赠送物品由市政府批准，下级机关擅自改变上级机关的规定是不对的。为此，现重申：凡接受外商赠送国家限制进口的物品，都应按现行规定报省人民政府审批，违背规定越权审批的一律无效。接受汽车的，将加盖省政府办公厅印章的"接受外商赠送物品报批表"和外商赠送书，送至商务部申领许可证，海关一律凭省政府办公厅办理的批件和商务部许可证验收。

××省人民政府（印）

20××年 9 月 10 日

第二节　议案

议案是各级人民政府按照法律程序向同级人民代表大会或人民代表大会常务委员会提请审议事项时使用的公文。

一、议案的特点

1. 制发机关的法定性

议案的制发机关只能是各级人民政府，政府的职能部门无权制发。

2. 内容的特定性

人民政府所提议案的内容，必须是属于该人民代表大会或其常务委员会职权范围内的有关事项。

3. 具有时效性

各级人民政府的议案，应当而且必须在同级人民代表大会或其常务委员会举行会议规定的限期前提出，否则不能列为议案，超过期限提交的议案一般改作"建议"处理，或移交下次人民代表大会会议处理。提交大会审议的议案，必须限期审议表决或提出处理意见。

4. 行文的定向性

议案只能由各级人民政府向同级人民代表大会或其常务委员会行文，不能向其他部门单位行文，主送机关也只有一个。

5. 事项的必要性和可行性

适合提交人民代表大会议案审议的事项，必须是重要事项，符合人民群众的意愿和要求，而且议案中提出的方案办法措施，也必须是切实可行的，这样才有可能获得通过。

二、内容要求

议案的内容必须系该级人民代表大会或其常委会等政府机关职权范围内的，否则相关政府机关便无权审议。但由于该级人民代表大会或其常委会的职权范围不同，议案的内容也就有所不同。

三、议案的写作

"议案"一般由常规的标题、正文和落款三部分组成，落款亦分上款、下款。

1. 标题

标题由发文机关、事由（提请审议事项）、文种三部分构成。例如，《国务院关于提请审议〈中华人民共和国劳动法（草案）的议案〉的议案》，该议案的"发文机关"是"国务院"，"事由"是"关于提请审议《中华人民共和国劳动法（草案）的议案》"，"文种"即"议案"。

议案标题的形式有两种：一是发文机关+案由+文种，如《××市人民政府关于提请审议〈××市乡镇企业条例〉的议案》；二是省略发文机关，只是案由+文种，如《关于提请审议修改后的国务院机构改革方案的议案》。议案标题一般不能采用发文机关+文种或者只有文种的形式。议案的主送机关只能是同级人民代表大会及其常务委员会，不能有其他并列机关。机关名称要采用全称或规范化简称，不得随意简化。

2. 正文

从内容上看，议案由提请审议内容、说明（缘由、目的、意义、形成过程等）和要求组成。从形式上看，议案除多以"要求"结尾外，可以以提出审议事项为开头，然后加以说明；也可以在开头说明议案的缘由，或目的、意义，或形成过程，然后提出审议事项，再结尾。

议案的正文包括以下几个部分。

◆ **案据**

顾名思义，这部分要提供提出议案的根据。由于内容不同，这部分的篇幅长短在不同议案中也会有很大差异。案据和常规的根据、目的、意义式的公文开头内容很接近。有时案据部分内容很复杂，文字也很多，如《国务院关于提请审议兴建长江三峡工程的议案》，其案据部分超过全文的一半，对于这样一个十分耗时耗资的工程，将理由阐述得充分一些是很有必要的。有时案据可以很简短，如《国务院关于提请审议〈中华人民共和国著作权法（草案）〉的议案》，其案据不过百余字而已。

◆ **方案**

方案部分就是对提请审议的事项或问题提出解决的途径、方法的部分。如果某议案是提请审议已制定的法律法规，解决该议案的方案就在法律法规之中，则该议案的方案部分只需写明提请审议的法律法规的名称即可，但要把法律法规的文本作为附件。如果是任免性议案，则需写明被任免人的姓名和拟担任的职务。如果议案是提请审议重大决策事项的，则要把决策的内容一一列出，供大会审阅。如果议案是建议采取行政手段解决某方面问题的，则要把实施这一行政手段的方案详细列出，以便于审议。议案中不能只指出问题，而没有解决问题的方案。

◆ **结语**

结语是议案的结尾部分，主要用于提出审议请求。议案的结语一般都采用模式化写法，言简意赅，如"这个草案已经市政府同意，现提请审议"。

3. 落款

议案的落款分为上款和下款。上款即收文机关，如某人民代表大会或其常务委员会，有的上款中要写明某次或第几届第几次会议；下款为发文机关和行政首长的签名，另行写提请审议的日期。

【议案范文】

关于建立"国家错案警示日"的议案

建立"国家错案警示日"，有利于树立无罪推定理念。现行我国《刑事诉讼法》第12条规定："未经人民法院依法判决，对任何人都不得确定有罪"。但是受传统理念的影响，不少办案人员头脑中对于犯罪嫌疑人、被告人仍然抱有"进门三分罪"的错误理念，先入为主，将其作为有罪的人对待，甚至采取逼迫手段逼其认罪，严重侵犯犯罪嫌疑人、被告人的人身权利，甚至造成冤假错案。

对于一些有重大影响的存疑案件，由于担心"无罪推定""疑罪从无"会放纵罪犯，即使明显感觉案件证据不足、不能排除合理怀疑，一些法官也不敢坚持宣告无罪，而是习惯于"疑罪从轻"，或者使案件多次发还重审，反复"翻烧饼"，或者做出留有余地的有罪判决，最终导致产生冤假错案。建立"国家错案警示日"，不仅可以使司法人员有效树立无罪推定理念，还可带动相关法律和配套制度的建立完善。

建立"国家错案警示日"可以有效树立人权保障理念、有效树立程序公正理念等，旨在"努力让人民群众在每一个司法案件中感受到公平正义"。

××省高级人民法院院长×××

××××年×月×日

第三节　纪要

纪要是用于记载、传达会议情况和议定事项的公文。它不同于会议记录，对企事业单位、机关团体都适用。

纪要与记录是两个不同的概念，二者的区别十分明显。

从应用写作和文字处理的角度来探析，二者截然不同。纪要是一种法定的公务文书，其撰写与制作属于应用写作和公文处理的范畴，必须遵循应用写作的一般规律，严格按照公文制发处理程序制发；而记录则只是办公部门的一项业务工作，属于管理服务的范畴，它只需忠实地记录会议实况，保证记录的原始性、完整性和准确性即可，其记录活动同严格意义上的公文写作是两码事。二者在载体样式、称谓用语、适用对象、分类方法、内容重点等诸多方面都有明显区别。

一、纪要的特点

1. 纪实性

纪要必须是会议宗旨、基本精神和所议定事项的概要纪实，不能随意增减和更改内容，任何不真实的材料都不得写进纪要。

2. 条理性

纪要要对会议精神和议定事项分类别、分层次地予以归纳、概括，使之眉目清晰、条理清楚。

3. 概括性

纪要必须精其髓、概其要，以极为简洁精练的语言高度概括会议的内容和结论，既要反映与会者的一致意见，又要兼顾个别同志有价值的看法。

二、纪要的写作

1. 标题

纪要的标题由"会议名称＋纪要"构成，一般有两种格式。

● 会议名称＋纪要，也就是在"纪要"两个字前写上会议名称，如《全国财贸工会工作会议纪要》《吉林省工商行政管理局长会议纪要》。会议名称可以写简称，也可以是会议举办地的名称，如《京津冀三地协同发展座谈会纪要》《郑州会议纪要》。

● 把会议的主要内容在标题里体现出来，类似文件标题式，如《关于加强纪检工作座谈会议纪要》《关于落实省委领导同志批示保护省级文物七级浮屠塔问题的会议纪要》。

2. 导言

导言介绍会议召开的概况，如时间、地点、与会人员、讨论的问题。

会议概况包括：

● 会议召开的背景；

● 会议的指导思想和目的要求；

● 会议的名称、时间、地点、与会人员、主持者；

● 会议的主要议题或解决什么问题；

● 对会议的评价。

3. 文号格式

文号写在标题的正下方，由年份、序号组成，用阿拉伯数字表示，并用"〔〕"括入，如〔2017〕67 号。办公会议纪要一般不要求必须有文号，但是办公例会纪要中一般要有文号，如"第××期""第××次"，其文号写在标题的正下方。

4. 制文时间

纪要的制文时间可以写在标题的下方，也可以写在正文的右下方（主办单位的下面），要用阿拉伯数字写明年、月、日，如"2017 年 3 月 16 日"。

5. 正文

正文是纪要的主体部分，是对会议的主要内容、主要精神、主要原则以及基本结论和今后任务等进行的具体的综合和阐述。

正文写作应注意以下事项。

- 要从会议的客观实际出发，从会议的具体内容出发，抓中心，抓要点。抓中心就是抓住会议中心思想、中心问题、中心工作；所谓要点，就是会议的主要内容，写作者要对其进行条理化的纪录。

- 纪要是对整个会议的概括，因此，其内容必须概括会议的共同决定，反映会议的全貌。凡没有形成一致意见的问题，则需要分别论述并写明分歧之所在。

- 要掌握并运用马列主义的基本理论与党的方针、政策对会议进行概括与总结。它是贯穿纪要始终的一条红线。

- 为了叙述方便，眉目清楚，应常用"会议认为""会议强调""会议指出""与会人员一致表示"等词语作为段落的开头语。也有一些词语是用在段中的，可起强调的作用。

- 介绍性内容可以灵活自由叙述，但引用内容必须忠实于发言原意，不能篡改，也不可强加于人。

- 小型会议的纪要应侧重于综合会议发言和讨论情况，并要列出决议的事项。大型会议纪要的内容较多，其正文可以分几部分来写。大型会议纪要正文的常见形式有三种：一是概括叙述式；二是分列标题式；三是发言记录式。

6. 会议的成果及议定的事项

会议的成果及议定的事项应在此逐项列出。

7. 结尾

纪要的结尾一般是发出号召和提出希望。但根据会议的内容和纪要的要求，有的纪要结尾是以会议名义向本地区或本系统发出号召，要求广大干部认真贯彻执行会议精神，夺取新的胜利；有的是突出强调贯彻落实会议精神的关键问题，指出核心问题；有的是对会议做出简要评价，提出希望、要求。

三、办公纪要

办公纪要是各级党政机关、企事业单位的领导机关以办公例会的形式，对本单位或本部门的工作进行研究、讨论，做出决定后所形成的纪要。

【办公纪要范文】

2017年3月12日下午，公司召开第一次总经理办公会议，研究讨论公司经济合同管理、资金管理办法、机关2017年1~3月岗位工资发放等事宜。张斌总经理主持，公司领导，总经办、党群办及相关处室负责人参加。会议决定事项纪要如下。

一、关于公司经济合同的管理办法

会议讨论了总经办提交的公司经济合同管理办法，认为实施船舶修理、物料配件和办公用品采购对外经济合同管理，有利于加强和规范企业管理。会议原则通过。会议要求，总经办根据会议决定进一步修改完善，发文执行。

二、关于职工因私借款的规定

会议认为，职工因私借款是传统计划经济产物，不能作为文件规定。但是，从关心职工考虑，在职工遇到突发性困难时，公司可以酌情借出不超过50000元的应急款。计财处要制定内部操作程序，严格把关。人力资源处配合。借款者本人要制订还款计划。

三、关于公司资金管理的办法

会议认为，计财处提交的公司资金管理办法有利于加强公司资金管理，提高资金使用效率，保障安全生产需要。会议原则通过，计财处修改完善后发文执行。

四、关于职工工资由银行代发事宜

会议听取了计财处提交的关于职工岗位工资和船员伙食费由银行代发的汇报，会议认为银行代发工资是社会发展的必然趋势，既方便职工领取，又有利于规避存放大额现金的风险。但这需要2个月左右的宣传过渡期，让职工充分了解接受。会议要求计财处认真做好实施前的准备工作，人力资源处配合，计划下半年实施。

五、关于公司机关3月效益工资发放的问题

会议听取了人力资源处关于公司机关3月岗位工资发放标准的建议。会议决定机关职工1~3月岗位工资发放标准，对已经下文明确的干部执行新的岗位工资标准，没有下文明确的干部暂维持不变，待三个月考核明确岗位后，一律按新岗位标准发放。

会议最后强调，公司机关要加强与运行船舶的沟通，建立公司领导每周上岗接船制度，完善机关管理职工随船工作制度，增强工作的针对性和提高工作的有效性。

四、专题纪要

【专题纪要范文】

　　2017年3月5日下午，镇政府牵头在镇党政会议室召开会议，专题研究杨小庄村至张家庄村水泥路维修相关问题。杨小庄村、张家庄村、杜家庄村三个村的负责同志及杨小庄村两个砂石厂的主要负责人参加会议。会议就杨小庄村至张家庄村水泥路因砂石厂的经营遭受破损、道路如何修缮、修缮后如何维护等展开了讨论。会议议定事项纪要如下。

　　一、今年以来，杨小庄村至张家庄村的水泥路面因砂石厂的经营导致破损严重，沿途群众对此意见很大，镇政府在各级、各相关部门的支持配合下，决定对这条通村水泥路进行维修。全镇上下议定要从服务于民的高度，克服环境、资金等诸多困难，密切协作，精心组织，全力保障，确保该项目建设的顺利推进。

　　二、各相关部门、村、企业要进一步统一思想，明确任务，强化措施，齐心协力，全力以赴，优质高效地完成道路修建工作。

　　1. 落实好进度。加快项目建设，首先落实好承建的施工队伍，确保在7月中旬开工建设，力争1个月左右的时间完成。

　　2. 确保好质量。各相关单位一定要拉紧安全、质量这两根弦，进一步加强质量、安全保障措施，加大质量、安全监督力度，加强施工路段交通管制和调度，确保工程建设质量和安全万无一失。要进一步加强建设管理，推进道路建设，努力实现工程优质、资金安全和群众满意的目标。

　　3. 营造好环境。一是施工环境。各村要广泛宣传好，做好周边群众的思想工作，及时协调解决建设过程中的矛盾纠纷。镇派出所、司法所等部门要全力配合。二是营运环境。镇政府要迅速配合相关职能部门开展超限超载运输和车辆抛洒的整治行动，遏制超限超载违法运输行为；各砂石厂业主要自觉严格按限载规定进行运输，且保证不向外抛洒砂石，确保路面整洁。三是政策配套。镇政府要积极支持道路建设，积极跟踪服务，尽一切力量配合道路建设工作；沿途各村要积极配合支持做好工程建设中的相关工作，为其开辟"绿色通道"。

　　三、明确有关具体问题。

　　1. 关于资金问题。本次维修由文彬砂石厂先期全额出资，对道路进行维修，工程完成后由政府牵头核算。

　　2. 关于建设问题。该道路维修，具体由政府牵头，砂石厂出资，邀请施工单位进行维修。维修方式为对现有破损路面进行修复。本次维修工程的总造价经县乡公路管理所核定为359089元，为节约维修成本，在保证工程质量的前提下，出资方要配合施工方寻找工程机械破路，砂石由文彬砂石厂供货。

　　3. 关于管理问题。沿途各村指派一名村干部为矛盾协调员，在道路维修期间协调好群众和施工方的关系。道路修缮好后，砂石厂要严格按照与政府签订的责任状履行相关职责。

　　参会人员：李×× 　沈×× 　李×× 　曹××
　　　　　　　刘×× 　罗×× 　肖×× 　邓××

　　　　　文××　　欧××　　汪××
　　记　　录:汪××

　　送:县交通局、公路局、交警队
　　发:派出所、司法所、杨小庄村、张家庄村、杜家庄村相关单位

五、联席纪要

【联席纪要范文】

　　4月21日上午,公司召开2017年第×次党政联席会议,研究公司固定资产管理办法、船舶杂支费管理办法、5000吨拖轮人力资源运行模式改革方案、驳船队管理方案等事宜。会议宣读了集团关于聘任刘发双同志为黄山长江航运公司总船长的决定。张维中总经理主持会议。公司领导、机关处室主要负责人参加了会议。会议研究决定事项纪要如下。

一、关于芜湖长航船务公司固定资产管理办法

　　会议听取了财务处关于《黄山航运公司固定资产管理办法》的情况汇报。

　　与会人员一致认为,规范和加强公司固定资产管理程序是明确权力责任、提高营运效率的需要。会议原则通过了该项管理办法。会议要求,财务处根据会议精神对其进行适当调整后,发文执行。

二、关于进一步规范采购、出差借款及报销流程的规定

　　会议听取了财务处关于进一步规范公司采购、出差借款及报销流程的情况汇报。

　　会议认为,规范公司采购、出差借款及报销流程有利于进一步加强财务管理,有利于加强党风廉政建设。会议原则通过该规定。

　　会议强调,规范采购、出差借款手续是公司创新管理的一项重要内容,年内试行,明年根据试行情况予以完善后纳入财务管理范畴。

三、关于5千吨拖轮人力资源运行模式改革方案

　　会议听取了人事处关于《5000吨拖轮人力资源运行模式改革方案(试行)》的汇报。

　　会议指出,实施船舶人事制度改革是今后企业发展的必然趋势。考虑到公司目前5000吨型船舶技术状况、人员素质和年龄层次以及船舶运行劳动量等情况,在征求船员意见的基础上,先行选择一艘长水、一艘短途两艘拖轮,制定两套方案供船舶选定试点,待取得经验后,逐步扩大推广。会议原则通过该试行方案,于8月底或9月初开始试运行。

　　关于试行期间的要求如下。

　　1. 成立公司试点领导小组,安生处、船技处、人事处派人参加,负责方案推进、修订、完善以及职工思想动态、后勤供应等综合工作,定期向公司领导汇报。

　　2. 分配方案要公平、合理,广泛征求船员意见。

　　3. 有关试行方案要边试行边完善,逐步形成规范后,加以推广。

4. 试点期间各部门都要给予支持和配合，指导船长必须随船，确保安全。

四、关于船舶杂支费的管理办法

会议听取了财务处《关于船舶杂支费管理办法》的情况汇报，人事处就船舶杂支费使用情况的调查进行说明。

会议指出，船舶杂支费是服务船舶运输生产的需要。鉴于公司刚刚起步，底子薄，今年先做少量增加，明年结合餐具费等，再行考虑增加。会议原则通过了该项管理办法。

五、关于推荐王富贵同志任长江 41009 轮轮机长的报告

会议听取了人事处、船技处关于王富贵同志个人素质和技术鉴定的情况汇报，认为该同志胜任黄山 4 轮轮机长。会议一致通过了该报告。

六、关于对黄山 3 轮李晓清等人在船赌博的处理意见

会议听取了党群办关于对黄山 3 轮李晓清等人在船赌博的处理意见的说明。

会议认为，在生产场所打麻将赌博，扰乱了船舶正常的工作秩序，形成一定的安全隐患，影响较坏。为严肃政纪，避免类似情况发生，会议同意党群办提出的处理意见，将李晓清等人调离该轮，人事处做好人事安排。

抄送：公司领导，机关各处室、通信分公司

总经理办公室　2017 年 4 月 13 日印发

校对：张志居　审核：陈忠花

六、座谈纪要

【座谈纪要范文】

2017/01/29 纪要
SB-HY-120101

时　　间：1 月 29 日 8：30—12：00，13：30—16：30
地　　点：办公楼第一会议室
形　　式：座谈会
参会人员：张兵、王雷、王宽清、魏恩林、李思福、张永凯、张胜利、赵建明、
　　　　　孙嘉资（按座次排序）
缺席人员：无
会议主持：杜志国
记 录 人：王凯瑞

　　会议涉及安全环境、物料供应、产品生产、制度建设相关部门及相关主题，主要是对各部门 2016 全年工作中存在的问题、质量安全隐患的总结，同时对 2017 年的工作进行展望与布置，内容纪要如下。

一、各部门问题总结及工作展望

　　1. 王雷：

　　A. 安全：加大安全建设力度　每周进行一次安全方面检查，每月一次大的全面检查，确保 2017 年不出现任何安全事故；搞好安全培训；下一步着手组织 2 月安全月活动。

　　B. 设备：操作人员对设备性能、原理不了解，人员技术是问题，要利用好现有人力资源，对设备操作人员进行培训，出现问题不但要解决还要多分析，不能为了应付而应付，要从根本上解决问题；设备的维护保养要跟上；要定人定岗。

　　C. 环境：绿化以养护和补种为主，3 月至 10 月保证安排 2 名绿化人员；环保测评未达标，待进一步处理解决。

　　2. 张永凯（主要针对物料、核查和记录）：

　　A. 记录的问题：导致记录不能同步的重要原因是人员不足，因人员不足，工作不能被细化；加强原料药生产方面的培训。

　　B. 物料不到位的问题：针对计划性强的正常采购物资，仓库至少保证 3 个月的用量。

　　C. 合格率：为了避免采购物料不合格，特别是瓶子和莪术油，最好是不要随便更换厂家。

　　3. 王宽清：

　　A. 质保人员多，但人员多了不一定工作就能做好，对其工作不熟练，需要继续培训提高。

　　B. 质保需添置热导检测器设备，也需请购试剂。

　　C. 微生物超标及片重问题和取样也有一定关系，要加大取样力度。

　　4. 张胜利（对一车间问题补充）：

　　A. 车间安全工作落到实处，加强培训和监督，特别是加强对新员工的安全培训，防止安全工作被延迟推进。

　　B. 原辅料严把质量关，从供应商评审到质量检测，对每个环节进行规范化、制度化管理。

二、杜总对问题的看法

　　1. 物料供应方面，提前一个月制订计划，按定额的最高标准备料。

　　2. 质保按规范取样，按时出结果、发报告，有问题及时通知供应商，每种物料至少有 2~3 家供应商，防止缺货，对供应商要考察了解充分，保证质量。

　　3. 必要时对电子秤进行校验。

　　4. 仓库盘点事务，需有专人来做。

　　5. 关于设备：制作一份快速规范的学习操作指南；设备出现问题时要做好记录；组织相关人员到其他的企业学习。

第四节　条例

条例属于下行文，多数是由国家权力机关和行政机关制定或批准的，它用于规定国家政治、经济、文化、科学、教育等领域的某些有关重要事项、问题；规定法律性条文、办法、方法或细则，如《中华人民共和国学位条例》等；或者规定某些机关单位的组织职权，如《国营工业企业职工代表大会暂行条例》等；或者确定有关专业、职业工作人员的职责规范、奖惩等准则，如《中华人民共和国律师暂行条例》等；或者决定某些特殊地区、特殊部门或特殊物品专门性的管理规则或地方性法规，如《麻醉药品管理条例》等。

一、条例的特点

1. 格式具有固定性

条例的格式有两种，即条文式和章条式。

2. 制发机关具有特定性

条例只能由党的中央机关制发，或由国家最高行政机关、省级权力机关颁发。

3. 强制性

条例是法律、法令的补充说明和规定，一经发布，即具有强制性，相关部门和人员必须执行。

4. 稳定性

条例的内容只固定在规定国家政治、经济等领域的重大事项，或长期性工作，或某些部门、人员的职责、权限等方面。

二、条例的写作

条例由首部和正文两部分组成。

1. 首部

首部包括标题、制发时间和依据等内容。

◆ **标题**

条例的标题一般有两种构成形式：一种是由事由和文种构成；另一种是由施行范围、事由和文种构成。

◆ **制发时间和依据**

一般在标题之下用括号注明条例通过和签发的年、月、日与机关名称，有的条例是随"命令""令"等文种同时公布的。

2. 正文

正文由总则、分则和附则三部分组成。

◆ **总则**

总则即正文的开头或前言部分，一般应写明制定和发布条例的法律、政策依据，交代制定本条例的原因、目的，说明条例所涉及对象的有关范围，接着以承启用语"特制定本条"过渡到下文。总则是关于制定条例的目的、意义、依据、指导思想、适用原则、范围等的说明性文字，表达要简洁、明了。

◆ **分则**

分则是写作条例的主体部分，其内容有长有短，要视条例的具体内容而定，但有一点是与总则共同的，即条例的条规要有"条"有"例"。"条"是从正面阐述条例的条文，应该讲明"做什么，不该做什么"；"例"是从反面对其加以说明，即"做不到怎么处理"。"条"和"例"的结构顺序一般是前"条"后"例"，以"条"为主，以"例"为补充。"条"的"做什么"和"不该做什么"可以糅合在一起写；而"例"则必须单独列出，是规范项目，这是条例的实质性规定内容，是要求具体执行的依据。

◆ **附则**

附则是对分则的补充说明，其中包括用语的解释和解释权、修改权、公布实施的时间等内容。

条例正文的表达形式有两种：一种是条款式，全文按序列排列；另一种是章条式，多用于内容庞杂的条例。

三、条例范文

【条例范文】

湘潭市城市市容和环境卫生管理条例

（2016 年 9 月 14 日，湘潭市第十四届人民代表大会常务委员会第二十七次会议通过 2016 年 12 月 2 日湖南省第十二届人民代表大会常务委员会第二十六次会议批准）

第一章　总则

第一条　为了加强和规范城市市容环境卫生管理，创造整洁、文明、宜居的城市环境，根据国务院《城市市容和环境卫生管理条例》和有关法律、法规，结合本市实际，制定本条例。

第二条　本条例适用于本市建成区、县（市）人民政府所在地镇（街道）建成区以及县级以上人民政府划定并公布的其他实行城市化管理的区域。

第三条　城市市容环境卫生管理工作坚持统一领导、分级负责、公众参与和社会监督相结合的原则。

第四条　市、县（市、区）人民政府应当加强对市容环境卫生工作的领导，将市容环境卫生事业纳入国民经济和社会发展规划，将市容环境卫生事业所需经费列入政府财政预算。

第五条　市、县（市、区）主管市容环境卫生的行政部门负责本行政区域内市容环境卫生管理工作。

乡（镇）人民政府、街道办事处按照本条例规定的职责负责本辖区内市容环境卫生管理工作。

发展和改革、公安、财政、规划、住房和城乡建设、国土资源、市场监管、卫生和计生、教育、环境保护、交通运输、水务和广电等部门和单位，应当按照各自职责，共同做好市容环境卫生管理的相关工作。

第六条　主管市容环境卫生的行政部门应当加强队伍建设，依法、规范、公正、文明执法。建立信息化管理制度、执法巡查制度、投诉举报受理和奖励制度，及时查处违法行为；建立行政裁量权基准制度，规范执法行为，实行执法责任制和行政过错责任追究制。

第七条　鼓励、支持市容环境卫生科学技术的研究和推广，推进市容环境卫生服务市场化和社会化，引导社会资本参与环境卫生设施的建设和经营。

第八条　市容环境卫生、文化、教育、卫生和计生等部门、社区居民委员会以及广场、车站等公共场所的经营单位或者管理单位，应当加强市容环境卫生法律、法规和科学知识的宣传教育，增强公民的市容环境卫生意识。

广播、电视、报刊、网站等大众传播媒介，应当安排市容环境卫生方面的公益性宣传内容。

第九条　任何单位和个人有享受良好市容环境卫生的权利，有维护市容环境卫生、爱护市容环境卫生设施的义务。对违反市容环境卫生管理规定、损害市容环境卫生的行为，任何人有权劝阻并向主管市容环境卫生的行政部门投诉、举报。

提倡社区居民委员会组织居民制定维护市容环境卫生的公约，动员居民和社会组织积极参加市容环境卫生治理工作，鼓励市容环境卫生志愿行为、公益行动，共创整洁、文明、宜居的城市环境。

主管市容环境卫生的行政部门应当加强智慧城管建设，创新管理方式，运用现代通信工具、网络沟通平台，便于社会参与。

第二章　市容环境卫生责任区制度

第十条　市容环境卫生实行责任区制度。

市容环境卫生责任区，是指有关单位、个人承担市容环境卫生责任的建（构）筑物、设施、场所及其一定范围内的区域。

第十一条　建（构）筑物、设施、场所的所有权人、使用人、管理人是市容环境卫生责任人，责任人一般按照下列规定确定。

（一）主次干道、桥梁、地下通道、广场、公厕、公交站点、垃圾转运站等公共区域，由市容环境卫生管理单位负责；

（二）实行物业管理的住宅区，由物业服务企业负责。背街小巷、未实行物业管理的住宅区，由社区居民委员会负责；

（三）商场、超市、集贸市场、会展场馆、宾馆、饭店、加油站等场所，由经营管理单位负责；

（四）公路、铁路、轨道交通、隧道、车站、码头、停车场及其附属设施，由经营管理单位负责；

……

第四十七条　违反本条例第三十一条第二款规定，不按照规定的路线、时间、地点运输和倾倒建筑垃圾的，责令改正，可以处二千元以上、一万元以下罚款。

第四十八条　本条例规定的行政处罚，由市、县（市、区）主管市容环境卫生的行政部门实施。

第四十九条　市容环境卫生行政执法人员有下列情形之一的，由所在单位或者上级主管部门、监察机关责令改正；情节严重的，对直接负责的主管人员和其他直接责任人给予行政处分。

（一）对依法应当受理的许可申请、投诉、举报不受理，或者不依法处理的；

（二）对依法应当予以制止或者处罚的违法行为不予制止、处罚，或者不依法处理的；

（三）包庇、纵容违法行为人的；

（四）具有其他玩忽职守、滥用职权或者徇私舞弊行为的。

第五十条　当事人对主管市容环境卫生的行政部门做出的行政处罚决定不服的，可以依法申请行政复议或者提起行政诉讼。

第五十一条　违反本条例的行为，法律、法规已有规定的，从其规定。

第六章　附则

第五十二条　本条例经省人民代表大会常务委员会批准后，由市人民代表大会常务委员会公布，自2017年3月1日起施行。

第五节　规定

规定属于下行文，是规范性公文中使用范围最广、使用频率最高的文种。规定是党政机关、社会团体或企事业单位对特定范围内的工作和事务制订相应措施，要求所属部门和下级机关贯彻执行的法规性公文，局限于落实某一法律、法规，是为加强管理工作而制定的，具有较强的约束力，可操作性强。

在党委系统中，规定属于正式公文文种，可以直接发布；在国家行政系统中，规定则为规章制度的一种，需要用正式公文转发。

一、规定的特点

1. 普遍性

从针对的问题和涉及的对象看，规定针对的是具有一般性和普遍性的问题，涉及的是大多数的人和事，并非是少数的人和事。并且，规定的使用范围很广，社会团体、企事业单位、党政机关都可以使用。在生活中，只要是需要规范人们的行动，要求相关人员统一协调的事情，都可以采用规定这种文体来进行行文约束。

2. 约束性

规定的约束性是指规定对某一方面的活动所提出的具体的规范性的要求，相关部门或人员如果违反了这种规范性的要求，轻则受到批评，重则要受纪律和刑事处分。

从约束力和法定效力两个方面看，规定具有极强的约束力，它的效力是由法定作者的法定权限和规定的公文内容决定的。

3. 规范性

从规定产生的程序看，规定的产生需要遵循严格的审批手续和正式的公布程序，所以，规定的产生程序就显得极为严格与规范，其语言要极为准确、通俗、简洁、规范。

4. 灵活性

从规定的制定发布形式可以看出，规定是灵活多变的，它有时可以像其他法规性公文一样，作为附件，用发文通知的形式通知发布，有时又可以以文件的形式直接进行发布。而且，因为它的使用情景多样，规定的对象也是可大可小的，其时效、篇幅又是可长可短的，所以规定在制发时所受的限制是比较少的。

5. 针对性

规定是针对国家生活和社会生活中出现的带有倾向性的问题而制定的，规定的制定与现实生活是紧密相关的。因此规定具有明显的针对性。

二、规定的写作

规定由首部和正文两部分组成。

1. 首部

首部包括标题、制发时间和依据等项目。

◆ **标题**

规定的标题一般有两种构成形式：一种由发文单位、事由、文种构成；另一种由事由和文种构成。

◆ **制发时间和依据**

规定用括号在标题之下注明规定的制发时间和依据。有的规定是随"命令"等文种同时发布的。

2. 正文

规定正文的内容由总则、分则和附则组成。

总则交代制定规定的缘由、依据、指导思想、适用原则和范围等；分则即规范项目，包括规定的实质性内容和要求具体的执行依据；附则说明有关执行要求等。

规定的正文表述形式一般为条款式或章条式。

三、规定、条例的区别

规定是为实施贯彻有关法律、法令和条例，根据其规定和授权，对有关工作或事项做出局部的具体的规定。其是法律、政策、方针的具体化形式，是处理问题的法则，主要用于明确提出对国家或某一地区的政治经济和社会发展的某一方面或某些重大事故的管理或限制。规定重在强制约束。

条例是具有法律性质的文件，是对有关法律、法令做辅助性、阐释性的说明和规定。其是对国家或某一地区政治、经济、科技等领域的某些重大事项的管理和处置做出的比较全面、系统的规定；是对某机关、组织的机构设置、组织办法、人员配备、任务职权、工作原则、工作秩序和法律责任做出规定或对某类专门人员的任务、职责、义务权利、奖惩做出的系统的规定。它的制发者是国家最高权力机关、最高行政机关（国务院各部委和地方人民政府制定的规章不得称"条例"）。

四、党内规定

党内规定是指由党制定的适用于党内某一方面工作的规定。

【党内规定范文】

县以上党和国家机关党员领导干部民主生活会若干规定

第一条　为了落实全面从严治党要求，坚持和完善县以上党和国家机关党员领导干部民主生活会制度，根据《中国共产党章程》和《关于新形势下党内政治生活的若干准则》《中国共产党党内监督条例》等有关党内法规，制定本规定。

第二条　本规定所称县以上党和国家机关党员领导干部，是指县以上党的各级委员会、纪律检查委员会的常务委员会委员，工作委员会委员，党组（党委）成员，以及县以上党和国家机关各部门（含人民团体）的党员领导干部。

经济组织、文化组织、社会组织和其他组织的党组（党委）成员，执行本规定。

第三条　民主生活会是党内政治生活的重要内容，是发扬党内民主、加强党内监督、依靠领导班子自身力量解决矛盾和问题的重要方式。坚持和完善民主生活会制度，对于新形势下加强和规范党内政治生活，增强党自我净化、自我完善、自我革新、自我提高能力，实现党的正确领导，维护党的团结和集中统一，引导党员领导干部牢固树立政治意识、大局意识、核心意识、看齐意识，自觉践行"三严三实"要求，始终做到忠诚干净担当，具有重要作用。党员领导干部还应当以普通党员身份参加所在党支部（党小组）组织生活会，过好双重组织生活。

第四条　民主生活会应当遵循"团结—批评—团结"的方针，贯彻整风精神，充分"发扬"民主，开展积极健康的思想斗争，增强党内政治生活的政治性、时代性、原则性、战斗性。参加民主生活会的党员领导干部应当严肃认真开展批评和自我批评，坚持实事求是，讲党性不讲私情、讲真理不讲面子，按照"照镜子、正衣冠、洗洗澡、治治病"的要求，严肃认真提意见，满腔热情帮同志，达到统一思想、增进团结、互相监督、共同提高的目的。

第五条　民主生活会应当确定主题，主题一般由上级党组织统一确定，或者由领导班子根据自身建设实际确定，并报上级党组织同意。

第六条　民主生活会应当围绕主题，就以下基本内容进行对照检查，开展批评和自我批评。

（一）遵守党章，坚定理想信念，贯彻党的理论路线方针政策和决议，遵守党的政治纪律和政治规矩，维护党中央权威的情况。

（二）加强领导班子自身建设，实行民主集中制，维护领导班子团结，严格党的组织生活制度，坚持正确用人导向，开展批评和自我批评的情况。

（三）正确行使权力，履职尽责、积极作为，坚持科学决策、民主决策、依法决策，反对特权、秉公用权的情况。

（四）带头践行社会主义核心价值观，艰苦奋斗，清正廉洁，遵纪守法，注重家庭、家教、家风，教育管理好亲属和身边工作人员的情况。

（五）贯彻党的群众路线，站稳人民立场，改进领导作风，深入调查研究，密切联系群众的情况。

（六）履行全面从严治党主体责任和监督责任，加强党风廉洁建设和反腐败工作的情况。受到诫勉谈话的，应当说明整改情况。

第七条　民主生活会每年召开一次，一般安排在第四季度。因特殊情况需要提前或者延期召开的，应当报上级党组织同意。民主生活会到会人数必须达到应到会人数的三分之二以上。

第八条　领导班子遇到重要或者普遍性问题，出现重大决策失误或者对突发事件处置失当，经纪律检查、巡视和审计发现重要问题，以及发生违纪违法案件等情况的，应当专门召开民主生活会，及时剖析整改。

第九条　召开民主生活会应当制订会议方案，提前 10 日报上级党组织审核，并做好以下准备工作。

（一）领导班子成员认真学习党章党规和党的创新理论以及有关文件，提高思想认识，把握标准要求。

（二）由党委（党组）或者委托组织部门、机关党组织征求党员、干部和群众的意见建议，并如实向领导班子及其成员反馈。领导班子成员应当就反映本人的有关问题，向组织做出说明。

（三）领导班子成员之间互相谈心谈话，交流思想，交换意见，并与分管单位主要负责人谈心，也应当接受党员、干部约谈。

（四）撰写领导班子对照检查材料和个人发言提纲，查摆问题，进行党性分析，提出整改措施。个人发言提纲应当自己动手撰写，并按规定说明个人有关事项。

第十条　民主生活会由领导班子主要负责人主持，一般按以下程序进行。

（一）通报上一次民主生活会整改措施落实情况和本次民主生活会征求意见情况。

（二）主要负责人代表领导班子做对照检查。

（三）领导班子成员逐一进行对照检查，做自我批评，其他成员对其提出批评意见。

（四）主要负责人总结会议情况，提出整改工作要求。

……

第二十条　中国人民解放军和中国人民武装警察部队党组织的民主生活会制度，由中央军委参照本规定做出规定。

第二十一条　本规定由中央组织部负责解释。

第二十二条　本规定自 2016 年 12 月 23 日起施行。1990 年 5 月 25 日中共中央印发的《关于县以上党和国家机关党员领导干部民主生活会的若干规定》同时废止。

（本文有删节）

五、法规性规定

　　法规性规定是指由有条件制定法规的机构制定的，适用于某一方面的行政工作或某个地方的某项工作的规定。

【法规性规定范文】

中华人民共和国国务院令

第 619 号

　　《女职工劳动保护特别规定》已经 2012 年 4 月 18 日国务院第 200 次常务会议通过，现予公布，自公布之日起施行。

总 理 温家宝

二〇一二年四月二十八日

女职工劳动保护特别规定

　　第一条　为了减少和解决女职工在劳动中因生理特点造成的特殊困难，保护女职工健康，制定本规定。

　　第二条　中华人民共和国境内的国家机关、企业、事业单位、社会团体、个体经济组织以及其他社会组织等用人单位及其女职工，适用本规定。

　　第三条　用人单位应当加强女职工劳动保护，采取措施改善女职工劳动安全卫生条件，对女职工进行劳动安全卫生知识培训。

　　第四条　用人单位应当遵守女职工禁忌从事的劳动范围的规定。用人单位应当将本单位属于女职工禁忌从事的劳动范围的岗位书面告知女职工。

　　女职工禁忌从事的劳动范围由本规定附录列示。国务院安全生产监督管理部门会同国务院人力资源社会保障行政部门、国务院卫生行政部门根据经济社会发展情况，对女职工禁忌从事的劳动范围进行调整。

　　第五条　用人单位不得因女职工怀孕、生育、哺乳降低其工资、予以辞退、与其解除劳动或者聘用合同。

　　第六条　女职工在孕期不能适应原劳动的，用人单位应当根据医疗机构的证明，予以减轻劳动量或者安排其他能够适应的劳动。

　　对怀孕 7 个月以上的女职工，用人单位不得延长劳动时间或者安排夜班劳动，并应当在劳动时间内安排一定的休息时间。

　　怀孕女职工在劳动时间内进行产前检查，所需时间计入劳动时间。

　　第七条　女职工生育享受 98 天产假，其中产前可以休假 15 天；难产的，增加产假 15 天；生育多胞胎的，每多生育 1 个婴儿，增加产假 15 天。

　　女职工怀孕未满 4 个月流产的，享受 15 天产假；怀孕满 4 个月流产的，享受 42 天产假。

第八条 女职工产假期间的生育津贴，对已经参加生育保险的，按照用人单位上年度职二月平均工资的标准由生育保险基金支付；对未参加生育保险的，按照女职工产假前工资的标准由用人单位支付。

女职工生育或者流产的医疗费用，按照生育保险规定的项目和标准，对已经参加生育保险的，由生育保险基金支付；对未参加生育保险的，由用人单位支付。

第九条 对哺乳未满1周岁婴儿的女职工，用人单位不得延长劳动时间或者安排夜班劳动。

用人单位应当在每天的劳动时间内为哺乳期女职工安排1小时哺乳时间；女职工生育多胞胎的，每多哺乳1个婴儿每天增加1小时哺乳时间。

第十条 女职工比较多的用人单位应当根据女职工的需要，配备女职工卫生室、孕妇休息室、哺乳室等场所，妥善解决女职工在生理卫生、哺乳方面的困难。

第十一条 在劳动场所，用人单位应当预防和制止对女职工的性骚扰。

第十二条 县级以上人民政府人力资源社会保障行政部门、安全生产监督管理部门按照各自职责负责对用人单位遵守本规定的情况进行监督检查。

工会、妇女组织依法对月人单位遵守本规定的情况进行监督。

第十三条 用人单位违反本规定第六条第二款、第七条、第九条第一款规定的，由县级以上人民政府人力资源社会保障行政部门责令限期改正，按照受侵害女职工每人1000元以上、5000元以下的标准计算，处以罚款。

用人单位违反本规定附录第一条、第二条规定的，由县级以上人民政府安全生产监督管理部门责令限期改正，按照受侵害女职工每人1000元以上、5000元以下的标准计算，处以罚款。用人单位违反本规定附录第三条、第四条规定的，由县级以上人民政府安全生产监督管理部门责令限期治理，处5万元以上、30万元以下的罚款；情节严重的，责令停止有关作业，或者提请有关人民政府按照国务院赋予的权限责令其关闭。

第十四条 用人单位违反本规定，侵害女职工合法权益的，女职工可以依法投诉、举报、申诉，依法向劳动人事争议调解仲裁机构申请调解仲裁，对仲裁裁决不服的，可依法向人民法院提起诉讼。

第十五条 用人单位违反本规定，侵害女职工合法权益，造成女职工损害的，依法给予赔尝；用人单位及其直接负责的主管人员和其他直接责任人员构成犯罪的，依法追究刑事责任。

第十六条 本规定自公布之日起施行。1988年7月21日国务院发布的《女职工劳动保护规定》同时废止。

六、一般性规定

一般性规定是指机关团体对某些工作做出的具体的规定，不属法规性质，但在一定范围内具有规范作用。

【一般性规定范文】

扬州市城市建设监察支队约谈暂行规定
通知通报　　2017-3-9

第一条　为进一步加强城乡建设领域市场责任主体法律意识，规范城乡建设管理秩序，促进城乡建设健康有序发展，依据有关政策法规，结合支队实际，制定本规定。

第二条　本规定适用于对本市行政区域内的城建监察工作的约谈活动。

第三条　本规定所称约谈，是指支队约见违反城乡建设领域法律法规规定的相关市场责任主体的法定代表人和负责人或其他相关人员，依法进行告诫谈话、指出相关问题、提出整改要求并督促整改到位的一种行政措施。

第四条　有下列情形之一的，应当进行约谈。

（一）上级交办、媒体曝光、政府关注的热点、焦点等社会影响较大的；

（二）公众反映强烈的、反复上访的、易引发群体性上访投诉事件，影响社会稳定的或屡查屡犯的；

（三）拒不配合调查，或被下达责令改正通知书后拒不整改及整改不力的；

（四）发生生产安全事故的，或出现质量事故和严重质量问题的；

（五）属于重大、复杂案件的；

（六）行政区域内城乡建设领域违法违规问题突出的；

（七）其他需要约谈的情形。

第五条　约谈通常由支队单独实施，必要时也可邀请市城乡建设局相关处室、局属单位和违法所在地县（市、区）城乡建设主管部门共同实施。

第六条　支队各大队负责约谈工作的归口管理，主要职责有：

（一）通知被约谈的单位和人员；

（二）进行约谈并记录；

（三）对约谈的相关材料进行整理归档；

（四）跟踪督促被约谈方整改落实情况，必要时进行重点督查；

（五）开展其他与约谈有关的工作。

第七条　支队各大队按规定提出约谈申请，经分管领导审核，报主管领导批准后实施。约谈申请应明确约谈事由、约谈方式、约谈方、约谈主持人、被约谈方、邀请参加方、时间、地点、被约谈方存在的问题以及拟提出的整改要求或拟处理结果。

第八条　根据约谈的对象和内容，成立约谈小组。

约谈小组通常由支队分管领导、相关业务科室负责人、大队负责人及案件主办人组成，并可根据实际需要邀请有关部门和单位负责人参加。一般由大队负责人主持约谈；必要时，可由支队分管领导主持约谈。

第九条　由支队各大队起草约谈通知，告知被约谈方约谈事由、程序、时间、地点、参加人员等事项。约谈通知书应于约谈 7 个工作日前送达。

邀请有关部门和单位共同实施约谈的，支队应在约谈通知印发前与应邀参加方主动沟通，并就有关约谈内容、程序、要求等事项达成一致意见。

第十条　约谈程序如下。

（一）主持约谈方说明约谈事由和目的，指出被约谈方存在的问题；

（二）被约谈方就约谈事项进行说明，提出下一步拟采取的措施；

（三）主持约谈方和邀请参加方（共同实施约谈的处室和单位）依法提出相关整改要求及时限（拟处理结果）；

（四）被约谈方对落实整改要求（拟处理结果）进行表态。

第十一条　支队各大队应于约谈结束后形成约谈纪要，经主管领导同意后，印送被约谈方并抄送邀请参加方。约谈纪要按统一格式印制，纪要内容应包括约谈时间、约谈地点、约谈主持方、邀请参加方、被约谈方、约谈事由、约谈要求、出席人员等。邀请参加方提出的整改要求，应纳入约谈纪要并可以联合发文形式印发。

第十二条　支队各大队负责督促被约谈方将约谈要求落实到位，并将约谈要求落实情况报批准实施约谈的支队分管及主管领导　同时报支队督查科存档备查。

第十三条　除涉及国家秘密、商业秘密和个人隐私外，约谈应对外公布相关信息并可视情况邀请媒体及相关公众代表列席。

第十四条　本暂行规定自印发之日起实施。

扬州市城市建设监察支队

2017 年 3 月 9 日

第六节　决定

行政机关对某些重要事项或重大行动做出安排时所使用的文种叫决定。应当注意的是，用决定来安排的行动必须是"重大的"，所处理的事项必须是"重要的"，而布置和处理一般的日常工作就不适宜使用这个文种。

一、决定的适用范围

决定适用于对重要事项做出决策和部署、奖惩有关单位和人员、变更或者撤销下级机关不适当的决策事项。

"决定"用一句很简单的话来概括就是"决而定之"。决定比较集中地体现上级机关对重要事项或重大行动的决策，具有较强的针对性、指导性和强制性，是上级机关指导下级机关工作的准则。

二、决定的特点

1. 严肃性

决定是对重要事项做出的安排，下级机关必须认真执行，不能随意变通执行。

2. 针对性

决定是根据现实问题做出安排、部署和决策。

3. 强制性

决定是下行文，由党政机关制发，下级机关要无条件贯彻执行。决定的强制性仅次于命令，具有较强的行政约束力。

4. 指导性

决定集中体现了上级机关对重要事项的决策，具有较强的理论性、政策性，是指导下级机关的工作准则。

5. 稳定性

决定要求的贯彻执行时间很长，并在相当长时间内发挥作用。

三、决定的写作

1. 标题

决定的标题一般要求发文机关名称、事由和文种三要素俱全，如《全国人民代表大会常务委员会关于修改〈中华人民共和国节约能源法〉等六部法律的决定》（2016年7月2日第十二届全国人民代表大会常务委员会第二十一次会议通过）。会议通过的决定，如"2016年7月2日全国人民代表大会常务委员会第二十一次会议通过"，通常在标题下用括号注明。其他决定的日期可放在标题下，也可放在正文后。

2. 主送机关

主送机关并非决定的必有要素，它有时有，有时没有。一般情况下，决定中要注明主送机关，但制发对象明确的，可省略主送机关。

3. 正文

决定的正文包括决定的依据、决定事项、执行要求。其结尾要提出要求、发出号召、说明有关事项。

◆ **开头**

简要说明发文缘由、依据、目的、意义，通常用"特做出如下决定："或"特决定如下："引出下文。

◆ **主体**

主体具体说明决定的事项。内容较多的，可用条文式写法。

◆ **结尾**

结尾提出执行要求，发出希望号召或说明有关事项。

决定正文的写法多种多样，篇幅长短也有较大差异。有的决定仅一句话，如《全国人民代表大会常务委员会关于教师节的决定》，其内容为："第六届全国人民代表大会常务委员会第九次会议同意国务院关于建立教师节的议案，决定 9 月 10 日为教师节。"而有的决定则鸿篇巨制、洋洋万言，如《中共中央关于建立社会主义市场经济体制若干问题的决定》（中国共产党第十四届中央委员会第三次全体会议 1993 年 11 月 14 日通过）。

4. 落款和成文日期

决定的落款由发文机关署名和成文日期，加盖印章构成。

四、法规政策性决定

关于建立、修改某项法规的决定，关于贯彻、落实某一法律的决定，关于对某一领域犯罪行为进行专项打击的决定，都属于法规政策性决定，如《全国人大常委会关于惩治侵犯著作权的犯罪的决定》《关于惩治虚开、伪造和非法出售增值税专用发票犯罪的决定》《全国人民代表大会常务委员会关于修改〈中华人民共和国拍卖法〉的决定》。

这类决定一般由全国人民代表大会及其常务委员会以及国务院做出。根据宪法规定，全国人民代表大会是享有立法权的权力机关，有权对法律做出修改和补充。这类决定是立法机关制定、修改、补充法律法规的一种形式。

法规政策性决定一般分为以下三个部分。

◆ 前言部分

前言部分简述做出决定的原因、目的、依据。

◆ 主体部分

这是决定的内容，一般采用条款式写法。因为是法规，其用词应准确严密，又要具体可行。

◆ 结尾部分

结尾部分提出执行要求，包括施行日期。

【法规政策性决定范文】

最高人民法院关于办理减刑、假释案件具体应用法律的规定

《最高人民法院关于办理减刑、假释案件具体应用法律的规定》已于2016年9月19日由最高人民法院审判委员会第1693次会议通过，现予公布，自2017年1月1日起施行。

最高人民法院

2016年11月14日

法释〔2016〕23号

最高人民法院关于办理减刑、假释案件具体应用法律的规定

（2016年9月19日最高人民法院审判委员会第1693次会议通过，自2017年1月1日起施行）

为确保依法公正办理减刑、假释案件，依据《中华人民共和国刑法》《中华人民共和国刑事诉讼法》《中华人民共和国监狱法》和其他法律规定，结合司法实践，制定本规定。

第一条 减刑、假释是激励罪犯改造的刑罚制度，减刑、假释应当贯彻宽严相济刑事政策，最大限度地发挥刑罚的功能，实现刑罚的目的。

第二条 对于罪犯符合刑法第七十八条第一款规定"可以减刑"条件的案件，在办理时应当综合考察罪犯犯罪的性质和具体情节、社会危害程度、原判刑罚及生效裁判中财产性判项的履行情况、交付执行后的一贯表现等因素。

第三条 "确有悔改表现"是指同时具备以下条件。

（一）认罪悔罪；

（二）遵守法律法规及监规，接受教育改造；

（三）积极参加思想、文化、职业技术教育；

（四）积极参加劳动，努力完成劳动任务。

对职务犯罪、破坏金融管理秩序和金融诈骗犯罪、组织（领导、参加、包庇、纵容）黑社

会性质组织犯罪等罪犯，不积极退赃、不协助追缴赃款赃物、不赔偿损失，或者在服刑期间利用个人影响力和社会关系等不正当手段意图获得减刑、假释的，不认定其"确有悔改表现"。

罪犯在刑罚执行期间的申诉权利应当依法保护，对其正当申诉不能不加分析地认为是不认罪悔罪。

第四条　具有下列情形之一的，可以认定为有"立功表现"。

（一）阻止他人实施犯罪活动的；

（二）检举、揭发监狱内外犯罪活动，或者提供重要的破案线索，经查证属实的；

（三）协助司法机关抓捕其他犯罪嫌疑人的；

（四）在生产、科研中进行技术革新，成绩突出的；

（五）在抗御自然灾害或者排除重大事故中，表现积极的；

（六）对国家和社会有其他较大贡献的。

……

对刑罚执行机关提供的证明罪犯患有严重疾病或者有身体残疾的证明文件，人民法院应当审查，必要时可以委托有关单位重新诊断、鉴定。

第四十条　本规定所称"判决执行之日"是指罪犯实际送交刑罚执行机关之日。

本规定所称"减刑间隔时间"，是指自前一次减刑裁定送达之日起至本次减刑报请之日止的期间。

第四十一条　本规定所称"财产性判项"是指判决罪犯承担的附带民事赔偿义务判项，以及追缴、责令退赔、罚金、没收财产等判项。

第四十二条　本规定自2017年1月1日起施行。以前发布的司法解释与本规定不一致的，以本规定为准。

（本文有删节）

五、重要事项决定

这类决定是对重要事项或事关全局的重大行动做出的决定，如《中共中央关于建立社会主义市场经济体制若干问题的决定》《国务院关于全面推进依法行政的决定》《义兴镇关于调整农业产业结构推进农业产业化的决定》等。

这类决定政策性、指导性很强，其正文一般分两部分：第一部分为发布决定的背景、根据、目的、意义；第二部分为决定事项。

内容复杂的决定用小标题或条款显示出层次，要提出具体的工作任务、措施、方案、要求。例如，《中共中央关于建立社会主义市场经济若干问题的决定》，该决定开头用几十个字总领："为贯彻落实党的十四次全国代表大会提出的经济体制改革的任务，加快改革开放和社会主义现代化建设步伐，十四届中央委员会第三次全体会议讨论了关于建立社会主义市场经济体制的若干重大问题，并做出如下决定。"下面紧接着讲了

10 个问题，为清楚起见，这 10 个问题又被分为 50 个小问题，用序号标示。有些决定会在结尾部分发出号召并提出要求。

【重要事项决定范文】

中共中央　国务院关于打赢脱贫攻坚战的决定
（2015 年 11 月 29 日）

确保到 2020 年农村贫困人口实现脱贫，是全面建成小康社会最艰巨的任务。现就打赢脱贫攻坚战做出如下决定。

一、增强打赢脱贫攻坚战的使命感紧迫感

消除贫困、改善民生、逐步实现共同富裕，是社会主义的本质要求，是我们党的重要使命。改革开放以来，我们实施大规模扶贫开发，使 7 亿农村贫困人口摆脱贫困，取得了举世瞩目的伟大成就，谱写了人类反贫困历史上的辉煌篇章。党的十八大以来，我们把扶贫开发工作纳入"四个全面"战略布局，将其作为实现第一个百年奋斗目标的重点工作，摆在更加突出的位置，大力实施精准扶贫，不断丰富和拓展中国特色扶贫开发道路，不断开创扶贫开发事业新局面。

我国扶贫开发已进入啃硬骨头、攻坚拔寨的冲刺期。中西部一些省（自治区、直辖市）贫困人口规模依然较大，剩下的贫困人口贫困程度较深，减贫成本更高，脱贫难度更大。实现到 2020 年让 7000 多万农村贫困人口摆脱贫困的既定目标，时间十分紧迫、任务相当繁重。必须在现有基础上不断创新扶贫开发思路和办法，坚决打赢这场攻坚战。

扶贫开发事关全面建成小康社会，事关人民福祉，事关巩固党的执政基础，事关国家长治久安，事关我国国际形象。打赢脱贫攻坚战，是促进全体人民共享改革发展成果、实现共同富裕的重大举措，是体现中国特色社会主义制度优越性的重要标志，也是经济发展新常态下扩大国内需求、促进经济增长的重要途径。各级党委和政府必须把扶贫开发工作作为重大政治任务来抓，切实解决好思想认识不到位、体制机制不健全、工作措施不落实等突出问题，不辱使命、勇于担当，只争朝夕、真抓实干，加快补齐全面建成小康社会中的这块突出短板，决不让一个地区、一个民族掉队，实现《中共中央关于制定国民经济和社会发展第十三个五年规划的建议》确定的脱贫攻坚目标。

二、打赢脱贫攻坚战的总体要求

（一）指导思想

全面贯彻落实党的十八大和十八届二中、三中、四中、五中全会精神，以邓小平理论、"三个代表"重要思想、科学发展观为指导，深入贯彻习近平总书记系列重要讲话精神，围绕"四个全面"战略布局，牢固树立并切实贯彻创新、协调、绿色、开放、共享的发展理念，充分发挥政治优势和制度优势，把精准扶贫、精准脱贫作为基本方略，坚持扶贫开发与经济社会发展相互促进，坚持精准帮扶与集中连片特殊困难地区开发紧密结合，坚持扶贫开发与生态保护并重，坚持扶贫开发与社会保障有效衔接，咬定青山不放松，采取超常规举措，拿出过硬办法，举全党全社会之力，坚决打赢脱贫攻坚战。

（二）总体目标

到 2020 年，稳定实现农村贫困人口不愁吃、不愁穿，义务教育、基本医疗和住房安全有保障。实现贫困地区农民人均可支配收入增长幅度高于全国平均水平，基本公共服务主要领域指标接近全国平均水平。确保在我国现行标准下农村贫困人口实现脱贫，贫困县全部"摘帽"，解决区域性整体贫困。

（三）基本原则

——坚持党的领导，夯实组织基础。充分发挥各级党委总揽全局、协调各方的领导核心作用，严格执行脱贫攻坚一把手负责制，省市县乡村五级书记一起抓。切实加强贫困地区农村基层党组织建设，使其成为带领群众脱贫致富的坚强战斗堡垒。

——坚持政府主导，增强社会合力。强化政府责任，引领市场、社会协同发力，鼓励先富帮后富，构建专项扶贫、行业扶贫、社会扶贫互为补充的大扶贫格局。

——坚持精准扶贫，提高扶贫成效。扶贫开发贵在精准，重在精准，必须解决好扶持谁、谁来扶、怎么扶的问题，做到扶真贫、真扶贫、真脱贫，切实提高扶贫成果可持续性，让贫困人口有更多的获得感。

——坚持保护生态，实现绿色发展。牢固树立绿水青山就是金山银山的理念，把生态保护放在优先位置，扶贫开发不能以牺牲生态为代价，探索生态脱贫新路子，让贫困人口从生态建设与修复中得到更多实惠。

——坚持群众主体，激发内生动力。继续推进开发式扶贫，处理好国家、社会帮扶和自身努力的关系，发扬自力更生、艰苦奋斗、勤劳致富精神，充分调动贫困地区干部群众的积极性和创造性，注重扶贫先扶智，提高贫困人口自我发展能力。

——坚持因地制宜，创新体制机制。突出问题导向，创新扶贫开发路径，由"大水漫灌"向"精准滴灌"转变；创新扶贫资源使用方式，由多头分散向统筹集中转变；创新扶贫开发模式，由偏重"输血"向注重"造血"转变；创新扶贫考评体系，由侧重考核地区生产总值向主要考核脱贫成效转变。

三、实施精准扶贫方略，加快贫困人口精准脱贫

（四）健全精准扶贫工作机制。抓好精准识别、建档立卡这个关键环节，为打赢脱贫攻坚战打好基础，为推进城乡发展一体化、逐步实现基本公共服务均等化创造条件。按照扶持对象精准、项目安排精准、资金使用精准、措施到户精准、因村派人精准、脱贫成效精准的要求，使建档立卡贫困人口中有 5000 万人左右通过产业扶持、转移就业、易地搬迁、教育支持、医疗救助等措施实现脱贫，其余完全或部分丧失劳动能力的贫困人口实行社保政策兜底脱贫。对建档立卡贫困村、贫困户和贫困人口定期进行全面核查，建立精准扶贫台账，实行有进有出的动态管理。根据致贫原因和脱贫需求，对贫困人口实行分类扶持。建立贫困户脱贫认定机制，对已经脱贫的农户，在一定时期内让其继续享受扶贫相关政策，避免出现边脱贫、边返贫现象，切实做到应进则进、应扶则扶。抓紧制定严格、规范、透明的国家扶贫开发工作重点县退出标准、程序、核查办法。重点县退出，由县提出申请，市（地）初审，省级审定，报国务院扶贫开发领导小组备案。重点县退出后，在攻坚期内国家原有扶贫政策保持不变，抓紧制定攻坚期后国家帮扶政策。加强对扶贫工作绩效的社会监督，开展贫困地区群众扶贫满意度调查，建立对扶

贫政策落实情况和扶贫成效的第三方评估机制。评价精准扶贫成效，既要看减贫数量，更要看脱贫质量，不提不切实际的指标，对弄虚作假搞"数字脱贫"的，要严肃追究责任。

......

（三十三）推进扶贫开发法治建设。各级党委和政府要切实履行责任，善于运用法治思维和法治方式推进扶贫开发工作，在规划编制、项目安排、资金使用、监督管理等方面，提高规范化、制度化、法治化水平。强化贫困地区社会治安防控体系建设和基层执法队伍建设。健全贫困地区公共法律服务制度，切实保障贫困人口合法权益。完善扶贫开发法律法规，抓紧制定扶贫开发条例。

（本文有删节）

六、奖惩性决定

决定也可以对一些事迹突出、有典型意义的先进个人或集体进行表彰，或者对一些影响较大、群众关心的事故、错误进行处理。前者如《国务院关于表彰全国劳动模范和先进工作者的决定》，后者如《国务院关于处理"渤海二号"事故的决定》《国务院关于大兴安岭特大森林火灾事故的处理决定》。

奖惩性决定跟用于奖惩的命令和通报作用接近，但层次规格不同。命令层次最高，决定低于命令，但高于通报。

表彰性决定的内容一般由以下几个部分组成：表彰对象的基本情况；表彰的根据和原因；表彰的决定；提出希望、发出号召。例如，《中共中央国务院中央军委关于授予杨利伟同志"航天英雄"荣誉称号并颁发"航天功勋奖章"的决定》的第一自然段是对我国首次载人航天飞行获得圆满成功的介绍，对飞行员的突出贡献给予了肯定；第二自然段分析了其意义并做出表彰决定；第三自然段对全党、全军和全国人民发出号召。

【奖惩性决定范文】

全国工商联关于授予 2016 年中华全国工商业联合会科技进步奖的决定

全联发〔2016〕7 号

各省、自治区、直辖市和新疆生产建设兵团工商联，各直属商会：

为贯彻落实党的十八大和十八届三中、四中、五中、六中全会精神，实施国家创新驱动发展战略，构建以企业为主体、市场为导向、产学研相结合的技术创新体系，鼓励和引导民营企业依靠技术创新实现转型升级，激发民营企业创新活力，鼓励民营企业科技人员的创造性活动，全国工商联决定，对在技术创新、科技成果产业化、促进科技进步方面做出突出贡献的民营企业和科技人员给予表彰。

根据《中华全国工商业联合会科技进步奖工作办法》的有关规定，2016 年全国工商联开展了科技进步奖的评选经项目征集、专家评审、全国工商联主席办公会议审定通过，决定授予"反射式激光荧光多色时序光源技术"等8项成果中华全国工商业联合会科技进步奖一等奖，授予"流程工业能源站智能优化控制技术研究与应用"等32项成果中华全国工商业联合会科技进步奖二等奖，授予"基于自主ASIC芯片的PTN远端设备的研发与产业化"等73项成果中华全国工商业联合会科技进步奖三等奖。

希望获奖民营企业再接再厉、不断创新、再创佳绩。希望广大民营企业以获奖企业为榜样，牢固树立新发展理念，坚定不移走中国特色自主创新道路，依靠创新驱动发展，为加快建设创新型国家，全面建成小康社会，实现中华民族伟大复兴的中国梦做出新的更大贡献。

中华全国工商业联合会

2016年12月30日

七、处理处分性决定

根据有关法律规定，重大事故必须在限期内上报政府，并且相关部门和人员要认真组织调查处理。因此，处理处分性决定的写作也是常用常见的。这类决定的正文通常由以下三部分组成：第一部分交代被处分者及事故的基本情况，分析其错误性质及主要原因；第二部分为处罚的根据及具体处理意见，也就是处分决定；第三部分提出要求，汲取教训。

例如，《国务院关于处理"渤海二号"事故的决定》基本上包括如下三部分内容：前两个自然段交代事故的情况、性质及事故发生的主要原因，以及石油部的错误表现；第三自然段是给予处分的依据和具体处理意见；第四自然段和第五自然段是对石油部乃至全国各部门、各企事业单位提出的安全生产希望和要求。

处理处分性决定与奖惩性决定相比，更注重调查研究，其内容要写得客观、翔实、公正、具体，尽可能不出现偏差。

【处理处分性决定范文】

中共上海市青浦区农委纪律检查委员会关于给予
蒋××同志严重警告处分的决定

青农纪〔2015〕4号

蒋××，男，1964年4月出生，汉族，上海青浦人，大学文化，1984年6月参加工作，1993年7月加入中国共产党，2007年11月任区农技中心副主任，2015年1月任区农技中心党总支委员、第一支部书记。

2014 年，区农技中心在项目支出预算中以水稻、麦子苗情考察和机插秧、杂交稻现场观摩会名义列支了 27600 元预算经费。实际使用中，上述 27600 元经费用于区农技中心 2013 年 12 月起至 2014 年 8 月的 11 次挂账招待消费，且均为圆桌餐饮消费（包括酒水）。相关招待消费均由蒋 ×× 事先预定，事后有关人员签字确认。案发后，在组织的帮助下，蒋 ×× 如实交代了自己的问题，对错误做了较深刻检查。

蒋 ×× 在任区农技中心副主任期间，未按规定使用 27600 元财政预算经费，将费用用于单位接待，且有超标准接待的行为，违反了中央八项规定精神，已构成违反财经纪律行为。

蒋 ×× 身为党员干部，其行为严重违反了党的纪律，依照《中国共产党纪律处分条例》第一百二十六条的规定，经区农委纪委会讨论，并经 2015 年 10 月 21 日区农委党委会批准，决定给予蒋 ×× 党内严重警告处分。

本决定自 2015 年 10 月 21 日起生效。

如不服本处分决定，可依照规定向本委或上级党组织提出申诉。

中共上海市青浦区农委纪律检查委员会

2015 年 10 月 22 日

第七节　决议

决议是指党政领导机关就重要事项，经会议讨论通过其决策，并要求进行贯彻执行的重要指导性公文，一般具有权威性。决议也是某些企业常用的公文之一。

决议适用于会议讨论通过的重大决策事项，是 2012 年 4 月 16 日中办、国办联合印发的《党政机关公文处理工作条例》中新增的正式公文文种，也是应用写作重点研究的文体之一。

一、决议的特点

1. 权威性

决议作为党政领导机关用于发布重要决策事项的公文，是在党的领导机构的会议上研究、讨论后形成的，代表着发文机关的意志。决议一旦发布，其下属党组织和党员必须严格遵守，认真落实，不能有任何违背，因此，决议具有权威性。

2. 决策性

决议是针对重大问题和重大事项所做出的决策，一经形成，就会在较大范围内对党内的工作和生活产生重大影响。

3. 表达群体的意志

决议是会议的产物，会议是一种群体活动，会议中提出的议题只有得到半数或三分之二以上的与会者举手或者投票赞成，才能形成决议。不履行表决程序，决议就不能产生，所以决议是大多数或是全体与会者意志的体现。

二、决议与决定的区别

决定是党政领导机关对重要事项或重大行动做出决策、安排和规定的指导性、指挥性公务文书。在实际运用中，我们可以通过以下几方面内容对"决议"和"决定"进行区分。

1. 从制作程序上区分

- "决议"须经某一级机关或组织机构的法定会议对某一议题进行集体讨论，由法定多数表决通过，然后形成正式文件，并以会议的名义公布。
- "决定"不一定经过法定会议讨论通过的程序。它既可以是某种会议讨论研究的成果，然后形成正式文件予以公布，也可由各级领导机关直接制作并予以公布。

因此，可以认定，凡未经过有关法定会议讨论通过这一程序，而是以领导机关的名义发布的议决性文件，就只能使用"决定"。

2. 从作用上区分

"决议"一律要求下级机关执行；而"决定"中只有"部署性决定"才要求下级机关执行，"宣告性决定"只起知照性作用，一般不要求下级机关执行。

3. 从内容上区分

- 在会议讨论通过的前提下，凡做出了具体的规定和要求，履行了法定的权力，强制有关部门贯彻执行的，用"决定"；若只是简要地表达肯定或否定的意见，履行法律程序，指导有关部门遵照办理的，用"决议"。
- 由会议或领导机关直接制定发布的行政法规，用"决定"；由会议审议批准的某项议案、重要报告、法规，用"决议"，所审议批准的条文作为"决议"的附件。
- 授予荣誉称号或给予处分的，用"决定"；审议机构成立或撤销的，用"决议"。

4．从写法上区分

公布性决议、批准性决议一般写得比较简要、笼统。阐述性决议除指出指令性意见外，还要对决议事项本身的有关问题做若干必要的论述或说明，即做一些理论上的阐述。

"决定"的写法与"决议"的大不相同，它不多进行理论阐述，而往往着重提出开展某项工作的步骤、措施、要求等。"决定"要写得明确、具体一些，其提出的措施也更注重落实，行政约束力强，可以直接成为下级机关行动的准则；而"决议"往往写得比较概括，原则性条文多，下级机关在贯彻执行时，多数还要参考"决议"制定的相应的具体办法或实施措施。

三、决议的写作

决议由首部和正文两部分组成。

1．首部

◆ 标题

决议的标题有三种形式：第一种由发文机关、主要内容和文种构成；第二种由会议名称、主要内容和文种组成；第三种由主要内容和文种构成。

◆ 成文时间

决议的成文时间不像一般公文那样标在公文正文之后，而是加括号居中标于标题之下的位置。其具体写法又分为两种：如果决议标题中已包括会议名称，括号内只需要填写"××××年×月×日通过"；如果公文标题中没有会议名称，括号内要写明"××委员会第×次会议××××年×月×日通过"。

2．正文

决议的正文由决议根据、决议事项和结语三部分组成。

◆ 决议根据

决议根据一般简要说明有关会议审议决议涉及事项的情况，陈述做出决议的原因、根据、背景、目的或意义。

◆ 决议事项

这是决议的主体部分，写明了会议通过的决议事项，或会议对有关文件、事项做出的评价、决定，或对有关工作做出的部署安排和要求、措施。

◆ 结语

这部分是可有可无的。有些决议介绍完决议事项后便全文结束，不再专门撰写结语；有些则需要结语，决议的结吾一般紧扣决议事项，并有针对性地提出希望、执行要求和发出号召。

四、批准性决议

这类决议涉及的内容比较具体，一般用于批准某项报告或文件。

【批准性决议范文】

第十二届全国人民代表大会第四次会议
关于国民经济和社会发展第十三个五年规划纲要的决议
（2016 年 3 月 16 日第十二届全国人民代表大会第四次会议通过）

第十二届全国人民代表大会第四次会议审查了国务院提出的《中华人民共和国国民经济和社会发展第十三个五年规划纲要（草案）》，会议同意全国人民代表大会财政经济委员会的审查结果报告，决定批准这个规划纲要。

会议认为，"十三五"规划纲要全面贯彻了《中共中央关于制定国民经济和社会发展第十三个五年规划的建议》的精神，提出的"十三五"时期经济社会发展的主要目标、重点任务和重大举措，符合我国国情和实际，体现了全国各族人民的共同意愿，反映了时代发展的客观要求，经过努力是完全可以实现的。

会议要求，要认真实施"十三五"规划纲要，高举中国特色社会主义伟大旗帜，以邓小平理论、"三个代表"重要思想、科学发展观为指导，深入贯彻习近平总书记系列重要讲话精神，坚持全面建成小康社会、全面深化改革、全面依法治国、全面从严治党的战略布局，坚持发展是第一要务，牢固树立和贯彻落实创新、协调、绿色、开放、共享的新发展理念，以提高质量和效益为中心，以供给侧结构性改革为主线，扩大有效供给，满足有效需求，加快形成引领经济发展新常态的体制机制和发展方式，保持战略定力，统筹推进经济建设、政治建设、文化建设、社会建设、生态文明建设和党的建设，确保如期全面建成小康社会，为实现第二个百年奋斗目标、实现中华民族伟大复兴的中国梦奠定更加坚实的基础。

五、公布性决议

重要会议中往往会通过一系列的决议，其中有些决议需要公布于众，这些需要公布于众的决议就是公布性决议。这类决议有的很简单，只要说明会议通过了什么就可以；有的略微详细，还需要说明会议对该事项的看法等。

【公布性决议范文】

全国人民代表大会常务委员会关于修改
《中华人民共和国预算法》的决定
（2014 年 8 月 31 日第十二届全国人民代表大会常务委员会第十次会议通过）

第十二届全国人民代表大会常务委员会第十次会议决定对《中华人民共和国预算法》做如下修改。

一、将第一条修改为："为了规范政府收支行为，强化预算约束，加强对预算的管理和监督，建立健全全面规范、公开透明的预算制度，保障经济社会的健康发展，根据宪法，制定本法。"

二、增加一条，作为第二条："预算、决算的编制、审查、批准、监督，以及预算的执行和调整，依照本法规定执行。"

三、将第二条改为第三条，删去第二款。将第五条第一款、第二款改为第三条第二款、第三款，修改为："全国预算由中央预算和地方预算组成。地方预算由各省、自治区、直辖市总预算组成。"

"地方各级总预算由本级预算和汇总的下一级总预算组成；下一级只有本级预算的，下一级总预算即指下一级的本级预算。没有下一级预算的，总预算即指本级预算。"

四、将第三条改为第十二条，修改为："各级预算应当遵循统筹兼顾、勤俭节约、量力而行、讲求绩效和收支平衡的原则。各级政府应当建立跨年度预算平衡机制。"

五、增加一条，作为第四条："预算由预算收入和预算支出组成。"

"政府的全部收入和支出都应当纳入预算。"

六、增加一条，作为第五条："预算包括一般公共预算、政府性基金预算、国有资本经营预算、社会保险基金预算。"

"一般公共预算、政府性基金预算、国有资本经营预算、社会保险基金预算应当保持完整、独立。政府性基金预算、国有资本经营预算、社会保险基金预算应当与一般公共预算相衔接。"

……

七十七、增加一条，作为第九十六条："本法第九十二条、第九十三条、第九十四条、第九十五条所列违法行为，其他法律对其处理、处罚另有规定的，依照其规定。"

"违反本法规定，构成犯罪的，依法追究刑事责任。"

七十八、删去第七十六条。

七十九、增加一条，作为第九十七条："各级政府财政部门应当按年度编制以权责发生制为基础的政府综合财务报告，报告政府整体财务状况、运行情况和财政中长期可持续性，报本级人民代表大会常务委员会备案。"

八十、将第七十八条改为第九十八条，将第七十七条改为第九十九条。

八十一、增加一条，作为第一百条："省、自治区、直辖市人民代表大会或者其常务委员会根据本法，可以制定有关预算审查监督的决定或者地方性法规。"

八十二、将第五十一条、第五十八条、第六十六条中的"政府预算"修改为"预算"。

本决定自 2015 年 1 月 1 日起施行。

《中华人民共和国预算法》根据本决定做相应修改，重新公布。

（本文有删节）

六、安排某项工作的决议

对于重要的、长期的工作，可采用决议的形式进行布置安排。

【安排某项工作的决议范文】

共青团中央常委会议关于深入学习宣传贯彻党的十八大精神
狠抓团的自身建设团结动员广大团员青年在全面建成小康社会
进程中充分发挥生力军作用的决议

（2012 年 11 月 21 日中国共产主义青年团第十六届中央委员会常委会议通过）

中国共产主义青年团第十六届中央委员会常委会议认真学习党的十八大精神，就全团深入学习宣传贯彻党的十八大精神进行研究部署。会议做出如下决议。

一、全面深入学习领会党的十八大精神，切实把广大团干部和团员青年的思想和行动统一到党的十八大精神上来

会议认为，中国共产党第十八次全国代表大会，是在我国进入全面建成小康社会决定性阶段召开的一次十分重要的大会，是一次高举旗帜、继往开来、团结奋进的大会，对凝聚党心军心民心、推动党和国家事业发展具有十分重大的意义。大会高举中国特色社会主义伟大旗帜，以马克思列宁主义、毛泽东思想、邓小平理论、"三个代表"重要思想、科学发展观为指导，分析了国际国内形势的发展变化，回顾和总结了过去 5 年的工作和党的十六大以来的奋斗历程及取得的历史性成就，确立了科学发展观的历史地位，提出了夺取中国特色社会主义新胜利必须牢牢把握的基本要求，确定了全面建成小康社会和全面深化改革开放的目标，对新的时代条件下推进中国特色社会主义事业作出了全面部署，对全面提高党的建设科学化水平提出了明确要求。

会议认为，胡锦涛同志代表十七届中央委员会做的《坚定不移沿着中国特色社会主义道路前进，为全面建成小康社会而奋斗》的报告，描绘了全面建成小康社会、加快推进社会主义现代化的宏伟蓝图，为党和国家事业进一步发展指明了方向，是全党全国各族人民智慧的结晶，是我们党团结带领全国各族人民夺取中国特色社会主义新胜利的政治宣言和行动纲领，是马克思主义的纲领性文献。

……

会议强调，各级团组织和广大团干部要深刻领会党的十八大的主题，深刻领会过去 5 年和 10 年党和国家事业取得新的历史性成就，深刻领会科学发展观的历史地位和指导意义，深刻领会中国特色社会主义的丰富内涵，深刻领会夺取中国特色社会主义新胜利的基本要求，深刻领会全面建成小康社会和全面深化改革开放的目标，深刻领会社会主义经济建设、政治建设、文化建设、社会建设、生态文明建设等方面的重大部署，深刻领会全面提高党的建设科学化水平的重大任务。

会议认为，党的十八大报告指出，中国特色社会主义事业需要一代又一代有志青年接续奋斗，并对广大青年寄予了"树立正确的世界观、人生观、价值观，永远热爱我们伟大的祖国，永远热爱我们伟大的人民，永远热爱我们伟大的中华民族"的殷切期望。广大青年要积极响应党的号召，不断增强责任感和使命感，积极投身中国特色社会主义伟大实践。

二、广泛深入开展学习宣传活动，在广大团员青年中兴起学习宣传贯彻党的十八大精神的热潮

认真学习宣传贯彻党的十八大精神，是当前和今后一个时期共青团组织的首要政治任务。全团要抓住组织团干部深入学习、面向广大青年开展宣传引导、把党的十八大精神贯彻到团的各项工作和建设中去这三个重要环节，分步骤、有重点、持续深入地抓好学习宣传贯彻工作。

各级团组织和广大团干部要下大功夫带头学习好党的十八大精神，既要原原本本研读原文，又要结合工作深入思考，还要注重交流、研讨和培训，谈体会，碰问题，触动思想。所有专兼职团干部都要参加党的十八大报告学习辅导，都要参加学习交流会，联系自身思想和工作实际交流体会；各级团组织都要尽快开展集中学习活动。要通过深入的学习，进一步坚定广大团干部跟党走中国特色社会主义道路的理想信念。

要加强对广大青年的宣传引导，使党的十八大精神深入广大青年之心。当前，党的理论、路线、方针、政策的集中体现，就是党的十八大精神。各级团组织和团干部要在自身学好学深的基础上，把组织化动员方式与社会化动员方式结合起来，切实把党的十八大精神准确、广泛、有效地传播到广大青年中去。在学习宣传活动的方式方法上，要邀请党的十八大代表、党政领导和专家学者为广大团员青年解读党的十八大精神；地市以上团委要组织宣讲团，深入各界青年当中举办报告会、宣讲会；广泛发动基层团组织开展学习党的十八大精神主题团日活动，最大限度地使广大青年了解、思考和掌握党的十八大精神；广泛开展"千网联动学习十八大"活动、"感悟十八大·青春正能量"主题微博编创传播活动、"青春共话十八大"手机报主题学习宣传活动。通过对青年广泛深入的宣传引导，要帮助广大青年增强对中国特色社会主义道路、中国特色社会主义理论体系、中国特色社会主义制度的内心认同感，在此基础上坚定跟党走中国特色社会主义道路的理想信念；增强为全面建成小康社会而奋斗的责任感，更好地发挥生力军作用；引导青年在准确认识我国基本国情、发展的目标任务、面临的风险挑战的基础上，保持合理预期与奋斗精神，真正做到顽强奋斗、艰苦奋斗、不懈奋斗。

要注重基层、注重宣传的普遍性，最大限度地发动基层团组织和各类青年组织行动起来。要充分利用团的基层组织建设成果为共青团贯彻落实党的十八大精神提供坚实保障，以党的十八大精神的贯彻落实带动基层组织的活跃。要充分发挥青联、学联、青企协、青科协、农村青年致富带头人协会等组织的作用，使学习宣传贯彻工作覆盖、影响更多青年。

要贴近青年，运用和创新学习宣传贯彻的有效载体。共青团组织开展学习宣传党的十八大精神，既要注重准确性，用中央精神统一青年的思想和认识，又要注重运用青年喜闻乐见、易于接受的认识逻辑和表现形式。要适应大量青年在网络上沟通、交流、联络、聚集的特点，注重发挥好微博、手机报、即时通讯等手段的作用。要创新设计各种形式的文化产品，通过动漫、微视频、专题片等生动活泼的形式宣传党的十八大精神。要抓紧研究制作针对不同青年群体的党的十八大精神青年版等既有思想深度、又生动活泼的宣讲学习材料。

要加强分类引导，面向不同群体青少年开展有针对性的学习宣传活动。针对青年学生群体，充分用好"与信仰对话"报告会、青年马克思主义者培养工程、高校微博群等载体，帮助他们

全面深入地领会党的十八大精神。针对企事业单位青年职工和进城务工青年，重点将国情教育、形势政策教育与企业文化建设、职业道德培养紧密结合，激发爱岗敬业、开拓进取的奋斗精神。针对农村青年，充分借助农村党员干部现代远程教育网、乡镇实体化"大团委"等载体，帮助他们了解党的强农惠农富农政策，激发他们敢闯敢试、创业致富的意识。学习宣传工作既要充分体现党的十八大总体精神，又要注意结合党的十八大报告中与不同青年群体切身利益相关的内容，增强感性认识。各级少先人组织要从少先队员的思想实际出发，有针对性地开展主题队日活动，编写少年版宣讲学习材料，向他们宣讲党的十八大的主要精神。

（本文有删节）

第八节　意见

意见原属党的机关公文，二2001年1月1日起施行的《国家行政机关公文处理办法》将"意见"正式列入了国家行政机关的公文文种，意见自此成为行政机关使用频率较高的法定公文，其实质是提出切合实际的可行性建议，发挥参谋和指导作用。

一、意见的适用范围

意见适用于对重要问题提出见解和处理办法，适用范围非常广泛。意见可作为上行文，也可作为下行文、平行文。其作为上行文，按请示性公文办理，上级机关要对下级机关报送的"意见"做出处理和答复；作为下行文，有明确要求的，下级机关立遵照执行，无明确要求的，可参照执行；作为平行文，其提出的意见可供对方参考。

二、意见的特点

1. 灵活性

行政公文绝大多数具有严格的方向性，如果是上行文就不能用于下行文，同样，是下行文的话就不能用于上行文。但是意见既可以用于上行文，也可以用于下行文。其作为下行文，可由上级机关对下级机关提出指导性、规定性意见；作为上行文，可用于下级机关对上级机关提出建设性意见，也可用于平级机关间的相互行文。意见的发文机关和主送机关的数量不受限制，可以与其他文种（如批转性或转发性通知）搭配行文。

2. 针对性

意见往往就工作中急需解决的问题或必须克服的倾向而制发。提出问题要及时，分析问题要结合实际，提出的见解、办法要对症下药，有针对性，可操作性强。

3. 重要性

意见所涉及的必须是重要问题，即应当是工作中所遇到的涉及方针政策性的重大事项和主要问题。

4. 指导性

意见用于下行文时，具有指示性，对下级机关开展工作具有指导作用。

5. 原则性

它在就重要问题提出见解和处理办法时，总是从宏观上提出原则性意见。

三、意见的写作

1. 标题

意见标题的写法有下面两种方式。

- "发文机关＋事由＋文种"，如《教育部关于加快发展中等职业教育的意见》；
- "事由＋文种"，如《关于进行联合办学的意见》《关于进一步加强学校体育工作的若干意见》。

意见也可以由上级机关用通知等公文转发。

2. 发文字号

发文字号在意见的写作中可以有，也可以没有。

3. 主送机关

意见中一般要写明主送机关，但涉及面较广的意见可省去这一项。上行性意见和请示一样，只有一个主送机关；下行性意见的主送机关常为多个。

4. 正文

意见的正文分为以下几部分。

- ◆ **发文缘由**

发文缘由概述了发文背景、根据、目的、意义，其目的要明确，撰写的意见必须有针对性，理由充分。

◆ **具体意见**

具体意见主要阐明见解、建议和解决办法，包括指导思想、工作原则、具体措施、办法和要求等。如果主体部分事项多，可采用条款式写法。

◆ **落实要求**

落实要求常用"以上意见供领导决策参考""以上意见供参考""以上意见如无不妥，请批转各地执行""以上意见，请结合实际情况贯彻执行"等惯用语来结束。

◆ **结尾**

结尾一般包括实施时间、解释权归属、原有意见的废止等部分，有时候也可省去不写。

5. 发文机关和日期

正文的右下方标注发文机关署名和成文日期，并加盖印章。成文日期也可标注在标题正下方，用圆括号括入。由通知转发的意见，发文机关和日期见通知，意见可不落款。

四、意见写作的注意事项

1. 要有针对性

意见应围绕一个主题，将一项工作或问题讲清楚，切忌主题分散；内容要符合党和国家的方针政策、法律法规；要针对具体问题，从实际出发，提出切实可行的方法措施。

2. 要有可行性

意见要具体明确。措施或办法要结合实际，切实可行。

3. 要注重时效

这主要是指意见的行文要及时。

4. 结构要严谨，措辞要得体

上行意见要谦敬，平行意见要兼和，下行意见要严肃。

五、直接指导型意见

直接指导型意见是指领导机关直接对重要问题发表意见，用以指导下级机关的工作，这时意见的性质等同于"指示"。不过一般而言，"意见"的内容更具有原则性、方向性，有时不像"指示"那么具体。

下级机关在贯彻执行意见时，要像对待请示一样，不能打折扣，但在具体方法上，可以根据本地区、本部门的情况，灵活选择。

【直接指导型意见范文】

中共中央　国务院关于稳步推进农村集体产权制度改革的意见

为探索农村集体所有制有效实现形式，创新农村集体经济运行机制，保护农民集体资产权益，调动农民发展现代农业和建设社会主义新农村的积极性，现就稳步推进农村集体产权制度改革提出以下意见。

一、重大意义

（一）农村集体产权制度改革是巩固社会主义公有制、完善农村基本经营制度的必然要求。农村集体经济是集体成员利用集体所有的资源要素，通过合作与联合实现共同发展的一种经济形态，是社会主义公有制经济的重要形式。改革开放以来，农村实行以家庭承包经营为基础、统分结合的双层经营体制，极大解放和发展了农村社会生产力。适应健全社会主义市场经济体制新要求，不断深化农村集体产权制度改革，探索农村集体所有制有效实现形式，盘活农村集体资产，构建集体经济治理体系，形成既体现集体优越性又调动个人积极性的农村集体经济运行新机制，对于坚持中国特色社会主义道路，完善农村基本经营制度，增强集体经济发展活力，引领农民逐步实现共同富裕具有深远历史意义。

（二）农村集体产权制度改革是维护农民合法权益、增加农民财产性收入的重大举措。农村集体资产包括农民集体所有的土地、森林、山岭、草原、荒地、滩涂等资源性资产，用于经营的房屋、建筑物、机器设备、工具器具、农业基础设施、集体投资兴办的企业及其所持有的其他经济组织的资产份额、无形资产等经营性资产，用于公共服务的教育、科技、文化、卫生、体育等方面的非经营性资产。这三类资产是农村集体经济组织成员的主要财产，是农业农村发展的重要物质基础。适应城乡一体化发展新趋势，分类推进农村集体产权制度改革，在继续按照党中央、国务院已有部署抓好集体土地等资源性资产确权登记颁证，建立健全集体公益设施等非经营性资产统一运行管护机制的基础上，针对一些地方集体经营性资产归属不明、经营收益不清、分配不公开、成员的集体收益分配权缺乏保障等突出问题，着力推进经营性资产确权到户和股份合作制改革，对于切实维护农民合法权益，增加农民财产性收入，让广大农民分享改革发展成果，如期实现全面建成小康社会目标具有重大现实意义。

二、总体要求

（三）指导思想。全面贯彻党的十八大和十八届三中、四中、五中、六中全会精神，以邓小平理论、"三个代表"重要思想、科学发展观为指导，深入贯彻习近平总书记系列重要讲话精神和治国理政新理念新思想新战略，紧紧围绕统筹推进"五位一体"总体布局和协调推进"四个全面"战略布局，牢固树立新发展理念，认真落实党中央、国务院决策部署，以明晰农村集体产权归属、维护农村集体经济组织成员权利为目的，以推进集体经营性资产改革为重点任务，以发展股份合作等多种形式的合作与联合为导向，坚持农村土地集体所有，坚持家庭承包经营基础性地位，探索集体经济新的实现形式和运行机制，不断解放和发展农村社会生产力，促进农业发展、农民富裕、农村繁荣，为推进城乡协调发展、巩固党在农村的执政基础提供重要支撑和保障。

（四）基本原则

——把握正确改革方向。充分发挥市场在资源配置中的决定性作用和更好发挥政府作用，明确农村集体经济组织市场主体地位，完善农民对集体资产股份权能，把实现好、维护好、发展好广大农民的根本利益作为改革的出发点和落脚点，促进集体经济发展和农民持续增收。

——坚守法律政策底线。坚持农民集体所有不动摇，不能把集体经济改弱了、改小了、改垮了，防止集体资产流失；坚持农民权利不受损，不能把农民的财产权利改虚了、改少了、改没了，防止内部少数人控制和外部资本侵占。严格依法办事，妥善处理各种利益关系。

——尊重农民群众意愿。发挥农民主体作用，支持农民创新创造，把选择权交给农民，确保农民知情权、参与权、表达权、监督权，真正让农民成为改革的参与者和受益者。

——分类有序推进改革。根据集体资产的不同类型和不同地区条件确定改革任务，坚持分类实施、稳慎开展、有序推进，坚持先行试点、先易后难，不搞齐步走、不搞一刀切；坚持问题导向，确定改革的突破口和优先序，明确改革路径和方式，着力在关键环节和重点领域取得突破。

——坚持党的领导。坚持农村基层党组织的领导核心地位不动摇，围绕巩固党在农村的执政基础来谋划和实施农村集体产权制度改革，确保集体经济组织依法依规运行，逐步实现共同富裕。

……

（十八）加大政策支持力度。清理废除各种阻碍农村集体经济发展的不合理规定，营造有利于推进农村集体产权制度改革的政策环境。农村集体经济组织承担大量农村社会公共服务支出，不同于一般经济组织，其成员按资产量化份额从集体获得的收益，也不同于一般投资所得，要研究制定支持农村集体产权制度改革的税收政策。在农村集体产权制度改革中，免征因权利人名称变更登记、资产产权变更登记涉及的契税，免征签订产权转移书据涉及的印花税，免收确权变更中的土地、房屋等不动产登记费。进一步完善财政引导、多元化投入共同扶持集体经济发展机制。对政府拨款、减免税费等形成的资产归农村集体经济组织所有，可以量化为集体成员持有的股份。逐步增加政府对农村的公共服务支出，减少农村集体经济组织的相应负担。完善金融机构对农村集体经济组织的融资、担保等政策，健全风险防范分担机制。统筹安排农村集体经济组织发展所需用地。

（十九）加强法治建设。健全适应社会主义市场经济体制要求、以公平为核心原则的农村产权保护法律制度。抓紧研究制定农村集体经济组织方面的法律，赋予农村集体经济组织法人资格，明确权利义务关系，依法维护农村集体经济组织及其成员的权益，保证农村集体经济组织平等使用生产要素，公平参与市场竞争，同等受到法律保护。抓紧修改农村土地承包方面的法律，赋予农民更加充分而有保障的土地权益。适时完善集体土地征收、集体经营性建设用地入市、宅基地管理等方面的法律制度。认真做好农村产权纠纷调解仲裁和司法救济工作。

（本文有删节）

六、批转执行型意见

这类意见是由职能部门提出，经领导机关同意，批转或转发各下级部门执行的意见。因职能部门主管某一方面的工作，他们对这方面的工作比较熟悉，所以能经常对做好这方面的工作提出一些意见。但有些工作需要其他部门的配合，大家共同来做，而他们又无权指挥其他部门。在这样的情况下，他们只能把"意见"送交上级机关，经上级机关研究同意后，再批转或转发各部门执行。

这类"意见"虽由职能部门提出，但已经上级机关同意，所以各部门应把它当作上级机关的意见来贯彻执行，而不能讨价还价或拒不执行。

【批转执行型意见范文】

公安部　国家质量监督检验检疫总局关于印发
《关于加强和改进机动车检验工作的意见》的通知

各省、自治区、直辖市公安厅、局，质量技术监督局，新疆生产建设兵团公安局、质量技术监督局：

现将《关于加强和改进机动车检验工作的意见》印发给你们，请结合实际，认真贯彻执行。有关工作情况，请及时报公安部、质检总局。

公安部　国家质量监督检验检疫总局

2014 年 4 月 29 日

关于加强和改进机动车检验工作的意见

机动车检验直接关系到道路交通安全，关系到广大人民群众切身利益。近年来，一些地方存在的机动车安全技术检验机构（以下简称检验机构）数量不足、检车排队积压严重、巧立名目乱收费、只收费不检车、检验流于形式、一些检验人员素质不高、态度恶劣等问题，引发群众不满，社会影响恶劣。为贯彻落实党的十八届三中全会精神，进一步改革创新机动车安全技术检验工作，加强检验监管，规范检验行为，强化便民服务，现提出以下意见。

一、严格资质管理

1. 加快检验机构建设。省级质量监督部门要加强与公安机关交通管理部门的沟通协调，及时掌握机动车保有量、检测量和检验机构的数量及分布。要适应当前汽车保有量大幅增长的形势，按照党的十八届三中全会提出的使市场在资源配置中起决定性作用的要求，充分发挥社会各方面的积极作用，加快检验机构建设，满足人民群众不断增长的检车需求。各地质量监督部门不再通过检验机构规划设置控制检验机构的数量和布局，对符合法定条件的申请人，一律简化审批流程，加快审批工作进度。公安机关交通管理部门在监督管理工作中发现检验机构数量不足造成群众验车不便的，要书面通报质量监督部门，并呈报公安部。

2. 严格检验机构从业人员资格条件。检验机构要依法具备独立的法人资格，检验机构及其检验人员承担检验法律责任。检验机构的技术负责人、质量负责人、报告授权签字人要具备机动车相关专业大专以上学历或者中级以上工程技术职称或者技师以上技术等级，有 3 年以上机动车检验工作经历。检验人员要熟练掌握机动车安全技术标准、检验工作程序和方法、检测仪器的操作规程等。引车员要持有与检测车型相对应的机动车驾驶证，熟练掌握机动车安全技术标准、检验工作程序和方法等。质量监督部门要对检验机构及检验技术人员全面集中清理，不具备条件的不得继续开展检验工作或者成为检验人员。

3. 严格执行政府部门不准经办检验机构等企业的规定。要正确处理政府与市场的关系，全面推进检验机构社会化，严格执行中央、国务院关于严禁党政机关和党政干部经商、办企业等规定，公安、质量监督等政府部门及下属企事业单位、社会团体一律不得开办检验机构，公安民警、质量监督部门工作人员及其子女、配偶不得以任何形式参与检验机构经营。2014 年 9 月 30 日前，各级公安、质量监督部门要对本部门及下属企事业单位、社会团体和有关人员开办检验机构问题进行一次自查清理，对已经开办、参与或者变相参与经营的，要立即停办、彻底脱钩或者退出投资、依法清退转让股份。对拒不停办、脱钩、退出投资或者清退股份的，要移送纪检监察部门从严处理，其中内外勾结、行贿受贿或者因检车弄虚作假造成交通事故等重大损失，构成犯罪的依法追究刑事责任。

4. 规范检验机构审批程序。省级质量监督部门要进一步规范检验机构资格许可程序，对符合《行政许可法》《机动车安全技术检验机构监督管理办法》《机动车安全技术检验资格许可技术条件》等法律法规的申请人，要依法予以受理，严格许可的审查和批准工作，建立监督制约机制，简化工作流程，提高许可工作效率。要按照《行政许可法》关于时限的规定，自受理之日起 20 个工作日内做出许可决定（检验、检测和专家评审时间不计算在内，但最长不超过 20 个工作日），需要延长的经批准后最长不得超过 30 个工作日。对不予批准的，要在法定期限内依法做出不予许可的书面决定，说明不予许可的理由，并告知申请人享有依法申请行政复议或者提起行政诉讼的权利。

5. 加快推进系统联网监管。检验机构要按照《机动车安全技术检验业务信息系统及联网规范》（GB/T26765）标准，在各检测工位安装视频、数据监控设施和系统，实现车辆外观、重点检验项目照片、检验过程视频、检验人员姓名等信息的采集、存储和传输，自动核查比对检测结果。要安装使用全国统一的机动车检验监督管理软件，配置检验智能终端（PDA），实现检测数据实时采集、实时上传。2015 年 5 月 1 日起检验机构未接入统一联网监管平台的，一律停止检验工作。

二、规范检验行为

6. 强化检验机构主体责任。检验机构按照国家机动车安全技术检验标准检验机动车，对检验结果承担法律责任。公安机关交通管理部门核发的检验合格标志上，要标注检验机构的名称（新合格标志式样，将通过修改《机动车检验合格标志》〔GA811〕标准另行下发），接受社会监督和责任倒查。自2015 年 1 月 1 日起，公安机关交通管理部门全部撤回派驻检验机构负责查验机动车、核发检验合格标志的民警。对检验机构已检验合格并出具了检验合格报告的车辆，公安机关交通管理部门依法核发检验合格标志，并通过远程审核、现场抽查、档案复核等方式进行监督检查。

7. 规范机动车检验工作程序。检验机构受理机动车安全技术检验时，要审核机动车所有人提交的申请表、机动车行驶证、机动车交通事故强制责任保险凭证，按照 GB21861 进行车辆唯一性认定、联网查询、外观检验、底盘动态检验和线内检验；对无法上线检验或者线内检验有异议的大中型客货车，进行路试检验。检验机构不得擅自增加或者减少检验项目，不得篡改或者伪造检测数据。机动车安全技术检验报告式样要严格遵守 GB21861 的规定，检验报告应由授权签字人签字批准，报告一式三份，一份交机动车所有人（或者由送检人转交机动车所有人），一份交车辆管理所，一份留存检验机构。车辆管理所和检验机构对检验报告要保存至本次检验周期届满前，但最短不得少于两年。对于检验结论为不合格（或者有建议维护项目）的，检验机构要告知机动车所有人并督促其尽快维修、维护。

8. 严格执行机动车检验标准。检验机构要严格执行 GB21861 的规定，并将大中型客车、重中型货车作为检验重点，严格检验重中型货车的外廓尺寸、整备质量、侧后部防护装置、车身反光标识和车辆尾部标志版、轮胎磨损状况等项目，严格检验大中型客车限速装置、动态监控装置、安全带、应急出口、轮胎等项目，增强检验工作，在源头预防重特大交通事故的发生。要严格按照 GB21861 规定的检验时间核定最大允许检测量。要提高大中型汽车检验的专业化水平，推行在大中型汽车检测线配置使用车辆外廓尺寸自动测量仪等科技装备，检验机构配置使用的计量器具要依法经计量检定合格或校准。

9. 推进检验机构规范化建设。省级质量监督部门、公安机关交通管理部门要组织编写统一的检验培训教材，统一考试制度和考试要求，完善检验人员资格管理制度。要制定检验机构规范化建设工作要求，要求检验机构在明显区域公布检测流程、人员姓名和照片、纪律要求、举报投诉电话等，接受群众监督。根据检验机构的检验条件、管理水平、技术能力等开展检验机构分类管理，选树一批管理规范、检验严格、工作高效、群众反映良好的检验机构为标榜，清理整顿一批管理混乱、弄虚作假、效率低下、群众投诉多的检验机构。

三、改进便民服务

10. 进一步扩大新车免检范围。自本通知下发之日起，所有新出厂的轿车和其他小型、微型载客汽车，以及经工业和信息化部认定免予安全技术检验的其他新出厂的机动车，在办理机动车注册登记前，不再进行安全技术检验。但出厂后两年内未申请注册登记，或者注册登记前发生交通事故的，仍应进行安全技术检验。

11. 试行非营运轿车等车辆 6 年内免检。自 2014 年 9 月 1 日起，试行 6 年以内的非营运轿车和其他小型、微型载客汽车（面包车、7 座及 7 座以上车辆除外）免检制度。对注册登记 6 年以内的非营运轿车和其他小型、微型载客汽车（面包车、7 座及 7 座以上车辆除外），每 2 年需要定期检验时，机动车所有人提供交通事故强制责任保险凭证、车船税纳税或者免征证明后，可以直接向公安机关交通管理部门申请领取检验标志，无需到检验机构进行安全技术检验。申请前，机动车所有人应当将涉及该车的道路交通安全违法行为和交通事故处理完毕。但车辆如果发生过造成人员伤亡的交通事故，仍应按原规定的周期进行检验。上述车辆注册登记超过 6 年（含 6 年）的，仍按规定每年检验 1 次；超过 15 年（含 15 年）的，仍按规定每年检验 2 次。

公安机关交通管理部门要在地市和县级车辆管理所、交通管理服务站、交通违法处理窗口等场所，设置核发检验标志窗口，方便群众就近快捷领取检验标志。

12. 推行机动车异地检验。地市范围内机动车所有人可以自主选择检验机构检验，不得以城区、郊区、县市划分检验区或者指定检验机构。推行机动车异地检验，在已应用全省统一检验监管平台的省（区、市），实行除大型客车、校车外的机动车在全省范围内异地检验，无需办理任何委托检验手续。尚未建立统一检验监管平台的应抓紧建立，2014年12月31日前各省（区、市）完成推广。试行机动车跨省（区、市）异地检验，在应用全国统一的检验监管软件后，对除大型客车、校车外的机动车，允许机动车所有人在车辆所在地直接进行检验，领取检验合格标志。

13. 推行机动车预约检验。要在有2条（含2条）以上检测线的检验机构推行预约检验服务，在核定检验机构检测能力的基础上，允许机动车所有人通过互联网、电话等方式预约检车。开设预约检验通道和窗口，实现预约时间具体到小时，方便机动车所有人自主选择检车时间，减少排队等候，做到"随到随检"。要通过互联网、电话等平台，向社会公布检验机构每日检测能力和实际业务量，引导机动车所有人合理选择检车时间和地点。开展预约检车服务不得向机动车所有人收取额外费用。

14. 简化检验工作流程。检验机构要对服务指示标志、办事流程指南、大厅服务设施进行全面排查整改，统一在明显位置设置引导指示标志、公示业务流程，增加免费导办人员，引导机动车所有人办理检验业务。对安全检验和环保检测设置在同一检验机构的，要整合工作流程实行检验业务一次性办结，避免机动车所有人多次排队、多次往返；对不在同一检验机构的不得强制先进行环保检测。

15. 创新检验工作便利措施。要推行节假日检验机构不停休制度，实行延时检验服务。鼓励有条件的检验机构利用流动检测线深入农村、边远山区等地开展摩托车等上门检验服务。推行检验机构以电话、短信、邮件等方式提供验车时间、方式提醒服务。

四、强化监督管理

16. 严格查处违法违规检验问题。检验机构有下列情形之一的，认定为出具虚假检验结果，由公安机关交通管理部门根据《道路交通安全法》第94条的规定处所收检验费用五倍以上十倍以下罚款，并依法撤销检验资格：（1）为未经检验的机动车出具检验合格证明；（2）用其他车辆替代检验；（3）利用计算机软件等手段篡改或者伪造检验数据和结果；（4）为检验不合格机动车出具检验合格证明；（5）擅自减少检验项目或者降低检验标准；（6）明知是盗抢、报废、拼装、套牌等车辆予以通过检验。要严厉打击检验机构及周边非法中介，对扰乱检测秩序、骗取群众钱财、与工作人员勾结牟利，构成违反治安管理行为的，依法给予治安管理处罚。对检验机构及其工作人员与非法中介勾结，出具虚假检验合格报告的，要从重处罚，并依法撤销检验资格。对车辆管理所民警与非法中介勾结，违规办理业务的，按照《公安机关人民警察纪律条令》第16条规定给予纪律处分，调离车辆管理所，构成犯罪的，依法追究刑事责任。

检验机构有下列情形之一的，由质量监督部门根据《计量法》《机动车安全技术检验机构监督管理办法》等规定依法从重处罚，情节严重的，按规定撤销检验资格：（1）未取得资格许可、计量认证证书，或者资格许可、计量认证过期；（2）倒卖、出租、出借检验资格许可证书；（3）超出许可的检验范围开展机动车安全技术检验。检验机构存在计量器具或检验设备未依法检定或检定不合格、要求机动车到指定的场所进行维修或保养、推诿或拒绝处理用户的投诉或异议等问题的，要依法从重处罚。检验机构工作人员在检验活动中收受贿赂，以职谋私的，由质量监督部门取消其资格，情节严重的，移送相关部门依法追究刑事责任。公安机关交通管理部门、质量监督部门要每季度相互通报对检验机构检验工作的监督检查情况，密切协作配合，共同做好对检验机构的监管工作。

17. 完善检验机构联网监管平台。地市公安机关交通管理部门要建立完善检验机构检验监管中心，加强对检验过程的全程监控和检验数据监测，及时核查多车检测数据雷同、异地检验业务量过高、引车员检测合格率异常、首次检测合格率过低但复检合格率过高等嫌疑数据，及时查处追责，并每月汇总分析，通报同级质量监督部门。省级公安机关要会同质量监督部门建立全省统一的检验监管网络平台，对监管系统的应用情况进行检查，每季度汇总分析，通报同级质量监督部门。自 2015 年 5 月 1 日起，对不使用全国统一的监管系统的，公安机关交通管理部门不得核发检验合格标志。

18. 建立联合监督检查机制。各地公安机关交通管理部门要设置专门机构或安排专门人员，通过网络监控、巡回检查、档案复核等方式，加强对检验机构的监督管理。建立检验系统软件监督抽查制度，对存在不符合国家标准、预留篡改数据接口、安装篡改数据程序等违规问题的检验机构，要将其列入黑名单，全国通报，对涉及的检验机构、检测软件公司负责人和直接责任人员要依法追究责任，构成犯罪的，坚决依法追究刑事责任。各地质量监督部门要加快完善检验机构分类监管，加强对检验机构执行国家机动车安全技术检验标准情况的监督，定期对检验机构检验资格、检验设备、管理制度、检验环境、检验过程、检验报告等情况进行监督检查。各地公安交通管理部门、质量监督部门要加强协调配合，采取联网监查、明查暗访等手段开展联合监督检查，提高监管工作有效性。要拓宽社会监督渠道，聘请社会监督员，公布监督举报电话、电子邮箱，严肃查处违法违纪行为。对机动车发生死亡交通事故的，经事故鉴定认定涉及机动车安全技术检验的，地市公安机关交通管理部门要会同质量监督部门严格倒查检验机构的检验情况，依法严肃处理违法违规问题。

第五章
洽谈类公文写作要点与范文

第一节 意向书

意向书是一种具有协商性特点的应用文书，是协议双方进行实质性谈判的依据，也是国家、单位、企业、经济实体以及个人之间，对某项事务在正式签订合同、达成协议之前，由一方向另一方表明的基本态度或提出的初步设想。

一、意向书的特点

1. 简略性

意向书往往是粗线条的，只涉及合作方向，是签订合同的基础。

2. 协商性

意向书多用商量的语气，不带任何强制性，有时还用假设、询问的语气。一方或双方均可变更或反悔而不必承担法律责任。

3. 临时性

意向书是协商过程中各方基本观点的记录，各方一旦达成正式协议，便完成了意向性的使命。意向书不像协议、合同那样具有法律效力。

4. 灵活性

签订意向书的各方可以随时改变自己的主张。意向书发出后，对方如有更好的意见，可以被直接采纳，此时对意向书进行部分改变或全盘改变都是可能的。

同一份意向书里可以提出多种方案供对方选择，还可以对其中的某项某款同时提出几种意见或方案，供对方比较和选择。

二、意向书的写作

意向书一般由标题、正文、落款三部分组成。

1. 标题

- 双方单位名称＋事由＋意向书，如《中华人民共和国国家计划委员会和美利坚合众国能源部关于和平利用核技术合作的意向书》。
- 事由＋意向书，如《开展多方面技术经济合作意向书》《合作培训意向书》。
- 双方单位名称＋意向书，如《华丰机械厂与明达实业有限公司意向书》。
- 直接写"意向书"，如《意向书》。

签订意向书的各方的名称一般要写全称，为叙述方便，可分别确定为"甲方""乙方"或"丙方"；也可简称为"双方"等。

2. 正文

这是意向书的主体和核心部分，一般包括开头、主体、结尾三个部分。

◆ 开头

开头主要写合作各方的单位名称、合作事项，简要阐述订立意向书的依据、原因和意义，并常用"双方就有关事宜，达成如下意向""兹宣告如下意向"或"初步意向如下"等引出主体内容。

◆ 主体

这是意向书的重点内容，一般写合作各方的意图及初步协商一致的内容，写明各方达成协议的各个事项，如合作的项目、方式、程序，各方的义务等。主体部分可采用分条列项的形式进行撰写。

◆ 结尾

意向书的结尾可写明"未尽事宜，在签订正式合同时予以补充"。

3. 落款

意向书的落款包括各方单位的名称、各方代表的名称、签订日期、通信地址、电子邮箱、电话。

三、意向书的写作要求

意向书的写作要求包括以下几个方面。

- 如实表述各方协商的事项。
- 坚持平等互利的原则。
- 各条款的内容要合理合法。
- 结构要完整，标题、正文、落款三部分缺一不可。
- 内容要留有余地。
- 使用富有弹性、较笼统的语言。

四、意向书范文

【意向书范文】

2017年中国联通集团代理商区域化管理
合作意向承诺书

甲方：中国联通集团有限公司成都市分公司或
　　　中国联通有限公司成都市分公司市场营销行业中心
乙方：成都科慧电子科技有限公司

　　本着自愿及平等互利、诚实守信的原则，以促进中国联通集团客户业务发展为主线，突出联通综合业务优势，整合优势资源，强强联合、优势互补的合作发展思路，甲乙双方通过互相了解与郑重选择，同意结为友好合作单位，并承诺严格按照《中国联通集团有限公司成都市分公司集团业务代理商管理办法》及公司其他相关规定执行。为明确甲乙双方的权利与义务，特签订本承诺书。

一、甲方的权利与义务

　　1. 甲方须对代理商做好日常服务及配套支撑工作。
　　2. 甲方须保障固网代理项目的正常建设与及时开通。
　　3. 甲方须按照《中国联通集团有限公司成都市分公司集团客户代理商管理办法》的相关规定及要求，对代理商进行各项指标考核及日常管理。

二、乙方的权利与义务

　　1. 乙方必须熟知中国联通集团客户事业部代理商管理办法的要求，以发展联通业务为主，并承诺服从管理。
　　2. 乙方同意服从中国联通集团客户事业部的各项考核指标，服从佣金发放管理制度。
　　3. 乙方须服从甲方日常管理并接受各项考核指标。
　　4. 乙方有权对甲方相关服务支撑保障工作进行监督或投诉。

三、双方约定

1. 双方一旦签订本承诺书，须严格按照 2017 年集客代理商管理办法贯彻执行相关条例，不得随意变更合作意向。

2. 双方本着友好互利的原则，对于任何争议都应尽最大努力协商解决。

3. 本承诺书有效期为一年，从签字盖章之日起生效；按季度根据执行情况进行适当调整。

4. 本双选方案解释权归成分集团客户事业部，如有争议，由集客部进行裁决。

甲方授权代表：　　　　　　　　　　乙方授权代表：

（加盖公章）　　　　　　　　　　　（加盖公章）

时间：　　　　　　　　　　　　　　时间：

第二节　合同

《中华人民共和国民法通则》第 85 条规定：合同是当事人之间设立、变更、终止民事关系的协议。依法成立的合同，受法律保护。

《中华人民共和国合同法》第 2 条规定：合同是平等主体的自然人、法人、其他组织之间设立、变更、终止民事权利义务关系意思表示一致的协议。婚姻、收养、监护等有关身份关系的协议，适用其他法律的规定。由此可以看出，合同是一种民事法律行为，是当事人协商一致的产物，是两个以上的意思表示相一致的协议。

一、合同的特点

1. 合法性

当事人必须具备法律规定的合法资格，即具有签订合同的权力和行为能力；合同的内容、具体条款必须符合有关法律法规；签订合同的程序要合法，要经当事人反复协商、一致同意后才能签订。合同双方或多方当事人的意思表示必须一致，未取得一致同意，合同就不能成立。

2. 平等性

合同双方或多方当事人的法律地位是平等的。任何一方不得把自己的意志强加给对方，任何组织和个人不得非法干预。采取胁迫手段签订的合同是无效合同。

3. 约束性

合同的签订是一种法律行为，一旦依法成立，即具有法律效力。其各方面的权利和义务都受到国家法律的保护，任何一方违约都要承担经济和法律责任。双方或多方当事人必须全面履行合同规定的义务，任何一方不得擅自变更或解除合同，否则必须承担法律责任。

4. 对等性

双方或多方当事人的权利和义务是对等的，法律地位是平等的。双方或多方当事人依照合同不但享有权利，也要承担义务。

二、合同与意向书的区别

1. 法律效力和违约责任不同

意向书是记载双方合作意愿，作为进一步洽谈活动的基础和凭证，不具有法律效力，不承担违约责任；而合同的签订是一种法律行为，一旦依法成立，即具有法律效力，任何一方违约都要承担法律责任。

2. 履行方式不同

意向书不带任何强制性，各方均可变更或反悔而不承担法律责任，各方可以随时改变自己的主张，对其进行部分改变或全盘改变都是可能的。甚至同一份意向书里可以提出多种方案供对方选择。而合同中的双方或多方当事人必须全面履行合同规定的义务，任何一方不得擅自变更或解除合同，否则必须承担法律责任。

意向书通常是合同或协议书的先导。

三、合同的形式

合同形式是指当事人合意的外在表现形式，是合同内容的载体。我国《合同法》第10条规定：当事人订立合同，有书面形式、口头形式和其他形式。法律、行政法规规定采用书面形式的，应该采用书面形式。当事人约定采用书面形式的，应当采用书面形式。

经济合同形式是指经济合同当事人之间明确权利义务的表达方式，也是双方或多方当事人意思表示的表现方法。根据经济合同法的规定，经济合同的形式主要有口头形式和书面形式两种。

1. 口头形式

口头形式是指双方或多方当事人用对话方式表达相互之间达成的协议。当事人在使用口头形式时，应注意，只有能被及时履行的经济合同，才能使用口头形式，否则不宜采用这种形式。

2. 书面形式

书面形式是指双方或多方当事人用书面方式表达相互之间通过协商一致而达成的协议。根据经济合同法的规定，凡是不能及时清结的经济合同，均应采用书面形式。在签订书面合同时，当事人应注意，除主合同之外，与主合同有关的电报、书信、图表等也是合同的组成部分，应同主合同一起妥善保管。书面形式的合同便于当事人履行，便于管理和监督，便于举证，是经济合同当事人使用的主要形式。

四、合同的写作

合同一般由标题、立约单位、正文、落款几部分组成。

1. 标题

合同的标题一般直接标明合同的性质，由事由和文种构成，如"购销合同""建设工程承包合同"等。标题居中排于合同书的第一页。

2. 立约单位

立约单位就是合同的当事人，位于标题下方、正文之前。通常在标题下方另起一行并排写明当事人双方的单位或个人名称（单位名称、地址、邮编、电话、法定代表人的姓名和职务等）。单位名称第一次出现时要写全称，以下行文可用简称，后面用括号注明"甲方、乙方"或"买方、卖方""出租方、承租方""供方、需方""发包方、承包方"等。

3. 正文

合同的正文部分由引言、主体和结尾组成。

◆ 引言

引言部分为签订合同的目的和依据，可概括表示，如"为了……（目的），根据……（合同法）规定，经双方协商，签订本合同，并共同信守下列条款："。

◆ 主体

《合同法》规定，合同应具备以下主要条款：标的（指货物、劳务、工程项目等）；

数量和质量；价款或者酬金；履行的期限、地点和方式；违约责任。

◆ 结尾

合同正文部分的结尾包括以下几方面内容：解决合同纠纷的方式；合同的生效日期和有效期限；合同的正本、副本及件数、保存及其效力；合同附件名称及件数。

4. 落款

合同的落款主要包含以下各项：

- 合同当事人的签字、盖章，主要包括单位名称、法定代表人或个人签字；
- 各方的电话号码、开户银行及账号、E-mail 等；
- 合同的签订日期。

五、合同的写作要求

1. 内容要合法

合同的全部内容要符合国家有关法律法规的要求和有关职能部门或行业的管理规定，否则就是无效合同。

2. 条款要完备

合同的所有条款要完整齐备，没有任何的疏漏和欠缺，以避免不必要的经济纠纷。

3. 规定要具体明确

合同的具体规定要更具体明确，确定不会有任何歧义。

4. 语言要准确

合同条文是当事人执行义务的依据，其语言要准确、无歧义，不能含糊不清、模棱两可，以免发生争执和纠纷。

5. 不得随意改动

合同一经签订，立即生效，任何一方不得随意改动。如需修改、补充或更正，须经双方协商，将改动意见作为合同附件，正式签署后生效。

六、合同范文

【合同范文】

房屋买卖合同范本

卖方：_____（简称甲方）身份证号码：_____

买方：_____（简称乙方）身份证号码：_____

　　根据《中华人民共和国经济合同法》《中华人民共和国城市房地产管理法》及其他有关法律、法规之规定，甲、乙双方在平等、自愿、协商一致的基础上，就乙方向甲方购买房产签订本合同，以资共同信守执行。

　　第一条　乙方同意购买甲方拥有的坐落在_____市_____区_____拥有的房产（别墅、写字楼、公寓、住宅、厂房、店面），建筑面积为_____平方米。（详见土地房屋权证第_____号）

　　第二条　上述房产的交易价格为：单价：人民币_____元／平方米，总价：人民币_____元整（大写：_____佰_____拾_____万_____仟_____佰_____拾_____元整）。本合同签订之日，乙方向甲方支付人民币_____元整，作为购房定金。

　　第三条　付款时间与办法：

　　1. 甲乙双方同意以银行按揭方式付款，并约定在房地产交易中心缴交税费当日支付首付款（含定金）人民币_____拾_____万_____仟_____佰_____拾_____元整给甲方，剩余房款人民币_____元整申请银行按揭（如银行实际审批数额不足前述申请额度，乙方应在缴纳税费当日将差额一并支付给甲方），并于银行放款当日付给甲方。

　　2. 甲乙双方同意以一次性付款方式付款，并约定在房地产交易中心缴交税费当日支付首付款（含定金）人民币_____拾_____万_____仟_____佰_____拾_____元整给甲方，剩余房款人民币_____元整于产权交割完毕当日付给甲方。

　　第四条　甲方应于收到乙方全额房款之日起_____天内将交易的房产全部交付给乙方使用，并应在交房当日将_____等费用结清。

　　第五条　税费分担。甲乙双方应遵守国家房地产政策、法规，按规定缴纳办理房地产过户手续所需缴纳的税费。经双方协商，交易税费由_____方承担，中介费及代办产权过户手续费由_____方承担。

　　第六条　违约责任。甲、乙双方合同签订后，若乙方中途违约，应书面通知甲方，甲方应在_____日内将乙方的已付款（不计利息）返还给乙方，但购房定金归甲方所有。若甲方中途违约，应书面通知乙方，并自违约之日起_____日内应以乙方所付定金的双倍及已付款返还给乙方。

　　第七条　本合同主体

　　1. 甲方是_____共_____人，委托代理人_____即甲方代表人。

2. 乙方是_____，代表人是_____。

第八条　本合同如需办理公证，经国家公证机关_____公证处公证。

第九条　本合同一式五份。甲方产权人一份，甲方委托代理人一份，乙方一份，××市房地产交易中心一份、_____公证处一份。

第十条　本合同发生争议的解决方式：履约过程中发生的争议，双方可通过协商、诉讼方式解决。

第十一条　本合同未尽事宜，双方可另行约定，其补充约定经双方签章与本合同同具法律效力。

第十二条　双方约定的其他事项：

出卖方（甲方）_____	购买方（乙方）_____
身份证号码：_____	身份证号码：_____
地　　　　址：_____	地　　　　址：_____
邮　　　编：_____	邮　　　编：_____
电　　　话：_____	电　　　话：_____
代理人（甲方）_____	代理人（乙方）_____
身份证号码：_____	身份证号码：_____

鉴证方：

鉴证机关：

地　　址：

邮　　编：

电　　　话：

法人代表：

代　　　表：

经办人：

日　　　期：_____年_____月_____日

鉴证日期：_____年_____月_____日

第三节　收条

　　收条是收到别人或单位送到的钱或物时写给对方的一种凭据性的应用文。收条也称收据，是日常生活中常见的一种应用文样式。

一、收条的写作

1. 标题

收条的标题通常写在正文上方中间位置，字体稍大，有以下两种形式。

- 直接由文种名构成，即写上"收条"或"收据"字样。

- 把正文的前三个字作为标题，而正文从第二行顶格处接着往下写，如将"今收到""现收到""已收到"作为标题。

2. 正文

正文一般是在第二行空两格处开始写，但以"今收到"为标题的收条是不空格的。正文一般要写明主要内容，即写明收到的钱物的数量、物品的种类、规格等情况。

3. 落款

落款一般要求写上收钱物的单位或个人的名称、姓名，署上收到的具体日期，一般还要加盖公章。

如果是本人经手的一般要在姓名前署上"经手人："的字样；如果是代别人收的，则要在姓名前加上"代收人："字样。

4. 署名

署名靠右写在正文下。如果发送的人或单位同接收人很熟悉，则接收人只署上自己的姓名就行了；如果收到东西的个人或单位同发送东西的个人或单位生疏，则要在姓名的前面写上单位名称，以便查找；如果收到东西的个人或单位很多，收到东西的个人或单位亦应既写单位名称又写个人姓名，必要时还应盖章或按指印。

5. 日期

日期写在署名的下面，独占一行。

二、收条范文

【收条范文】

收条

　　今收到信阳市华阳工贸有限公司预支 2017 年春节值班餐费补助人民币叁佰元整（￥300.00 元）。

签名：李××

2017 年 1 月 22 日

第四节　聘书

聘书又叫聘请书，使用范围主要有两个，一是由学校、企业等在需要某方面有特长或有专业技能的人才时使用；二是社会团体或某些重要的活动为了提高自身的知名度、扩大影响力，聘请一些有名望的人加盟或参与，以期更好地开展活动时使用。

一、聘书的写作

聘书一般已按照书信格式印制好，发文者填写中心内容即可。完整的聘书一般由以下几部分构成。

1. 标题

聘书标题往往使用"聘书"或"聘请书"字样，居中写于页面中，有的聘书也可以不写标题。已印制好的聘书标题常由烫金或大写的"聘书"或"聘请书"字样组成。

2. 称谓

聘请书上被聘者的姓名称呼可以在开头顶格写，然后再加冒号；也可以在正文中写明受聘人的姓名称呼。常见的印制好的聘书大都在第一行起空两格写"聘请……"。

3. 正文

聘书的正文一般要求包括以下内容。

- 交代聘请的原因和请对方去从事的工作或所要去担任的职务。
- 写明聘任期限，如"聘期两年""聘期自××××年××月××日至××××年××月××日"。
- 明确聘任待遇。聘任待遇可直接写在聘书之上，也可另附详尽的聘约或公函写明具体的待遇，具体视情况而定。
- 对被聘者的希望。这一点一般可以写在聘书上，但也可以不写，而是通过其他的途径使受聘人切实明白自己的职责。

4. 结尾

聘书的结尾一般写上表示敬意和祝颂的结束用语，如"此致　敬礼""此聘"等。

5. 落款

落款要署上发文单位名称或单位领导的姓名、职务，并署上发文日期，同时要加盖公章。

二、聘书的写作要求

- 聘书要郑重严肃，对有关招聘的内容要交代清楚。同时，聘书的书写要整洁、大方、美观。
- 聘书一般要短小精悍，不可篇幅太长，语言要简洁明了、准确流畅，态度要谦虚诚恳。
- 聘书是以单位名义发出的，所以一定得加盖公章，只有加盖公章的聘书才视为有效。

三、聘书范文

聘书在这些年来使用得很多，招聘为现今用人制度的主要形式，这为聘请书的使用提供了广阔的市场。聘书在今天人们的生活中起到了以下重要的作用：加强协作的纽带；加强应聘者的责任感、荣誉感和促进人才交流；表示郑重其事、信任和守约。

【聘书范文】

聘　书

兹聘请赵××同志为德利泰家电集团维修部总工程师、主任，聘期自 2016 年 12 月 31 日至 2017 年 12 月 30 日，聘任期间享受集团高级工程师全额工资待遇。

德利泰家电集团（章）

2016 年 12 月 31 日

第五节　协议书

协议书指国家、政党、企业、团体或个人就某个问题经过谈判或共同协商，取得一致意见后，订立的一种具有经济或其他关系的契约性文书。作为一种能够明确彼此权利与义务、具有约束力的凭证性文书，协议书对当事人双方（或多方）都具有制约性，它能监督双方（或双方）信守诺言、约束轻率反悔行为，它的作用与合同基本相同。

一、协议书的法律效应

订立协议书，其目的是为了更好地从制度上乃至法律上，把双方（或多方）协议所承担的责任固定下来。

口头协议一律无效；书面协议有三种形式，即合同中的条款、独立的协议书，以及信函、电报、传真、电子邮件等其他书面形式。

二、协议书的写作

1. 标题

协议书的标题由双方（或多方）单位名称、事由、"协议书"三部分组成。

2. 正文

协议书的正文主要写条款内容，主要包括以下几方面内容：协商目的；协商目的责任；协议的时间和期限；协商目的条款和酬金（价格明确，总额大写，必须明确货币种类）；履行条款期限；违反条款的责任处理；落款（签署）；签署日期。

三、协议书范文

【协议书范文】

销售代理协议

第一条　约因

制造商姓名_____，其公司法定地址_____（简称制造商），同意将下列产品_____（简称产品）的独家代理权授予代理人（简称代理人）。代理人姓名_____，其公司法定地址_____。代理人优先在下列指定地区（简称地区）推销新产品：_____。

第二条　代理人的职责

代理人应在该地区拓展用户，代理人应向制造商转送接收到的报价和订单。代理人无权代表制造商或签订任何具有约束力的合约。代理人应把制造商规定的销售条款（包括装运期和付款）对用户解释。制造商可不受任何约束地拒绝由代理人转送的任何询价及订单。

第三条 代理业务的职责范围

代理人是＿＿＿＿＿＿市场的全权代理，应收集信息，争取用户，尽力促进产品的销售。代理人应精通所推销产品的技术性能。代理所得佣金应包括为促成销售所需费用。

第四条 广告和展览会

为促进产品在该地区的销售，代理人应刊登一切必要的广告并支付广告费用。凡参加展销会需经双方事先商议后办理。

第五条 代理人对用户的财务责任

代理人应采取适当方式了解当地订货人的支付能力并协助制造商收回应付货款。通常的索款及协助收回应付货款的开支应由制造商负担。

未经同意，代理人无权也无义务以制造商的名义接受付款。

第六条 用户的意见、代理人的作用

代理人有权接受用户对产品的意见和申诉，及时通知制造商并关注制造商的切身利益为宜。

第七条 向制造商不断提供信息

代理人应尽力向制造商提供产品的市场和竞争等方面的信息，每4个月需向制造商寄送工作报告。

第八条 保证不竞争

代理人不应与制造商或帮助他人与制造商竞争，代理人更不应制造代理产品或类似于代销的产品，也不应从与制造商竞争的任何企业中获利。同时，代理人不应代理或销售与代理产品相同或类似的（不论是新的或旧的）任何产品。

此合约一经生效，代理人应将与其他企业签订有约束性的协议告知制造商。不论是作为代理的或经销的，此后再签订的任何协议均应告知制造商，代理人在进行其他活动时，决不能忽视其对制造商承担的义务而影响任务的完成。

本协议规定在此协议终止后的5年内，代理人不能生产和销售同类产品予以竞争，本协议终止后的1年内，代理人也不能代理其他类似产品予以竞争。

所有产品设计和说明均属制造商所有，代理人应在协议终止时归还给制造商。

第九条 保密

代理人在协议有效期内或协议终止后，不得泄露制造商的商业机密，也不得将该机密超越协议范围使用。

第十条 分包代理人

代理人事先经制造商同意后可聘用分包代理人，代理人应对该分包代理人的活动负全部责任。

第十一条 工业产权的侵犯

代理人应视察市场，如发现第三方侵犯制造商的工业产权或有损于制造商利益的任何非法行为，代理人应据实向制造商报告。代理人应尽最大努力并按照制造商的指示，帮助制造商使其不受这类行为的侵害，制造商将承担正常代理活动以外的此类费用。

第十二条 代理人独家销售权的范围

制造商不得同意他人在该地区取得代理或销售协议产品的权利。制造商应把其收到的直接来自该地区用户的订单通知代理人。代理人有权按第十五条规定获得该订单的佣金。

第十三条 向代理人不断提供信息

为促进代理活动，制造商应向代理人提供包括销售情况、价目表、技术文件和广告资料等一切必要的信息。制造商应将产品价格、销售情况或付款方式的任何变化及时通知代理人。

第十四条 技术帮助

制造商应帮助代理人的雇员获得代理产品的技术知识。代理人应支付其雇员往返交通费及工资，制造商应提供食宿。

第十五条 佣金额

代理人的佣金以每次售出并签字的协议产品为基础，其收佣百分比如下。_____美元，按_____ % 收佣；_____美元，按_____ % 收佣。

第十六条 平分佣金

两个不同地区的两个代理人为争取订单都做出极大努力，当订单于某一代理人所在地，而供货之制造厂位于另一代理人所在地时，则佣金由两个代理人平均分配。

第十七条 商事失败、合约终止

代理人所介绍的询价或订单，如制造商不予接受则无佣金。若代理人所介绍的订单合约已中止，代理人无权索取佣金，若该合约的中止是由于制造商的责任，则不在此限。

第十八条 计算佣金的方法

佣金以发票金额计算，任何附加费用如包装费、运输费、保险费、海关税或由进口国家征收的关税等应另开发票。

第十九条 佣金的索取权

代理人有权根据每次用户购货所支付的货款按比例收取佣金。如用户没有支付全部货款，则根据制造商实收货款按比例收取佣金，若由于制造商的原因用户拒付货款，则不在此限。

第二十条 支付佣金的时间

制造商每季度应向代理人说明佣金数额和支付佣金的有关商务，制造商在收到货款后，应在 30 天内支付佣金。

第二十一条 支付佣金的货币

佣金按成交的货币来计算和支付。

第二十二条 排除其他报酬

代理人在完成本协议之义务时所发生的全部费用，除非另有允诺，应按第十九条之规定支付佣金。

第二十三条 协议期限

本协议在双方签字后生效，协议执行一年后，一方提前 3 个月通知可终止协议。如协议不在该日终止，可提前 3 个月通知，于下一年的 12 月 30 日终止。

第二十四条 提前终止

如第二十三条规定，任何一方都无权提前终止本协议。除非遵照适用的_____法律具有充分说服力的理由方能终止本协议。

第二十五条 文件的归还

协议期满时，代理人应将第十三条中所述及的由制造商提供的全部广告资料及所有文件归还给制造商。

第二十六条　存货的退回

协议期满时，代理人若储有代理产品和备件，应按制造商指示退回，费用由制造商负担。

第二十七条　未完之商务

协议到期时，由代理人提出终止但在协议期满后又执行协议，应按第十五款支付代理人佣金。代理人届时仍应承担履行协议义务之职责。

第二十八条　赔偿

协议因一方违约而终止外，由于协议终止或未能重新签约，则不予赔偿。

第二十九条　适用法律

本协议适用于制造商总部＿＿＿＿＿＿＿＿＿所在国之现行法律。

第三十条　仲裁

因执行本协议而发生的任何争执应根据＿＿＿＿＿＿＿的法律＿＿＿＿＿＿＿仲裁解决。投诉方和被投诉方应各指定一名仲裁员，双方应提名一位公证人。

如两名仲裁员在 30 天内未能就提名一位主席达成协议，仲裁应有权提名第三名仲裁员为主席。仲裁所做出的裁决是终局的，对双方均有约束力。

第三十一条　变更

本协议的变更或附加条款，应以书面形式为准。

第三十二条　禁止转让

本协议未经事先协商不得转让。

第三十三条　留置权

代理人对制造商的财产无留置权。

第三十四条　无效条款

如协议中的一条或一条以上的条款无效，协议其余条款仍然有效。

本协议一式二份，双方各执一份。

制造商：　　　　　　　　　代理人：

签署地：＿＿＿＿＿＿　　　签署地：＿＿＿＿＿＿

日　期：＿＿＿＿＿＿　　　日　期：＿＿＿＿＿＿

董事长：＿＿＿＿＿＿　　　总　裁：＿＿＿＿＿＿

第六节　招标书

一、招标书的概念

　　招标书是招标人为择优选定项目承包人或合作者而对外公布有关招标项目、范围、内容、条件、要求的文书。招标书按时间可划分为长期招标书和短期招标书，按招标的范围可划分为国际招标书和国内招标书；按内容及性质可划分为企业承包招标书、工程招标书、大宗商品交易招标书。

　　建筑行业的招标书主要是指业主（招标单位）或招标代理机构向建筑单位所提供的有关此工程的一些基本信息，如工程的资金来源、建筑规模、开标时间及地点、所要求的资质等级、建筑单位所要提供的相关资料等，以便于建筑单位编制投标文件。这些就是建筑行业招标书的大体情况。

　　招标书是整个招标过程中最重要的一环。招标书必须表达出使用单位的全部意愿，不能有疏漏。招标书也是投标商投标时编制投标书的依据，投标商必须对招标书的内容进行实质性的响应，否则会被判定为无效标，按废弃标处理。招标书同样也是评标最重要的依据。

二、招标书的主要内容

　　招标书的主要内容可分为三大部分：程序条款、技术条款、商务条款。

1. 程序条款

◆ 招标邀请函

　　招标邀请函由招标机构编制，简要介绍招标单位名称、招标项目名称及内容，招标形式，售标、投标、开标的时间、地点，承办联系人姓名、地址、电话等。开标时间除前面讲的给投标商留足准备标书传递书的时间外，国际招标的时间应尽量避开国外的休假日和圣诞节，国内招标的时间应避开春节和其他节假日。

◆ **投标人须知**

本部分由招标机构编制，是招标的一项重要内容，着重说明本次招标的基本程序，投标者应遵循规定和承诺的义务，投标文件的基本内容、份数、形式、有效期和密封，以及投标其他要求。其还包括评标的方法和原则、招标结果的处理、合同的授予及签订方式、投标保证金。

2. 技术条款

招标项目的技术要求及附件是招标书最重要的内容，其主要是由使用单位提供资料，使用单位和招标机构共同编制。

◆ **投标书格式**

此部分由招标公司编制，投标书格式是对投标文件的规范要求。其中包括投标方授权代表签署的投标函，说明投标的具体内容和总报价，并承诺遵守招标程序和各项责任、义务，确认在规定的投标有效期内，投标期限所具有的约束力；还包括技术方案内容的提纲和投标价目表，招标一方应争取做到将性能对比表在招标书售出时一同交投标商，以便招标者对所有投标者的文件进行同口径的比较。

◆ **投标保证文件**

投标保证文件是检验投标有效性的必检文件。保证文件一般分为三种形式：支票、投标保证金和银行保函。项目金额少的，可采用支票和投标保证金的方式，一般规定为项目总金额的 2%。投标保证金有效期要长于标书有效期，和履约保证金相衔接。投标保函由银行开具，是借助银行信誉投标。企业信誉和银行信誉是企业进入国际大市场的必要条件。投标方在投标有效期内放弃投标或拒签合同，招标公司有权没收保证金以弥补招标过程中蒙受的损失。

◆ **合同条件**

这也是招标书的一项重要内容。此部分内容是双方经济关系的法律基础，因此对招投标方都很重要。国际招标应符合国际惯例，也要符合国内法律。由于项目的特殊要求，招标方需要提供出补充合同条款，如支付方式、售后服务、质量保证、主保险费用等特殊要求，要在标书技术部分专门列出。但这些条款不应过于苛刻，更不允许将风险全部转嫁给中标方。

◆ **设计规范**

有的设备需要设计规范，如通信系统、输电设备，设计规范是确保设备质量的重要文件，应列入招标附件中。设计规范应对设备的施工工艺、工程质量、检验标准做出较为详尽的保证，这是避免发生纠纷的前提。设计规范包括：总纲，工程概况、分期工程对材料、设备和施二技术、质量的要求，必要时还应写清各分值及工程量计算规则等。

◆ **投标企业资格文件**

这部分由招标机构提出，要求企业提供生产该产品的许可证及其他资格文件，如ISO9001、ISO9002证书等；有时也另要求提供业绩证明文件。

3. 商务条款

商务条款是针对合同标的物（也就是建筑工程）价格相关问题的约定；采用综合单价形式的商务条款包括：投标报价的要求；投标报价汇总表；主要材料清单报价表；设备清单报价表；工程量清单报价表；工程量清单项目价格计算表；投标报价需要的其他资料。本项无格式，需要时由招标人用文字或表格形式提出，或投标人在投标报价时提出。

采用工料单价形式的商务条款包括：投标报价的要求；投标报价汇总表；主要材料清单报价表；设备清单报价表；分部工程工料价格计算表；分部工程费用计算表；投标报价需要的其他资料。本项无格式，需要时由招标人用文字或表格形式提出，或投标人在投标报价时提出。

商务条款主要就是对工程投价、预算书、综合单价分析表等有关工程价格方面的要求；而技术条款主要是指对工程施工方案、施工组织等方面的要求。

招标文件的商务条款和技术条款的区别可简要概括为：商务条款就是有关预算和造价方面的条款，对应于投标书中的商务标，属于预算内容；技术条款是为实现工程实体而应做出的具体施工安排和技术措施方面的条款，对应于技术标，属于施工组织设计方案内容。

三、招标书的写作要求

招标书写作是一项严肃的工作，其写作要求如下。

• 周密严谨。招标书是签订合同的依据，是一种具有法律效应的文件。其内容和措辞都要周密严谨；同时注意突出重点，切忌没完没了地胡乱罗列、堆砌。

• 简洁清晰。招标书没有必要长篇大论，只要把所要讲的内容进行简要介绍、突出重点即可。招标书的内容要符合国家有关法律、法规、政策规定，招标项目的具体要求和条件要符合实际，切实可行。

● 注意礼貌。招标书涉及的是交易贸易活动，要遵守平等、诚恳的原则，切忌盛气凌人，更不能低声下气。招标书在表述上应准确无误、没有歧义，尽可能使用精确语言，少用模糊语言。

四、招标书的格式

招标书一般由标题、正文、结尾三部分组成。

1. 标题

标题写在第一行的中间。其常见写法有四种：一是由招标单位名称、招标性质及内容、招标形式、文种四元素构成；二是由招标性质及内容、招标形式、文种三元素组成；三是只写文种名称"招标书"；四是广告性标题，如《谁来承包×××工厂》。

2. 正文

正文由引言、主体部分组成。引言部分要求写清楚招标依据、原因。主体部分要翔实交代招标方式（公开招标、内部招标、邀请招标）、招标范围、招标程序、招标内容的具体要求，双方签订合同的原则、招标过程中的权利和义务、组织领导、其他注意事项等内容。

3. 结尾

招标书的结尾应签署招标单位的名称、地址、电话等，以便投票者参与。

五、招标书范文

【招标书范文】

建筑安装工程招标书

为了提高建筑安装工程的建设速度，提高经济效益，经＿＿＿＿＿＿＿＿＿建设主管部门批准，＿＿＿＿＿＿＿＿＿（建设单位）对＿＿＿＿＿＿＿＿＿建筑安装工程的全部工程（或单位工程、专业工程）进行招标（公开招标），由建设单位在地区或全国性报纸上刊登招标广告，邀请招标由建设单位向有能力承担该项工程的若干施工单位发出招标书，指定招标由建设项目主管部门或提请基本建设主管部门向本地区所属的几个施工企业发出指令性招标书。

一、招标工程的准备条件
本工程的以下招标条件已经具备。
1. 本工程已列入国家（或部委，或省、市、自治区）年度计划；

2. 已有经国家批准的设计单位出的施工图和概算；

3. 建设用地已经征用，障碍物全部拆迁，现场施工的水、电、路和通信条件已经落实；

4. 资金、材料、设备分配计划和协作配套条件均已分别落实，能够保证供应，使拟建工程能在预定的建设工期内连续施工；

5. 已有当地建设主管部门颁发的建筑许可证；

6. 本工程的标底已报建设主管部门和建设银行复核。

二、工程内容、范围、工程量、工期、地质勘察单位和工程设计单位_____

_____（此项也可用表格形式）见附表

三、工程可供使用的场地、水、电、道路等情况_____

四、工程质量等级，技术要求，对工程材料和投标单位的特殊要求，工程验收标准

_____

五、工程供料方式和主要材料价格，工程价款结算办法_____

_____

六、组织投标单位进行工程现场勘察，说明和招标文件交底的时间、地点

_____

七、报名、投标日期、招标文件发送方式

报名日期_____年_____月_____日

投标期限_____年_____月_____日起至_____年_____月_____日止。

招标文件发送方式_____。

八、开标、评标时间及方式　中标依据和通知

开标时间_____年_____月_____日，发出招标文件至开标日期，一般不得超过两个月。

评标结束时间_____年_____月_____日，从开标之日起至评标结束，一般不得超过一个月。

开标、评标方式　建设单位邀请建设主管部门、建设银行和公证处（或工商行政管理部门）参加公开开标，审查证书，采取集体评议方式进行评标，定标工作。

中标依据及通知　本工程评定中标单位的依据是工程质量优良、工期适当、标价合理、社会信誉好，最低标价的投报单位不一定中标。所有投标企业的标价都高于标底时，如属标底计算错误，应按实予以调整。如标底无误，通过评标剔除不合理的部分，确定合理标价和中标企业，评定结束后五日内，招标单位通过邮寄，或专人送达方式将中标通知书送发给中标单位，并与中标单位在一月内（最多不超过两月内）与中标单位签订_____建筑安装工程承包合同。

九、其他_____

本招标方承诺，本招标书一经发出，不得改变原定招标文件内容，否则，将赔偿由此给投标单位造成的损失。投标单位按照招标文件的要求，自费参加投标准备工作和投标，投标书即标函，应按规定的格式填写，字迹必须清楚，必须加盖单位和代表人的印鉴。投标书必须密封，不得逾期寄达。投标书一经发出，不得以任何理由要求收回或更改。

在招标过程中发生争议，如双方自行协商不成，由负责招标管理工作的部门调解仲裁；对

仲裁不服，可诉诸法院。

建设单位（即招标单位）_____
地 址_____
联系人_____
电 话_____
_____年_____月_____日

第七节　投标书

一、投标书的概念

投标书是指投标单位按照招标书的条件和要求，向招标单位提交的报价并填具标单的文书。它需要被密封后邮寄或派专人送到招标单位，故又称标函。它是投标单位在充分领会招标文件，进行现场实地考察和调查的基础上所编制的投标文书，是对招标公告提出的要求的响应和承诺，并同时提出具体的标价及有关事项来竞争中标。

投标书按投标方人员组成情况，可以分为个人投标书、合伙投标书、集体投标书、企业投标书等。

按性质和内容，可以分为工程建设项目投标书、大宗商品交易投标书、选聘企业经营者投标书、企业承包投标书、企业租赁投标书、劳务投标书、科研课题投标书、技术引进或转让投标书等。

显然，投标书的种类与招标书的种类是相对应的。

二、投标书的编制原则

1. 全面反映使用单位的需求

招标所面对的使用单位对自己的工程、项目、货物了解程度的差异非常大，再加上项目的复杂程度大，招标机构就要针对使用单位状况、项目复杂情况，组织好使用单位、设计、专家编制好标书，做到全面反映使用单位需求。

2. 科学合理

技术要求商务条件必须依据充分并切合实际；技术要求根据项目现场实际情况、可行性报告、技术经济分析确立，不能盲目提高标准、提高设备精度、房屋装修标准等，否则会带来功能浪费，造成不必要的支出。

3. 公平竞争（不含歧视性条款）

招标的原则是公开、公平、公正。只有公平、公开才能吸引真正感兴趣、有竞争力的投标厂商竞争，而通过竞争达到采购目的，才能真正维护使用单位的利益，维护国家利益。招标机构在编制、审定标书时，审定标书中是否含歧视性条款是最重要的工作。政府招标管理部门、监督部门管理监督招标工作时，最重要的任务也是审查招标文件中是否存有歧视性条款，这是保证招标公平、公正的关键环节。

4. 维护企业利益、政府利益

招标机构在编制招标书时要注意维护使用单位的商业秘密，也不得损害国家利益和社会公众利益，如噪声污染必须达标等。

三、投标书的格式

1. 标题

标题一般写明投标项目及文种，如《××项目投标书》，也可以只注明《投标书》。

2. 正文

投标书的正文应具体写明本次投标的项目名称、数量、规格、技术要求、报价、交货（或完成）的日期、质量保证等内容。投标书的内容应该真实、详细，注意突出本单位的优势，但不得夸大其词，虚构或瞒报本单位的基本情况。

3. 有关证明

为了保证招标单位的利益和招标工作的顺利进行，投标单位应在投标书中出具有关资格证明文件，证明投标单位是合格的，而且中标后有能力履行合同，同时还要证明投标单位提供的货物及其辅助服务是合格的货物和服务。

4. 落款

投标书的落款要写明投标单位的全称、地址、联系方式、联系人，以便投标单位及时获得招标方的反馈。

四、投标书的写作要求

投标投标书制作不当，不仅会使其成为无效标，而且容易产生废标［因为《中华人民共和国政府采购法》（以下简称《政府采购法》）规定，当符合专业条件的供应商或者对招标文件做出实质性响应的供应商不足三家的，就应予废标］，更重要的是，投标书还是评标的主要依据，是事关投标者能否中标的关键要件。综合一些投标者在制作投标书方面的失败教训，投标者在制作投标书的过程中，必须对以下五方面内容引起足够重视。

1. "投标须知"莫弄错

"投标须知"是招标人提醒投标者在投标书中务必全面、正确回答的具体注意事项的书面说明，可以说是投标书的"五脏"。因此，投标人在制作标书时，必须对"招标须知"进行反复学习、理解，直至弄懂弄通，否则就会将"招标须知"理解错，导致投标成为无效标。例如，某"招标须知"要求投标人在投标书中提供近 3 年基于 Oracle 大型数据库开发的成功交易业务记录，而某投标者将"近 3 年"理解为"近年"，将"成功交易业务记录"理解为"内部机构成功开发记录"，以至于使形成的投标书违背了"招标须知"，成为废纸一张。

2. "实质要求"莫遗漏

《政府采购法》《中华人民共和国招标投标法》《政府采购货物和服务招标投标管理办法》（以下简称《管理办法》）等法律法规都规定：投标文件应当对招标文件提出的实质性要求和条件做出响应。这意味着投标书只要遗漏招标文件中的某一条实质性要求，未对其做出响应，都将成为无效标。例如，某招标文件规定，投标者须具备五个方面的条件。如投标者 E 遗漏了"招标货物有经营许可证要求的，投标人必须具有该货物的经营许可证"这一要求，未对其做出响应，投标者 F 在投标书中遗漏了"投标人必须取得对所投设备生产企业的授权文件"这一要求，未对其做出响应，则投标者 E 和投标者 F 的投标书都将因"遗漏"而被淘汰。

3. "重要部分"莫忽视

"标函""项目实施方案""技术措施""售后服务承诺"等都是投标书的重要部分，也是体现投标者是否具有竞争实力的具体表现。倘若投标者对这些重要部分不重视，不进行认真、详尽、完美的表述，就会使投标者在商务标、技术标、信誉标等方面失分，以至于最后落榜。例如，投标者不重视写好"标函"，则其"标函"就不能全面反映投标者的"身价",不能充分表述投标者的业绩,甚至不能完全说明其获得的重要奖项(省优、市优、鲁班奖等)、承建的大型重要项目等,这都会导致投标书不能完全表达投标者对此招标项目的重视程度和诚意。再如,一些投标者对"技术措施"不重视,忽视对拟派出的项目负责人与主要技术人员简历、业绩和拟用于本项目精良设备名称的详细介绍,导致在这些方面得分不高而出局。

4."细小项目"莫大意

在制作投标书的时候,有一些项目很细小,也很容易做,但投标者稍一粗心大意,就会影响全局,导致全盘皆输。这些细小项目主要是:

- 投标书未按照招标文件的有关要求封记的;
- 未全部加盖法人或委托授权人印签的,如未在投标书的每一页上签字盖章,或未在所有重要汇总标价旁签字盖章,或未将委托授权书放在投标书中;
- 投标者单位名称或法人姓名与登记执照不符的;
- 未在投标书上填写法定注册地址的;
- 投标保证金未在规定的时间内缴纳的;
- 投标书的附件资料不全,如设计图纸漏页、有关表格填写漏项等;
- 投标书字迹不端正,无法辨认的;
- 投标书装订不整齐,或投标书上没有目录、没有页码,或文件资料装订前后颠倒的等。

5."联合制作"莫轻视

在实际招标采购中,有时会发生两个以上的供应商组成一个投标联合体,以一个投标人的身份投标的情况。此时,投标书就需要几家供应商一起合作制作。那么参加联合制作的任何一方都不能轻视,如果大家都持不重视的态度,都不认真、不负责,就会形成无效标的情形。

例如,在一次大型工程招标中,有9个供应商组成联合体投标。由于大家都不重视投标书的制作,制作前也没有哪一方询问其他方是否符合《管理办法》第三十四条所规定的"联合体各方均应当符合《政府采购法》第二十二条第一款规定的条件",即"具有独立承担民事责任的能力"。结果,投标书发出后,经人举报查实,其中有一方不具有独立承担民事责任的能力,其法人资格证书是租的,最终这份联合制成的投标书成为无效标。

所以,联合体各方千万不可轻视投标书的联合制作,务必做到制作时首先要验证各方是否具备投标资格，并且当采购人根据采购项目的特殊要求规定投标人特定条件的，联合体各方中至少有一方符合采购人规定的特定条件；其次，联合体各方应当签订共同投标协议，明确约定联合体各方承担的工作和相应的责任，尤其不能缺少出了问题，责任人应当承担多大经济责任的内容；最后，投标书制成后，除牵头方要认真汇总校对外，还要明确指定一到两方进行复核，且不能忘记将共同投标协议作为投标书附件一并提交招标采购单位。

五、投标书范文

【投标书范文】

致：＿＿＿＿＿＿＿＿＿＿＿＿＿＿＿＿＿＿＿＿＿＿＿＿＿＿＿＿

根据贵方为＿＿＿＿＿＿＿＿＿＿＿＿＿＿＿＿＿＿＿＿＿项目招标采购货物及服务的投标邀请（招标编号），签字代表＿＿＿＿＿＿＿＿＿＿＿＿＿＿＿＿＿＿（全名、职务）经正式授权并代表投标人＿＿＿＿＿＿＿＿＿＿＿＿＿＿＿＿（投标方名称、地址）提交下述文件正本一份和副本一式＿＿＿＿份。

（1）开标一览表；

（2）投标价格表；

（3）货物简要说明一览表；

（4）按投标须知第 14 条、第 15 条要求提供的全部文件；

（5）资格证明文件；

（6）投标保证金，金额为人民币＿＿＿＿＿＿＿元。

据此函，签字代表宣布同意如下。

1. 所附投标报价表中规定的应提供和交付的货物投标总价为人民币＿＿＿＿＿＿元。

2. 投标人将按招标文件的规定履行合同责任和义务。

3. 投标人已详细审查全部招标文件，包括修改文件（如需要修改）以及全部参考资料和有关附件。我们完全理解并同意放弃对这方面有不明及误解的权利。

4. 其投标自开标日期起有效期为＿＿＿＿＿＿年＿＿＿＿月＿＿＿＿日。

5. 如果在规定的开标日期后，投标人在投标有效期内撤回投标，其授标保证金将被贵方没收。

6. 投标人同意提供按照贵方可能要求的与其投标有关的一切数据或资料，完全理解不一定要接受最低价格的投标或收到的任何投标。

7. 与本投标有关的一切正式往来通信请寄：

地址：

电话：

投标人代表姓名、职务：

投标人名称（公章）:

日期:　　　年　月　日

传真:

邮编:

全权代表签字:

第八节　工作要点

工作要点是针对未来某一时期的工作，以简明的文字，扼要地反映某一单位一定时期内的工作、计划的"要点"时所使用的公文。

一、工作要点的特点

工作要点除具有计划类文书的某些特点外，还有以下两个方面的特点。

1. 指导性强，具有针对性

工作要点集中反映工作计划中最重要的部分，且语言简练、概括、简明扼要，具有很强的针对性。

2. 行文灵活，约束性不强

工作要点可以根据实际需求增减取舍或是变换内容，各层次之间也可以进行跳跃变动，思路不必很严谨，可以产生相应的跨度，同时格式要求也不十分严格。

二、工作要点的写作

工作要点由标题、主送单位、正文和 结尾四部分组成。

1. 标题

工作要点没有文头，其标题一般由单位、时间和文种名三部分构成，如《××省××市××局××年工作要点》。

2. 主送单位

工作要点是机关工作主要之点，大部分属于机关内部的普适性公文。因此，这类公文一般不写主送单位。

3. 正文

工作要点的正文部分有的有前言，有的没有。前言部分的存在主要是要写明制定工作要点的目的、依据、方针或者任务要求、指导思想等。这部分行文长短按照具体的情况确定，一般不必进行展开阐述，只需逐一概括列出工作要点即可。

正文部分的具体内容一般包括两个方面，一是提出一定时期内的奋斗目标，二是提出为实现目标的工作要点和主要措施。这两部分可以分开进行阐述，用小标题标明；也可以不分开阐述，采用承上启下的过渡句来进行衔接。在表达的方式上，工作要点一般采用分项，一般一项讲述一个问题，并用数字进行排序。

4. 结尾

如果工作要点的标题中没有显示制定单位，标题下面也没有标明制定的日期，则其正文的右下方要写明制定单位和制定日期。如果在标题中已有制定单位，则结尾部分可以省略不写。

三、工作要点的写作要求

- 内容高度概括，既包含全盘工作，又突出重点任务；不展开观点，只择其要者而述之；条理清楚，层次分明，实事求是；既有定性要求，也有定量指标；语言朴素准确。
- 措施有创新性、可操作性，简明实用。
- 每个事项的做法、程序、要求要交代清楚。

四、部门工作要点

【部门工作要点范文】

为加强公司人力资源部工作的计划性及制度执行性，人力资源部将结合公司整体发展规划及企业发展方向，参考公司 2016 年收集到的相关资料，制订出人力资源部 2017 年度主要工作计划和目标。

人力资源部 2017 年度主要工作计划和目标

一、建立健全人力资源管理的各项规范及管理制度、员工手册等

建立健全人力资源管理的各项规范及管理制度、员工手册。规范的管理制度是企业用人留人的前提条件，员工从进入公司到岗位变动，从日常考评到离职，人力资源部都按照文件的程序进行操作，采取对事不对人的原则，希望能达到各项工作的合法性、严肃性。

二、劳动合同管理

做好劳动合同的签订、解除及档案管理等工作。本年度工作计划的重点是：

1. 保证劳动合同及时签订、续签、终止；

2. 保证员工及时转正；

3. 处理劳资关系，包括劳动纠纷次数、原因等；

4. 保证档案管理的完整性。

三、员工评价的收集

为进一步加强对员工在一定时期内工作能力等方面的评价，正确把握每位员工的工作状况，建立公司正常、合理的人事考核评价制度，从而为员工的奖惩、晋升、调整等提供客观依据。

根据公司目前经营状况，每月收集各门店人事评价表，对每个人进行考核评价。对不合格人员实行在岗试用、待岗培训或转岗，以保证员工队伍的高效率、高素质。

四、人力资源计划

（一）人力资源计划的目的

1. 根据公司现状，结合先进企业的管理经验，了解企业人力资源状况及需求情况，灵活选择聘用方式。

（1）参加吴江地区的周六大型人才交流洽谈会；

（2）在吴江人才招聘网上发布招聘信息；

（3）与劳务市场的中介合作，把招聘信息放到中介那里，请其代为招聘；

（4）内部培养；

（5）引进企业事业单位成熟的管理人才，并充分利用企业现有人力资源，吸引并储备一定数量的具备特定技能、知识结构和能力的专业人才。

2. 为人力资源管理提供重要信息及决策依据。

（二）影响因素分析

影响本公司人力资源计划的因素主要包括以下两个方面。

1. 公司的战略

企业的发展战略目标、发展方向、发展规模等是影响企业人力资源计划的重要因素，人力资源计划的制订应服从于企业的发展战略需要。

2. 预期的员工流动

企业以往员工流动情况数据和当前员工状况对企业人力资源需求的预测会产生重要影响，员工流动率是制订人力资源计划的参照依据。

（三）数据收集与需求预测

……

（四）培训目标

1. 满足各级管理者和工作任务的需要。管理者管理技能、态度和综合素质的提升有利于提高工作任务完成的效率，增加公司经营目标实现的可能性。

2. 满足员工的需要。通过提高员工的岗位技能，增加员工工作信心，并且使其有动力在工作岗位上应用这一技能，从而促进部门目标的完成。

3. 塑造公司的"学习文化"，形成一种公司学习的氛围，保持公司的持续发展。

（五）培训内容

根据参加培训人员的不同，分为晋升培训、普通员工培训和新员工岗前培训。

1. 晋升培训

管理人员的晋升培训重点在于管理者能力的开发。通过培训激发经理级员工的个人潜能，增强团队活力、凝聚力和创造力，使中层管理者加深对企业经营管理的理解，了解企业内外部的形势，树立长远发展的眼光，提高中层管理者的计划、执行能力。

培训方式有以下几种。

（1）选择内训、参加公开课方式。总部中层经理、各门店总经理班子成员参加，旨在提高各级经理的人力资源管理技能。

（2）通过集中讨论与自学相结合的方式掌握新资讯，了解行业动态。

（3）部门经理负责对下属提供学习和管理的机会，有助于在职位出现空缺时能有训练有素、熟悉业务的人员顶替，避免产生人才短缺问题。

2. 普通员工培训

员工培训重点在提高专业技能，领悟公司经营管理理念，提高工作的主动性和积极性。员工技能培训由所在部门经理制订计划并负责组织实施培训部备案。

培训方式有以下几种。

（1）全体员工参加公司企业文化和其他方面的培训。

（2）员工充分利用公司图书室，自主学习。在规定的时间内，员工自己安排学习进度，每人每年必读两本以上与工作相关的书籍或杂志，写两篇读书心得。

（六）其他人事管理工作

1. 做好员工人事档案材料的收集、整理、建档工作，保证档案的完整性、齐全性、保密性。

2. 工作开展过程遇到困难，与其他部门积极协调。

第九节　方案

方案多由上级对下级发送，一般都用带"文件头"形式下发，不用落款，只有标题、成文时间和正文三部分内容，也可以是下级或具体责任人为落实和实施某项具体工作而形成的文件，然后报上级或主管领导批准实施。

一、方案的结构

1. 标题

方案的标题可分为全称式和简明式两种，以全称式居多。由单位、事由、文种三要素构成的标题为全称式标题；由事由、文种二要素构成的标题为简明式标题。

2. 成文时间

方案既无须在标题中标明时间，又不完全是将生成时间放在文末，而大多是将其列在标题之下、正文之上的特定位置。

3. 正文部分

工作方案的正文大都由以下两部分构成。

◆ **导言或引语**

导言要简明扼要地交代预案或方案制订的目的、意义和依据，一般是以"为了……根据……特制订本方案"的惯常形式来表述的。这是方案、预案生成的基础，一定要有，否则方案就失去了其制订意义和依据，就是盲目随意的，如某方案中，导言强调制订本方案是为了"维护职工的合法权益，依法开展工会工作"，简要地交代了方案要达到的总目标。

◆ **方案的基本内容**

这部分主要包括以下三个方面。

基本情况的交代：诸如重大活动的时间、地点、内容、方式、主题以及主办、协办单位等。其中，时间、地点、方式等应具体明确；内容要概括、精简；"主题"不等于标题，也不等于主要内容或活动本身，而是活动的目的、意义、价值的集中概括表述。例如，《关于加强培训工会法律专业人才的实施方案》的主题不是事件本身，而是维护职工的合法权益，依法开展工会工作。如果是重要工作的方案，基本情况的交代也可以是工作的时限、范围、对象、内容和重点。总之，这部分内容一定要有，但又必须从实际需要出发而或多或少、或轻或重、或详或略地表述，切忌千篇一律。

对相关活动、相关工作按阶段或进程做具体的部署安排：这部分包括各阶段工作的内容、基本任务目标、主要措施手段、步骤做法、相应的安排和要求。从总体上说，也就是要写明在什么时间、多大范围内由哪些人做哪些工作，采取什么方式，于何时做到何种程度。这是方案的核心内容所在，也是方案价值的集中体现，是方案制订者素质、能力、水平的充分展示，要求既具体详尽又严密可靠，使方案既具可行性又便于操作，做到主次分明、张弛有度、得体自然，以求最大限度地确保工作或活动的顺利开展，促成方案目标的圆满实现。

对相关问题的处理与解决方法：即对方案中涉及的问题要提出合理的解决方法。

二、方案的注意事项

- 确定目标是制订工作方案的重要环节，应将调查研究和预测技术这两种科学方法有机结合。

- 在拟制工作方案过程中，必须依靠智囊人物和运用智囊技术，通过多种方法，尽量避免可能发生的问题，从而使方案更趋完善。

- 起草多种可供选择工作方案时，要广泛收集资料和理论政策的依据，进行质与量、点与面的分析，做好可行性研究，提出建议方案。或者通过对各种草案的分析、比较、鉴别、评估，在多种方案的基础上，集众智于一身，重新组合出一个新工作方案作为最佳方案，供领导决断。

三、方案范文

【方案范文】

合作方案

甲方：中国电信股份有限公司广东分公司
乙方：长安网络市场运营有限公司

中国电信股份有限公司广东分公司（以下称甲方）与长安网络市场运营有限公司（以下称乙方）
第一条　合作内容和方式
甲方提供优质的移动通信服务，并利用 CDMA1X 移动数据和增值业务满足乙方需求，甲方将充分发挥运营商优势，乙方将充分发挥其市场、客户优势，共同发展行业用户。
一、合作内容：在广安市范围内安装出租汽车 GPS 车载报警系统 2000 台。车载 GPS 的功能包括以下几类。
（1）电话招车：新的电招服务中心将以 GPS 车载系统为基础，GPS 平台能提供出租车的实时数据，实现统一调度，相比以往的电招系统有无可比拟的优势。现在每辆出租车都安装了GPS，每辆车行驶在什么地方一目了然，市民只需拨打服务热线，出租汽车调度服务中心即可根据乘客所在位置，与附近的空载出租汽车实现三方通话，司机将在第一时间赶往指定地点载客。调度服务中心可通过电子地图所示，了解市区交通拥堵状况并加以合理引导，有效缓解部分道路的交通压力。电话招车在外地早已成功运行，面对这一新做法，出租车司机和出租车公司也纷纷叫好。

（2）人工导航：当出租车司机行驶到不熟悉的路段，司机通过 VPN 集团短号码与监控中心联系，中心会通过系统准确地为司机选择行驶路线，避免出租车多走"弯路"，提高出租车的工作时效。

（3）车辆轨迹回放功能：此功能可以在司机与乘客因为是否绕路发生纠纷时，作为最客观的依据。

（4）抢劫报警：当出租车发生警情后，通过隐秘的按钮发出报警信号，中心工作人员确认警情后会第一时间报警，降低出租车司机安全隐患。

（5）快速施救：如果出租车异地发生故障，通过人工平台，在附近寻找我市入网出租车辆，第一时间积极施救。

（6）偷盗防范：当出租车司机在休息并对出租车的安全感到不放心的时候，可以通过我公司平台设置一定范围，在司机未接触设置的时候，车辆超出范围，中心工作人员会以电话的形式通知司机，预防车辆被盗。

实施方法：以上服务常常涉及省内长途，为降低广大车主日常的通话费用，我公司要求司机常用电话入我公司集团小号（自愿，但不加入我公司集团小号，则不能享受电话招车、人工导航、抢劫报警等服务），司机家属亦可办理小号服务，小号间省内通话免费，让车主、司机、司机家属与公司导航平台等实施免费通话。

注：每个出租车白班和晚班两名司机，2000 台出租车 ×2=4000 个手机用户，不包括车主或司机家属。

收入司机话费	每月	第一年	第二年	第三年	第四年	第五年	小计
1 人	20 元	240 元	240 元	240 元	240 元	240 元	1200 元
2000 人	4 万元	48 万元	48 万元	48 万元	48 万元	48 万元	240 万元

二、合作期限：5 年

三、合作方式：

（1）甲乙双方设备投资情况：

名称	功能	单价（元）	数量	总计（万元）	投资比例	备注
GPS 车载报警系统（GPS 设备 +LED 屏）	人工导航、抢劫报警、快速施救、广告宣传	2850	2000	570	甲方投入 40%	228 万元
					乙方投入 60%	342 万元

上述甲方投入款项（228 万元）甲方首付 30%，其余款项依据乙方开卡数量由甲方按比例支付。

（2）甲方投资回报情况

乙方每月以数据费用回报甲方

年份	台/月返款（元）	月份数	总数	总计/年（万元）
第1年	45	12	2000	108
第2年	40	12	2000	96
第2.5年	20	6	2000	24
合计		30		228

★以上费用由乙方支付甲方，甲方在两年半内回收全部投资，在两年半后乙方每月根据当时流量资费来计算。

例如：每月10元，2000台车计算电信收入：10元×30个月×2000台车=60万元。

以上方案供电信公司参考，有不详尽的地方请向我们反馈。

第十节 安排

一、安排的特点

安排属于计划类文书的一种，所以它不但具有计划类文书的一些共性，而且还有自己的一些特点。

1. 安排的形式简明扼要

安排要简明扼要，眉目清楚，开宗明义，一般不要求写什么前言，也不要写出目标要求、实施措施和完成任务的步骤等，而是择其主要的把所要安排的工作列清，把要求、措施讲明。

2. 安排的事项比较单一

安排的事项比较单一，仅局限于某一项工作内容或者活动，多项工作或活动内容混合在一起的安排比较不常见。安排按照时期划分可以分为周安排、月安排等，这时安排虽然也可以同时讲几项不同的事情，但一般围绕同一中心工作进行，而且所安排事项内容的表达大多数又都是单一的，往往仅提及要点，很少详细阐明，故此说安排的事项比较单一。

3. 安排的时间要求比较短

俗话说"长计划，短安排"，可见，安排的时间要求比较短，有的为"日"安排，有的为"周"安排，有的为"月"安排，有的为不长的"一段时间"安排。

4. 安排的措施要求比较具体

安排的措施比较具体，更为切合实际，实施过程中一般变动不大。

安排的时限往往适用于近期工作，但是长期的计划也用"安排"行文，分析起来，可能有以下两种情况。

- 若某计划缺乏完整的内容，只是对同项工作做些打算，简单地安排一下，则有时不用计划，而用安排行文。

- 该计划未经详细的论证研究，没有经过一定程序的讨论通过，所以用"安排"行文。但是，有些计划很完整，也经过了一定的审批手续，却用"安排"行文，虽然是表示谦虚，实则不太恰当。

二、安排的结构

安排是计划中最为具体的一种格式：由于其工作比较确切、单一，不做具体安排就不能达到目的，所以其内容要写得详细一些，这样容易让人把握。

由于安排的内容是涉及范围较小或单位内部的工作，所以一般有如下两种发文形式。

- 上级对下级安排工作，尽管安排的涉及面较小，也要用"文件头"形式下发。此时"安排"包括"标题"和"正文"两部分。

- 如果是单位内部的工作安排，也可直接下发文件，此时的安排就由"标题""正文""落款及时间"三部分组成。

但不管哪种形式，作为"安排"本身都不该有受文单位，如果必须有，则或者以"文件头"形式下发，或者以"关于……安排的通知"名义下发。

1. 标题

安排的标题可以是"三要素'写法，也可以是"两要素"写法（省略机关名称）。

2. 正文

安排的正文一般由"开头""主体"和"结尾"三部分组成；也有的省略"结尾"，即"主体"结束，正文随之结束。

- 开头

安排的"开头"同计划的开头差不多，或阐述依据，或简明扼要地概述。

◆ **主体**

"主体"是正文的核心，一般包括任务、要求、步骤、措施四方面内容。在结构上编写者可按这四方面内容分项来写；也可把任务和要求合在一起，把步骤和措施合在一起来写；还可以先写总任务，然后按时间先后顺序一项一项地写具体任务，每一项有每一项的要求及措施，其要求及措施要依据工作性质及具体内容来定。但不管采用怎样的结构，其任务都要具体，要求都要明确，措施都要得当。

◆ **结尾**

安排一般不要求像计划、规划那样写结尾，这也是安排行文要单纯、重点要突出的一种表现。

三、安排与方案的比较

方案和安排有共同之处，即写作题材都是单项的工作，只对一项工作做出部署和安排。这也正是方案、安排与规划、设想、计划、要点的根本不同。

二者在内容范围上有大小之分：方案的内容范围适合于上级机关对下级机关或涉及面比较广的工作，安排的内容范围则适合于单位内部或涉及面较小的工作，如《邯郸市关于计划生育的工作安排》。

方案和安排还有一种较为概要一点的写法，叫作"意见"，方案大多称"实施意见"，如《南宁市"十三五"期间社会主义精神文明建设的实施意见》；安排往往称"安排意见"，如《财税系统关于开展增收节支活动的安排意见》。

在此需要说明的是，有些机关把单位内部或涉及面很窄的单项工作计划也称为"方案"，这是不合适的，因为这些工作都比较具体，也并不复杂，只要用"安排"就足够了，如果较具原则性，则可称为"安排意见"。

四、安排的写作要求

● 使用"安排"这一文种，要注意和"计划"区别开。如上文所说，具体使用哪种文种可以从适用时限长短、详细周密程序、事项内容繁简程度来考虑，以免错用。

● 安排写作要开宗明义，不要大谈其意义，要直截了当进入正文。

● 安排事项要重要突出，文字要简练，条理要清楚，语言要肯定。

● 安排措施要具体、切合实际，切忌泛泛而谈。

五、条款式安排范文

【条款式安排范文】

深圳市 2017 年科技工作安排

2017 年，深圳市科技工作将深入贯彻中央和省委、省政府的部署要求，认识、适应、引领经济新常态，以深化科技体制改革为新动力，按照"扬长补短、协同集聚、三链融合、创新驱动"的工作思路，全面实施创新驱动发展战略，以重大创新政策、重大科技专项、重大创新平台、重大人才计划、重大科技基础设施等"五个重大"为主要抓手，深入推进多主体协同创新，积极培育新的经济新增长点，争当国家创新型省份建设排头兵。重点开展以下工作。

（一）着力营造活跃高效的创新创业生态。一是再创科技创新驱动政策新优势。适时召开全省科技创新大会并推出系列创新政策，包括激励企业创新投入的普惠性政策、完善孵化育成体系和新型研发机构扶持举措的引导性政策，以及激励科技人员创新积极性的松绑性政策。推动促进科技成果转化法的立法工作，积极发展技术市场、科技金融和科技服务，切实破除成果转移转化障碍。二是全面深化科技计划管理改革。贯彻国家关于科技计划管理改革的系列部署要求，加快实现科技管理部门职能从科技项目管理向科技创新治理转变，加快推进省科技计划业务管理"阳光再造行动"，力争"阳光政务平台"实现全省科技系统全覆盖。

（二）优化创新驱动发展的空间布局。一是支持广州、深圳等城市率先建成国家创新型城市，充分发挥科技创新中心城市的龙头带动作用。依托广州以"一园多区"模式建设省级自主创新示范区，创建全国科技成果转化试点城市。支持深圳市加快建设国家自主创新示范区，为全国提供创新驱动发展的新经验。支持珠三角其他有条件的城市创建国家创新型城市。二是启动省级创新型城市试点建设工作。重点在粤东西北地区培育若干省级创新型城市，加快集聚技术、人才和成果等创新要素，形成驱动粤东西北振兴发展的创新极。

（三）完善企业技术创新体系。一是实施大型骨干企业研发机构全覆盖行动。推动企业全面建立研发机构。引导企业完善创新投入制度和绩效考核机制。二是全面建设中小微企业公共服务平台。加快创业苗圃、孵化器、加速器建设，重点支持建设面向中小微企业的综合性创新创业孵化器。三是以企业为主体配置创新资源。改革技术创新项目形成机制和支持方式，引导创新资源更多向企业集聚，促进技术、人才等创新要素向企业流动。

（四）做大做强创新型产业集群。一是深入实施重大科技专项。重点聚焦并力争突破计算与通信集成芯片、移动互联关键技术与器件、云计算与大数据管理技术、新型印制显示材料、可见光通信技术及标准光组件、智能机器人、新能源汽车电池和动力系统、3D 打印、干细胞与组织工程等重点领域和关键环节。二是加快建设高新区、专业镇创新型产业集群。推动省级以上高新区加快管理体制机制改革。探索珠三角与粤东西北地区高新区对口帮扶联动发展机制。深入实施"一校一镇""一院一镇"行动。三是大力发展科技服务业。完善扶持科技服务业加快发展的一揽子政策措施。打造一批市场化导向的新型研发机构。在经营性领域，择优选取若干家高校、科研机构等开展技术入股试点。四是重点支持广州南沙、深圳前海、珠海横琴等产业转型升级重大平台建设。

（五）推动多主体协同创新。一是提升省部院产学研合作层次和水平。完善省部省院会商机制，深化与央企及其所属科研院所的创新合作，加快引入国防科工系统创新资源。以高新区、专业镇、孵化器等创新载体为依托，重点建设一批重大研发基地，推进一批产学研合作重点项目。二是实施国际科技合作提升计划，重点加强与欧美、以色列等创新型国家或地区的合作，面向东盟打造"海上丝绸之路"科技交流合作桥头堡。扎实推进粤港科技创新走廊、深港创新圈建设。三是加速科技金融产业融合发展。大力发展科技银行、科技支行、科技小额贷款、科技保险等金融机构，完善创业投资、天使投资、种子基金、区域性柜台交易试点等服务体系。四是提升省市联动和部门协同合作水平。

（六）增强源头创新的供给能力。一是实施原始创新能力培育计划。扩大省自然科学基金规模带动高校和科研机构建设一批基础研究和应用研究平台。加快培育发展新型研发机构。二是推进珠三角大科学工程创新体系建设。加快建设国家重大科技基础设施建设，布局相关应用型科研机构。三是打造创新创业人才高地。推进实施珠江人才计划、扬帆计划等重大人才计划，推进实施高层次人才特殊支持计划。继续承办中国创新创业大赛××赛区活动，举办"两岸四地"大学生创新创业大赛。四是创新重大科技基础设施建设共享机制。探索全省大型仪器设备开放共享的市场化运营新机制。

六、表格式安排范文

【表格式安排范文】

每日工作安排表　　2017 年 3 月 25 日第二版，印数：1000 本
深圳市新美科电子有限公司
SHENZHENCOKO–TECHELECTRONICCO.，LTD
本月工作目标：请在上个月底以前填写（以提高收入和降低成本为目标，必须做到数字化和精准化）。
具体措施和方法：（必须做到数字化和精准化）
姓　　名： 工作部门：
职　　位： 直接上属：

时间：2017 年 1～11 月，12 月 1 日至 31 日
备注：本表格每个月为一个周期，一线会议管理人员每周开总结会时当场检查表格，每天开晨会互查本表格，每天开夕会制定部分工作到本表格。本表格可以用于绩效评分参考，丢失本表者记小过一次，一年为连续两次丢失或累计三次丢失本表者记大过一次。
绩效评分及评语：（公司必须制定合理的组织架构图并做好权责利分配，必须把公司工作任务分解到每一个人，上级必须每月 5 日以前检查和批阅上月直接下属每日工作安排表，并检查本月工作目标和上月工作总结内容。）

| 上级考核：
时　　　间：　　年　　月　　日
总经理确认：
时　　　间：　　年　　月　　日 |

科目	态度	品质	执行	效率	本职	总分	当事人自我简评及签名：
分值							时间：　年　月　日

| 备注：每个科目分值为 0～20 分，总分为 100 分，态度指是否以积极心态工作并遵守厂纪厂规和服从上级管理，品质指的是工作失误率，执行指的是每日工作计划的执行力，效率指的是上级和自我分配任务完成率和时间的使用效率，本职为工作技能、领导力和服从力。管理人员绩效总分超过 80 分给予 300 元绩效奖；生产员工绩效总分超过 90 分者可评为优秀员工，给予 100 元红包以示奖励；管理人员绩效总分超过 90 分者可评为优秀干部，给予 400 元绩效奖金和 200 元红包以示奖励；连续 3 个月绩效考核低于 60 分者按员工手册内容给予降职、降薪或辞退处理。（每日工作任务必须有一定挑战性，管理人员每日和每月工作任务挑战性弱者给予 60～80 分绩效评分，没有任何绩效奖金，生产员工每日和每月综合工作任务挑战性弱者按员工手册内容给予通告或辞退。公司所有正式员工必须在员工手册上签字并经公司存档后方可入职并签订劳动合同，关键职位员工必须签订保密协议和竞业协议，没有签订以上资料的员工必须补签以上资料，以上未尽事宜以员工手册为准。） |

第十一节　规划

　　规划是一种时间跨度长（5 年以上）、范围广、内容比较概括的计划，是为完成某一任务而做出比较全面的长远打算的公文，是计划的一个种类，属于应用写作研究的范围，如《福州市城市建设总体规划》《沪东重型机械厂发展十年规划（2015—2025）》《华西村经济社会"十三五"发展规划（草案）》。

一、规划的特点

规划是广义计划文案的一种，其基本结构、内容、要求与计划相同。其自身的特点主要表现在以下几个方面。

1. 时间跨度大

一般的工作计划大都以年为计，如《重庆市市政府 2017 年经济发展计划》《江苏省苏州市环保局 2017 年工作计划》；而规划的时间界限一般在 5~10 年，如《赣州市国民经济和社会发展第十三个五年规划纲要》。

2. 内容概括性强

因为时间跨度大，因此规划的目标任务、措施要求等比一般计划的概括性要强，不可能像计划那样具体，更不可能落实到基层车间班组。规划提出的措施也比较具有原则性。

3. 内容更有前瞻性和预见性

规划安排的任务和措施都在 5 年以上，因此必须提高调查研究、科学预测和决策的质量，并在科学预测和决策的基础上提出规划的具体内容。如果没有高瞻远瞩的目光，没有深谋远虑、洞察未来的能力，规划的内容就会脱离实际，就会与客观环境的发展变化有很大的距离，这样的规划就失去了指导工作的价值。

4. 与年度计划和专项规划配合使用，形成综合滚动管理模式

规划是一种纲领性的文件，提出的目标时间长且包含范围广，因此必须有与之配套的年度计划和专项规划才能使其充分发挥作用。例如，《大连市（2015—2020）五年发展规划》出台以后，具体的部门还要制订 2015 年、2016 年、2017 年等各年的计划，以及未来五年内工业、农业、环保、教育、市政与建设等的发展规划与计划，使之与规划形成互相配合、互相补充、滚动管理、综合生效的体系，这样才能确保规划任务的落实。

二、规划的写作

规划由标题、正文和结尾组成。

1. 标题

规划的标题由规划制作单位、规划内容、规划时限和文种组成，如《广东省疾病

防治工作十年规划（2015—2025）》。

2. 正文

规划的正文一般都比较长，因此其目录、大标题、小标题必须突出鲜明。正文中应当写明以下内容。

◆ **背景分析和指导思想**

这是制定规划的依据，因此不能简单地罗列，而应认真地综合分析宏观环境和微观条件，找出有利因素和不利条件，并提出明确的指导思想。这能使规划提出的目标建立在科学可靠的基础上。

◆ **目标要求和努力方向**

这是规划的主题和核心，是回答"做什么"和"怎样做"的问题，此处提出的任务要明确，措施要有力。这部分一般采取"并列式"结构，即在各自的任务后分别提出措施。

3. 结尾

在规划的最后，提出富有号召力、简短有力的远景展望，以结束全文。

三、规划范文

【规划范文】

华城公司三年发展规划

为更好地适应市场变化，正确定位企业的奋斗目标，实事求是地规划企业建设和发展前景，充分发挥企业现有的资源优势和潜力，不断激励制度创新和管理创新，增强企业凝聚力，鼓舞职工士气，全面推进企业规模发展、快速发展，结合公司当前的发展趋势，特制定三年发展规划。

一、基本情况

我公司通过近几年的发展，目前已发展成为全国规模最大的专业生产陶瓷酒瓶的基地，现有员工近千人，与武汉理工大学、景德镇陶瓷学院建立了长期的信息、技术及人才等方面的合作与交流，被酒文化专业委员会、中外酒器协会命名为"中国陶瓷酒瓶生产基地"，产量、产值、销售收入与同期相比，各项指标平均增长了30%。

二、指导思想

以党的十八届四中、五中、六中全会精神为指导，继续深入贯彻"三个代表"重要思想和科学发展观的重要论述以及习近平总书记系列重要讲话精神，坚持以企业发展为主线，以科学管理为重点，以深化改革为动力，以加强党建和思想政治工作为保证，以"做实基础、做精项目、做强企业"为目标，全面提高企业的综合实力，努力把公司建设成为行业内一流先进企业。

三、总体目标

根据我县"坚持大上工业，上大工业不动摇"及利用高新技术和先进适用技术改造提升传统产业、大力发展高新技术产业的总体思路及县委县政府的指示精神，我公司今后三年的总体目标是：

1. 2017年，我们计划在东开发区征地120亩，投资8000万元，建设"年产7500万件陶瓷酒瓶项目"，项目投产后可实现销售收入2.1亿元；

2. 加强与景德镇陶瓷学院开展信息与技术研发合作，完善国家陶瓷包装行业标准；

3. 招贤纳士，提高企业的核心竞争力；

4. 以陶瓷包装为龙头，为客户提供瓶盖、木盒等全方位的服务，实现立体包装；

5. 工艺革新。改造传统的人工注浆成型方式，建成自动化注浆成型生产线项目，开创陶瓷注浆成型的先河，提高产品的质量与档次；

6. 学习先进的管理理念和方法，全面提升全员素质，建设好具有"安华"特色的企业文化。

总之，我们计划在三年内，总产量力争达到1亿件，销售收入3亿元，利税3000万元，从而做大做强陶瓷酒瓶及文化产业。

四、工作措施

1. 改进生产技术，提高生产效率。

我们公司为传统的劳动密集型企业，企业要想加快发展，出路在哪里？只有依靠科技创新，提升科技含量，改进生产技术，才能提高产品的市场竞争力，将传统工业发扬光大。今后我们要加强与景德镇陶瓷学院在信息、技术及人才等方面的合作与交流，引进国内最先进的陶瓷酒瓶注浆设备，变传统的人工注浆为自动化注浆，同时实施黄河冲击泥沙资源土利用技术、窑炉余热利用技术、快速制膜技术等几项综合节能项目。

2. 进一步做好人才引进工作，提高公司的核心竞争力。

科学技术是第一生产力，企业只有坚持引进人才、培养人才、多策并举，才能为企业的发展留足后劲，所以我们要进一步招贤纳士，高薪聘请专业技术人才，同时做好育人、留人、用人三篇文章，以人文关怀增强企业的向心力和凝聚力，为人才发挥聪明才智创造良好的环境。技术部人员要主动出击，进行市场调研，采取"走出去，请进来"的办法，寻求技术上的新突破，努力提升产品档次，争取更大的市场份额，全面提升企业的核心竞争力。

3. 创建学习型企业，全面推进企业文化建设。

首先，大力开展企业文化建设的培训工作，开展生动活泼的各种活动，努力将企业理念、企业精神等系列思想熔铸到员工的日常工作及生产行为中。其次，进一步解放思想、转变观念，把"要我学习"变成"我要学习"，对员工进行专业技能及管理制度等多方面的学习与培训，同时通过外聘专家来公司诊断、咨询，进行系统的学习培训，努力提高中层管理人员及全体员工的综合素质。最后，强化执行力，努力使全员的思想觉悟与公司的战略目标保持一致，形成具有"安华"特色的企业文化。

4.树立品牌意识，启动公司网站建设和宣传工程。

公司在达到一定规模后必须宣传自己、推销自己。恰如其分的宣传造势，会给企业发展带来更多的市场、机遇和信息，扩大企业在本行业、本地区乃至全国的知名度和影响力，扩大市场份额。因此，公司将加大自我包装宣传的力度，积极主动地利用各种合适的媒介和载体，特别是加强建设公司自己的宣传网站并与别的网站加强沟通，相互链接，从而达到宣传自己的目的。

公司三年发展规划及工作目标，任务艰巨，责任重大，前景光明。在县委县政府的正确领导下，坚持"顾客至上，质量至上，信誉至上"的宗旨，全体员工尽职尽责、扎实工作，我们一定能够再上台阶，再创佳绩，再创新的辉煌！

第十二节　商业计划书

商业计划书是为着一个既定目的（一般为融资），经深思熟虑，以数据、个案、事实为基础，预测在一定条件、资源的配合下，创造出可观回报的生意的一份蓝图。它本身虽然存在不少的不确定因素，但却通过具有说服力的语言及行动方案，让阅读者（其中大部分是投资者）能对其内容充分了解，并投下信任的一票。一份优秀的商业计划书能让人相信，只要按"计划"行事便能成功。

商业计划书应能反映经营者对项目的认识及取得成功的把握，它应突出经营者的核心竞争力；至少要能反映经营者如何创造自己的竞争优势，如何在市场中脱颖而出，如何争取较大的市场份额，如何发展和扩张。种种"如何"是使商业计划书更具说服力的重要因素。若只有远景目标、期望而忽略"如何"，则商业计划书便只是"宣传口号"而已。

一、商业计划书的要素

1. 执行摘要

执行摘要出现在商业计划书的最前面，不过这部分也可标注在最后。

2. 公司简介

公司简介包括公司的注册情况、历史情况及启动计划。

3. 产品服务

产品服务主要描述本公司产品或服务的特殊性及目标客户。

4. 策略推行

经营者若想做好这部分，需要知道自己的市场、客户的需求、客户在哪里以及怎样得到他们。

5. 管理团队

管理团队部分描述主要的团队成员。

6. 财务分析

这部分内容要真实地反映本公司现在的财务状况，包括现金情况和盈利状况。

二、商业计划书的结构

虽然企业的商业计划书不一定需要一个固定的模式，但其编写格式还是相对标准化的，这些格式涵盖了一个商业计划书最需要回答的问题的层面，得到了众多专家和实践者的一致公认。一个企业自身的商业计划和一个给潜在投资者递交的商业计划书可能在形式上或诉求重点上都略有差异，但其实质和根本应该是完全一致的。大致而言，任何一个商业计划书都必须仔细审视并分析描述企业的目标、所处的产业和市场、所能够提供的产品和服务、会遇到的竞争、对手的管理和其他资源、如何满足顾客的要求、长期优势以及企业的基本财务状况和财务预测。

1. 封面和目录

商业计划书的封面看起来要既专业又可提供联系信息，如果是递交给投资人的，则最好能够美观漂亮，并附上保密说明；而准确的目录索引则能够让对方迅速找到他们想看的内容。

2. 行政性总结

这是一个非常重要的纲领性前言，主要是概括介绍企业的来历、性质、目标和策略，产品和服务的特点，市场潜力和竞争优势，管理队伍的业绩和其他资源，企业预期的财政状况及融资需求等信息。

3. 企业描述

本部分应对企业的历史、起源及组织形式进行介绍，并重点说明企业未来的主要目标（包括长期和短期），企业所提供的产品和服务的知识产权及可行性，这些产品和服务所针对的市场以及当前的销售额，企业当前的资金投入和准备进军的市场领域及管理团队与资源。

4. 市场分析

本部分应描述企业所在行业的市场状况，指出市场的规模、预期增长速度和其他重要内容，包括市场趋势、目标顾客的特征、市场研究或统计、市场对产品和服务的接受模式和程度。经营者要让投资者确信这个市场是巨大且不断增长的。

5. 竞争分析

本部分应明确指出与企业竞争的同类产品和服务，分析竞争态势和确认竞争者信息，包括竞争者的身份、来源和所占市场份额，他们的优点和弱点，最近的市场变化趋势等；同时认真比较企业与竞争对手的产品和服务在价格、质量、功能等方面有何不同，解释本企业为什么能够赢得竞争。

6. 产品和服务

本部分应列举企业当前所提供的产品和服务类型，以及将来的产品和服务计划；陈述产品和服务的独到之处，包括成本、质量、功能、可靠性和价格等，指出产品所处生命周期或开发进展。如果本企业的产品和服务有独特的竞争优势，应该指出针对该产品的保护性措施和策略。

7. 财务计划

本部分应包括企业的实际财务状况，预期的资金来源和使用方向，资产负债表，预期收入（利润和亏损状况）以及现金流量预测等。这部分内容是商业计划书的关键部分，经营者在制定过程中最好能寻求会计师和其他专业人士的帮助。财务预测的设想总是先于实际的数字，所以，该预测要现实合理并且可行。

8. 附录

这部分应附上关键人员的履历、职位，组织机构图表，预期市场信息，财务报表以及商业计划书中陈述的其他数据资源等。

三、商业计划书的写作要求

1. 关注产品

在商业计划书中，经营者应提供所有与企业的产品或服务有关的细节，包括企业所实施的所有调查。这些调查包括：产品正处于什么样的发展阶段；它的独特性怎样；企业分销产品的方法是什么；谁会使用企业的产品、为什么；产品的生产成本是多少、售价是多少；企业发展新的现代化产品的计划是什么。

经营者要把投资者拉到企业的产品或服务中来，这样投资者就会和风险企业家一样对产品有兴趣。在商业计划书中，应尽量用简单的词语来描述每件事。

2. 敢于竞争

在商业计划书中，经营者应细致分析竞争对手的情况。这些情况包括：竞争对手都是谁；他们的产品是如何生产的；竞争对手的产品与本企业的产品相比，有哪些相同点和不同点；竞争对手所采用的营销策略是什么。经营者要明确每个竞争者的销售额、毛利润、收入以及市场份额，然后再讨论本企业相对于每个竞争者所具有的竞争优势，要向投资者展示顾客偏爱本企业的原因。

商业计划书要使它的受众相信，本企业不仅是行业中的有力竞争者，而且将来还会是确定行业标准的领先者。在商业计划书中，经营者还应阐明竞争者给本企业带来的风险以及本企业所采取的对策。

3. 了解市场

商业计划书要给投资者提供企业对目标市场的深入分析和理解。要细致分析经济、地理、职业以及心理等因素对消费者选择购买本企业产品这一行为的影响，以及各个因素所起的作用。商业计划书中还应包括一个主要的营销计划，计划中应列出本企业打算开展广告、促销以及公共关系活动的地区，明确每一项活动的预算和收益。商业计划书中还应简述企业的销售战略：企业是使用外面的销售代表还是使用内部职工；企业是使用转卖商、分销商还是特许商；企业将提供何种类型的销售培训。此外，商业计划书还应特别关注一下销售中的细节问题。

4. 表明行动的方针

企业的行动计划应该是无懈可击的。商业计划书中应该明确下列问题：企业如何把产品推向市场？如何设计生产线、如何组装产品？企业生产需要哪些原料？企业拥有哪些生产资源，还需要什么生产资源？企业生产和设备的成本是多少？企业是买设备还是租设备？商业计划书还应解释与产品组装、储存以及发送有关的固定成本和变动成本的情况。

5. 展示管理队伍

把一个思想转化为一个成功的风险企业，其关键因素就是要有一支强有力的管理队伍。这支队伍的成员必须有较高的专业技术知识、管理才能和多年工作经验。管理者的职能就是计划、组织、控制和指导公司实现目标的行动。在商业计划书中，经营者应首先描述一下整个管理队伍及其职责，然后再分别介绍每位管理人员的特殊才能、特点和造诣，细致描述每个管理者将对公司所做的贡献。此外，商业计划书中还应明确管理目标以及组织机构图。

6. 出色的计划摘要

商业计划书中的计划摘要也十分重要。它必须能让受众感兴趣并渴望得到更多的信息，它将给受众留下长久的印象。计划摘要是风险企业家所写的最后一部分内容，但却是投资者首先要看的内容，它从计划中摘录出与筹集资金最相关的细节，包括对公司内部的基本情况、公司的能力以及局限性、公司的竞争对手、营销和财务战略、公司的管理队伍等情况的简明而生动的概括。如果公司是一本书，它就像是这本书的封面，做得好就可以把投资者吸引住。

7. 周详的退身之路

无论投资的最后结局如何，投资者都会十分关心周详的退身之路这一问题。很明显，如果投资效果不好，投资者便想收回投资；即使投资效果很好，他们也不愿意在公司中长时间拥有产权，迟早要散出投资。每一个投资者的既定目标都是要把原投资变为可周转的银行现金。因此，商业计划书中必须明确指出投资者的退身之路，如公司股票上市、股权转让、回购等退身措施。

四、商业计划书范文

【商业计划书范文】

商业计划书

第一部分　执行概要

1. 企业基本情况

本公司是一家正在创建的专门从事个人形象设计的公司。随着人们生活水平的不断提高和改革开放的不断推进，越来越多的人意识到提升个人形象着实有助于人际关系的改善和事业的成功。与目前已存在的面向名人和演员的形象设计公司不同，我们将市场定位于即将毕业的大学生和白领人士，以帮助他们实现职业形象的塑造。为此，我们拟将公司设在高校和商业住宅密集的文一路上，这里的年轻人更能接受现代个性化的服务，将公司设立于此也能保证他们方便地到本公司来进行包装。我们有着一群优秀的色彩、服饰专业设计师，能根据顾客的气质风格、性格、喜好、经济承受力，为顾客提供一套形象设计方案，并根据顾客的要求建立长期服务关系。我们更有一群富有热情并致力于经营这家公司的管理人员。李颜菲是一名出色的营销专家，她将出任公司的营销主管；廖西平是一位财务方面的专家，她将出任本公司的财务主管。此外，我们还聘请了法律顾问。

2．投资安排

公司的创建需租用写字楼 200 平方米，由于地处文一路，月租金为 3 万元，连同装修、设备费用共需投资 50 万元。几位经理人员共投资 20 万元，尚需融资 30 万元；外部投资者可获得 40% 的股份，并且我们将采用二次融资的方法，在 5 年内偿还这笔投资。我们预计公司第一年的收入可达 22.8 万元，投资回收期约为 4 年。

第二部分　市场分析

1．服务需求调查

通过对在校大学生和白领人士的抽样调查，我们发现分别有 35% 和 50% 的人表示需要有专人为他们进行形象设计。

杭州现有 30 多所高校，在校大学生约为 30 万人，估计在 2016 年将达到 60 万人以上，2015 年全省应届大中专毕业生和研究生达到 9.6 万人。随着就业压力的增大，给面试官留下一个好印象显得十分重要，相信会有越来越多的大学生走进我们公司。而今，越来越多的白领脱下了职业装，换上了个性十足的服饰，即所谓的"星期五便装"。然而上班毕竟不同于逛街或居家，也不能任其发挥到无所顾忌的状态。就办公室的着装来说，既要保证大方得体，有时尚感，又不可过分张扬，这使我们的形象设计师又有了施展才能的机会。据估计，将有 6 万左右的白领人士选择专业设计师为他们进行设计。

2．价格需求调查

大学生由于经济实力有限，与白领所能承受的价格相差较大。大学生能承受的价位在 1000 元以下，主要集中在 300~500 元，而白领阶层则集中在 1000 元左右。我们将根据他们不同的消费能力，制订出适合他们的不同的方案，在最大程度上满足他们的要求。

3．竞争调查

据我们的调查，在杭州，绝大多数的形象设计公司针对的是企业形象设计、产品形象设计，真正从事个人形象设计的只有几家。

毛戈平形象设计工作室、爱情故事形象设计中心等定位于著名演员和高消费人群，收费高达几千元，与我们并不存在直接的竞争。爱情故事理容广场地处武林路，营业面积 1300 平方米。广场设有三个楼层：一层为顾客接待区、发型师美发区和技师工作区；二层设有宽敞的洗发区、专业美容区以及地下的培训区。专门针对时尚人群的主要业务为美容美发设计。而本公司则主要为顾客提供整体形象的设计方案，并根据不同顾客的要求，提供不同的服务，即"个性化服务"，包括色彩、服饰、仪态、形体等多方面的服务内容。

而另外的形象设计室其实是美容美发店或是服装店的附加业务，尚未形成规模，影响不大。因此可以说，普通人的形象设计市场尚无人问津。下表显示了我们的竞争地位。

竞争对手比较：毛戈平形象设计室，爱情故事形象设计中心，小型形象设计室，倾城之阳形象设计公司
市场定位：演员和高消费人群、时尚人群，散客大学毕业生和白领阶层
收费水平（平均）2000 元以上，1000 元左右，400 元左右
服务内容：化妆、服饰、美容美发或服饰色彩、服饰、仪态、体形

4. 市场预测（市场规模、市场前景及增长趋势分析）

服务的购买力预测：在这项新型服务投入市场之初，顾客尚不熟悉，而我们是根据顾客的经济实力来制定设计方案的，因此，开始的顾客购买力是较弱的，或者说他们可能不会选择全套的设计方案，而只选择其中的几个部分。但经过一段时间的推广，顾客逐渐熟悉了该项服务，认识到只有全套的设计才最有效的时候，顾客的购买力就会增长。

服务内容的预测：随着形象设计服务的深入人心，本公司将根据顾客的要求适当拓宽业务，开展各项培训活动，如美化形体培训、提高气质风度的培训等。

市场占有率预测：现阶段开办的形象设计公司可以说抓住了形象设计领域的先机，可以肯定的是，一定会有更多的公司想进入该市场分一杯羹。本公司的优势是以优良的服务从顾客毕业的那一年起为顾客提供长达 5~15 年甚至更长时间的服务。关键是让所有的在校大学生了解我们公司、信任我们公司，我们的目标是每当人们照镜子时就能想到倾城之阳。估计我们的市场占有率可达 30% 左右。

资源预测：人力资源是本公司的发展源泉，随着顾客的增多，我们必将聘请更多的中高级设计师和设计员。根据我们的调查，杭州现有形象设计学校一家，上海有两家，北京、广州两地有 20 多家，相信我们可以从中挑选出优秀的设计新星。

5. 营销计划

营销战略：我们针对大学生有限的经济实力，提出"美丽其实很廉价"的口号，从而使他们在心理上消除价格顾虑。而针对白领阶层，我们将采取"定制营销"，把每一位顾客都作为一个单独的市场，根据个人的特定需求进行营销组合，以满足每位顾客的特定需求。

定价策略：我们没有统一的价格，但有明确的价格套餐，即包含不同内容的服务的价格是不同的。对于大学生，往往只需要服饰、仪态方面的设计，而白领阶层则需要全套的设计方案，因此，定价是有差别的。我们的服务是划期签订合同，客户按总金额的 50% 交我方对客户服务所需要的费用。待到期后客户按照双方的合同，综合评定，看我们为客户所提供的服务是否为客户创造了价值。如果客户觉得我们的服务没有价值，用户可以要求全额返还。我们还将建立会员制，按季节、年份提供不同的优惠（打 8 折和 9 折）。

推销手段：鉴于该项服务的特殊性，我们的营销人员要一改普通营销人员的形象，要有一定的气质风度来代表我们公司的形象。我们要派推销员深入高校和企业，与顾客面对面地进行推销，定期举办讲座和推广会；免费为部分顾客做色彩和服饰方面的设计，免费赠送印有本公司电话、地址的小礼品；联系各大高校的协会、俱乐部，做赞助商以打响品牌；与企业建立良好的公共关系。

第三部分　经营管理

股东结构：

目前公司主要股东情况：

股东出资额、出资形式、股份比例	
×××8万元现汇 40%	0571-88922×××
×××8万元现汇 40%	0571-88922×××
×××4万元现汇 20%	0571-88922×××

公司董事和主要管理人员之间无亲属关系，公司不存在关联经营和家族管理问题；公司董事、管理者与关键雇员之间不存在利益冲突。

本公司共有全职职工 13 人，兼职职工 3 人。全职人员包括设计人员、会计师和统计分析。总经理 ××× 兼管人力资源，同时还担负训练和指导公司的销售人员的责任。××× 将出任项目设计方面的主管并担任总形象设计师。××× 将对本行业的发展情况以及顾客的需求进行持续的分析，制定出符合市场需求的活动项目，并负责公司的广告和宣传业务。推销的工作将由一位正式雇员处理，早晨和晚上将由三名正式推销员来经营。二名临时雇员协助处理电话，回答顾客的各种问题。几位经理人员已签署一项合同约定：他们从加入倾城之阳之日起将至少为本公司服务 5 年；如果任何一位将来离开本企业，那么从离开之日起 5 年之内将不能从事与本公司有竞争性的业务。事实上，这几位创始人对创办本公司投入了大量的人力和资金，他们将会致力于创办一个成功的形象设计公司。

报酬：

三位创始人前 5 年的工资收入定为 3 万元／每年，这与目前这个行业同等职位人员的工资水平相比稍低。其他全职人员的工资根据不同职位，将根据其拉来的客户数提成和基本工资之和及附加各种福利（如医疗、人寿保险等）计算；工作满 1 年以上者，每年可享受两周假期。兼职雇员将由主管人员指导，工资为每小时 5 元。根据有关专家的经验，我们的工资水平在本地区是有竞争力的。

激励方案：

本行业中培养高素质的雇员是维护老顾客的途径之一。对于正式和临时的推销员的培训将是一个持续不断的工作。管理人员打算为雇员提供广泛的项目训练和定向训练，我们的雇员将接受包括产品知识、经营时间、电话交谈技巧、了解会员合同以及公司的规章制度的培训。我们的培训计划比竞争者更为系统和正规。优秀的员工可送到著名学府进修；建立升级淘汰制，使每位员工都能看到升迁的机会；3 年或 5 年后，开设分店，使优秀的设计师和营销人员都有机会成为主管。

人力资源：我们可以与高校一起建立一个招收学生雇员的计划，这个计划将使公司拥有一批年轻、热情的临时雇员，这些雇员可以工作二到四年。

公司的法律事务将由杭州海通律师事务所负责处理，该事务所有丰富的经验和良好的信誉。

第四部分　企业操作计划

选择地点：××××××

营业时间：上午 8：30 ～ 11：30；下午 1：30 ～ 7：30。每天营业 9 小时。

服务介绍：

倾城之阳将秉承"紧跟时代，打造生活"的艺术理念，遵循以"客户为本"的原则，周全、细致地了解每位顾客的自身需求、感受和生活方式，从服装服饰、化妆、发型、肢体语言、礼仪等方面度身制订出个性化的形象分析和实施计划。服装顾问将帮助客户进行衣橱的分析整理，根据客户的预算制定购置计划或进行陪同购物；专业形象顾问的主要工作是塑造完美的整体形象，根据客户的体形、身材等外貌上的特征，以及客户的实际需求、年龄、职业、个性、生活形态等，建立配合个人特质的个人风格，明确地呈现出一个人与其他人的不同之处，并搭配各种场合，为他们设计不同的形象。

具体内容：

精美的装饰品设计；个性化发型设计、健康体形设计；个人最佳服饰颜色搭配设计、公共场合自我表现技巧设计；五官造型化妆设计、个人形体设计；具有时代感的服装服饰设计和声音魅力设计，等等。

发展计划：

采用会员制。开业之初，为了高效率地向我们的目标市场传递信息，我们将与几个深受学生欢迎的广播电台签订广告合同，广播的广告费用估计是每半分钟 500 元（黄金时间）。我们还将联系各高校的协会组织，把我们的广告夹在其宣传信件中发出，使学生了解会员的优惠之处。为了吸收会员和增加收入，我们将在开放前进行吸收会员的促销活动。我们一次性入会费是每人 600 元，月费是 60 元；会员在交付入会费和月费之后，可免费参加任何由本公司支持赞助的培训活动。在吸收了第一批会员之后，我们将在地方报纸上登广告；直接邮寄也是我们的长期策略之一；我们还将利用打电话的方式与个人联系。

第五部分　财务状况

会员预测

本公司的各项计算采取了比较保守的前提。根据我们所做的市场调查，估计预售会员可达 50 人。在考虑了约 30% 的会员退会率的情况下，五年内仍会有平均 20% 左右的年增长率。本公司尚需融资 30 万元，用于聘请优秀的设计师和营销人员，以及设计软件的购买。

投资方的监督和管理权力：投资方有权参与公司的经营管理，公司定期将财务报表报送至投资方。

退出方式：3 年后，本公司将进行二次融资；如不顺利，本公司将回购股份。

保密承诺

本商业计划书的内容涉及本公司商业秘密，仅对有投资意向的投资者公开。本公司要求投资公司项目经理收到本商业计划书时做出以下承诺：妥善保管本商业计划书；未经本公司同意，不得向第三方公开本商业计划书涉及的本公司的商业秘密。

第十三节　创业计划书

准备创业计划书是展望项目的未来前景、细致探索其中的合理思路、确认实施项目所需的各种必要资源、再寻求所需支持的过程。其主要作用是帮助投资者对企业或者项目进行判断，从而使企业获得融资。

一、创业计划书的内容

通常创业计划书的最前面需要写一页左右的摘要，接下来是创业计划书的具体章节，一般分为 10 章。

1. 事业描述

必须描述所要进入的是什么行业、卖什么产品（或服务）、哪些是主要客户；所属产业的生命周期是处于萌芽期、成长期、成熟期还是衰退期；企业要采用独资还是合伙形式或公司的形态；打算何时开业、营业时间有多长，等等。

2. 产品服务

需要描述产品和服务到底是什么、有什么特色；产品与竞争者有什么差异，如果并不特别则要说明为什么顾客会购买。

3. 市场

首先需要界定目标市场在哪里，是既有的市场、已有的客户，还是在新的市场、开发新客户；面对不同的市场、不同的客户，有什么不同的营销方式；在确定目标之后，决定怎样上市、促销、定价等，并且要做好预算。

4. 地点

地点的选择可能对一般公司的发展影响不是很大，但是如果要开店，店面地点的选择就很重要。

5. 竞争

下列情况尤其要做竞争分析：要创业或进入一个新市场时；当一个新竞争者进入自己所在经营的市场时。经营者最好是随时随地做竞争分析，这样最省力。

竞争分析可以从五个方向去做：谁是最接近的五大竞争者；他们的业务如何；他们与本公司业务相似的程度如何；从他们那里能学到什么；如何做得比他们好。

6. 管理

中小企业 98% 的失败源于管理的缺失，其中 45% 是因为管理缺乏竞争力，这个问题很难找到有效的解决之道。

7. 人事

要考虑人事需求，并具体考虑需要引进哪些专业技术人才、全职还是兼职、薪水如何计算、所需人事成本如何等。

8. 财务需求与运用

考虑融资款项的运用、营运资金的周转等，并预测未来几年的资产负债表、损益表和现金流量表。

9. 风险

不是说有人竞争就是风险，风险可能是进出口汇兑的风险、餐厅火灾的风险等，并考虑如何应对风险。

10. 成长与发展

下一步要怎么做、几年后如何，这也是创业计划书所要提及的问题。企业是要能持续经营的，所以在规划时要能够做到多元化和全球化。

二、创业计划书的特点

1. 结构合理

投资者应当能够在计划书中找到他们所关注问题的答案，要能够很容易地找到他们特别感兴趣的话题。这就要求创业计划书必须有一个清楚的结构，使受众能够灵活地选择他们想要阅读的部分。

2. 让大众也能读懂

一些创业者相信他们可以用丰富的技术细节、精心制作的蓝图以及详细的分析给投资者留下深刻的印象。实际上，只在极少数情况下，会有技术专家详细地评估这些数据。大多数情况下，简单的说明、草图和照片就足够了。如果创业计划书中必须包括产品的技术细节和生产流程，那么创业者就应当把它们放在附录中。

3. 客观地说服投资者

尽量使自己的语气比较客观，使投资者有机会仔细地权衡计划书中的论据是否有说服力。

三、创业计划书范文

【创业计划书范文】

快餐店名称：玛德利潮流快餐连锁店

公司经营人员介绍：张辉，李杰，刘毅可，路浩

一、公司概述

本店主要针对的客户群是大学生、邻近居民以及打工人员。经营面积约为 50 平方米，主要提供早餐、午餐、晚餐以及特色冷饮和休闲餐饮等。早餐以浙江等南方小吃为主打特色，当然北方小吃也是少不了的。店内食品品种多，口味全，营养丰富，使就餐者有更多的选择。午餐和晚餐则有南北方不同口味的菜式。同时还提供各种冷饮，如果汁、薄冰、冰粥、冰豆甜汤、冰冻咖啡、水果拼盘等。本店采用自助快餐的方式，使顾客有更轻松的就餐环境与更多的选择空间。

二、快餐店概况

1. 本店属于餐饮服务行业，名称为玛德利潮流快餐店，是合资企业。主要提供中式早餐，如油条、小笼包等各式中式点心和小菜，午餐和晚餐多以炒菜、无烟烧烤为主。

2. 玛德利潮流快餐店位于南大街商业步行街，开创期是一家小型快餐店，未来将逐步发展成为像肯德基、麦当劳那样的中式快餐连锁店。

3. 聘请有多年经验的厨师，以我们的智慧、才能、专业管理知识和对本事业执着的心，本店一定会在本行业内独领风骚。

三、经营目标

1. 由于地理位置处于商业街，客源相对丰富，但竞争对手也不少，特别是本店刚开业，想要打开市场，必须在服务质量和产品质量上下功夫，并且要进一步扩大经营范围以满足消费者的不同需求。短期目标是在南大街商业步行街站稳脚跟，争取 1 年收回成本。

2. 本店将在 3 年内增设 3 家分店，逐步发展成为一家经济实力雄厚并有一定市场占有率的快餐连锁集团，在岛城众多快餐品牌中闯出一片天地，并成为餐饮市场的知名品牌。

四、市场分析

1. 客源。都市快餐店的目标顾客有：到南大街商业步行街购物、娱乐的一般消费者，约占50%；附近学校的学生、商店工作人员、小区居民，约占50%。客源数量充足，消费水平为中低档水平。

2. 竞争对手。玛德利潮流快餐店附近共有 4 家主要竞争对手，其中规模较大的 1 家，其他 3 家为小型快餐店。这 4 家饭店经营期均在 2 年以上。××快餐店中西兼营，价格较贵，客源稀疏。另外 3 家小型快餐店卫生情况较差，服务质量较差，就餐环境拥挤脏乱。本店抓住了这 4 家快餐店现有的弊端，推出"物美价廉"等营销策略，力争在激烈的市场竞争中占有一席之地。

五、经营计划

1. 快餐店主要是面向大众，因此菜价不太高，属中低价位。
2. 大力开发便民小吃，早餐要品种繁多、价格便宜，因地制宜地推出中式早餐套餐。
3. 午晚餐提供经济型、营养丰富的菜肴，并提供一个优雅的就餐环境。
4. 随时准备开发新产品，以适应变化的市场需求，如本年度的目标是开展"送餐到家"服务。
5. 经营时间：早 – 晚。
6. 对于以上计划，我们将分工协作，各尽其责。我们将会在卫生、服务、价格、营养等方面下功夫，争取获得更多的客源。

六、人事计划安排

张辉 —— 收银员

李杰 —— 前期宣传、服务员

刘毅可 —— 厨师

路浩 —— 采购员、送货员

七、销售计划

1. 开业前进行一系列的企业宣传工作，向消费者介绍本店"物美价廉"的销售策略；还会发放问卷调查表，根据消费者的需求，完善本店的产品和服务内容。
2. 推出会员制，发放季卡、月卡，从而吸引更多的消费者。
3. 每月累计消费 1000 元者可参加每月末的大抽奖，中奖者（1 名）可获得价值 888 元的礼券。
4. 每月累计消费 100 元者，赠送价值 10 元的礼券，累计消费 200 元者赠送 20 元的礼券，以此类推。

八、财务计划

对于账目，要做到日有日账，月有月账，季有季账，年终有年终总账，这样企业的盈亏在账面上一目了然，就避免了经营管理工作的盲目性。

注：因刚开业，所以在各种开销上要精打细算，但要保证饭菜的质量，尽量把价格放低。

九、附录

附录 1 法律要求

为保证食品卫生，防止商品污染和有害因素对人体的危害，保障人民身体健康，增强人民体质，严格遵守国家和地方有关法规要求，具体如下。

一、食品生产经营企业和食品摊贩必须先取得卫生行政部门发放的卫生许可证，方可向工商行政管理部门申请登记；未取得卫生许可证的，不得从事食品生产经营活动。

食品生产经营者不得伪造、涂改、出借卫生许可证。

二、食品生产经营过程必须符合下列卫生要求。

（一）保持内外环境整洁，采取清除苍蝇、老鼠、蟑螂和其他有害昆虫及其孳生条件的措施。

（二）食品生产经营企业应当有与产品品种、数量相适应的食品原料处理、加工、包装、贮存等厂房式场所。

（三）应当有相应的消毒、更衣、盥洗、采光、照明、通风、防腐、防尘、防蝇、防鼠、洗涤、污水排放、存放垃圾和废弃物的设施。

（四）餐具、饮具和盛放直接入口食品的容器，使用前必须洗涤、消毒，炊具、用具用后必须洗净，保持清洁。

（五）直接入口的食品应当有小包装或者使用无毒、清洁的包装材料。

（六）食品生产经营人员应当经常保持个人卫生，生产、销售食品时必须将手洗干净，穿戴洁净的工作服；销售直接入口的食品时，必须使用售货工具。

菜单：（略）

快餐店地址：南大街商业步行街

联系电话：8347××××

快餐店的营业时间：6：00—22：00

快餐店提供的品种：各种特色炒菜、快餐食品、饮料等

服务宗旨：以消费者满意为目标，提供最美味的餐饮食品，价格实惠，让您吃得开心

第十四节　项目策划书

项目策划书是一门新兴的策划学，是以具体的项目活动为对象，体现一定的功利性、社会性、创造性、时效性和超前性的大型策划活动。项目策划书即对某个未来的项目进行策划并展现给项目负责人的文本。项目策划书是目标项目规划的文字书，是把所有可能影响决策的决定总结起来，对未来起到指导和控制作用，借以最终达到方案目标的文本，可以说是实现目标项目的指路灯。

一、项目策划书的内容

项目策划书的基本框架是包容策划所有内容的"容器"，它会因项目的不同而不同，但同一类项目会有一定的相似性。例如：

- 工业项目策划书主要包括项目建设的必要性和条件、建设规模与产品方案、技术方案、设备方案和工程方案、投资估算及资金筹措、效益分析等；

- 旅游项目策划书主要包括市场分析与预测、商业模式评价、场址条件分析、工程工艺要求及方案选择、环境影响评价、劳动安全、卫生消防、项目总投资估算、融资安排、财务预测及评价、社会效益评价等。

从上述两种不同的项目来看，二者之间也存在许多共同之处。为了满足大多数项目策划的需要，我们总结出项目策划书撰写的大致框架如下。

1. 指导思想

此部分内容多集中在项目策划概述中，是项目策划的开始，属于整个策划的纲领性文字，主要包括以下三个部分（或视具体项目策划的要求而定）：项目策划背景的介绍，包括项目发起人的一般情况、发展战略以及本项目对企业的作用介绍，项目所在地的政治、经济发展趋势，以及本项目的社会价值与现实意义介绍等；项目策划范围的介绍，包括项目自身的范围、项目策划的具体范围以及适用时间的介绍；项目策划目的的介绍。项目策划的目的多种多样，主要包括以下内容：一是制定项目发展的战略，二是制定项目的营销策略，三是制定项目管理的依据，四是通过上述几种策略的综合，体现项目发起人通过项目创造最大价值的目标。

◆ 政策依据分析

有些项目策划书，如旅游项目、工业项目、农业项目以及能源项目等，需要交代项目策划的政策依据。这些依据主要涉及国家相关的法律、法规，地方政府的政策规定、特殊行规以及国家标准等。项目政策依据的主要内容也可放在项目策划书的前言或概述中以罗列的形式加以介绍。

◆ 环境分析

一般来说，环境分析主要用 SWOT 分析框架来阐述。由于不同的项目面临的环境不同，外部环境分析一般涉及宏观环境和产业环境的介绍，内部环境则是对企业和项目的分析。其中宏观环境主要涉及政治、经济、文化、社会、自然、技术等；产业环境主要涉及竞争对手、消费者、产品、价格、渠道、促销方式等。

企业分析需要考虑企业的实力、能力和资源的现状等。项目分析需要考虑项目自身的特点等。经营者可在内外环境分析的基础上进行综合的 SWOT 分析，从而找出在各种环境组合下的项目方案制定的依据。

与内外部环境分析相关联的还有项目市场细分、目标市场选择和定位分析。内外环境分析是项目定位和营销策略制定的基础。

◆ **项目方案分析**

经营者可根据 SWOT 分析的结果，构建项目的实施框架。其主要内容包括项目的目标、具体策划以及实施控制的介绍。具体策划是主要内容，涉及项目的人力资源、组织结构、市场营销、财务管理等。

◆ **营销方案分析**

根据项目战略方案分析，进行具体营销方案的策划。其内容如果涉及市场调查，则要对调查方法和调查结论进行介绍。在此基础上，再给出具体的营销理念与营销目标，以及针对市场竞争状况而进行的产品、价格、渠道和促销策略设计。促销策略的主要内容集中在营销主题设计与传播、广告创意与制作、媒体安排与选择、促销工具的选择和策略设计方面。

◆ **组织结构分析**

对涉及项目实施环节的项目策划书来说，应有必要的组织结构设计。组织结构设计一般与人力资源管理结合在一起，具体内容包括项目的组织结构分析、组织结构设计、团队建设、岗位职责分工、预测需求人数、组织招聘等。

◆ **项目财务分析**

项目财务分析涉及项目财务管理的各个层面，其中既有项目预算、成本控制、融资分析的内容，也有项目财务预测和风险管理的内容。对于所有项目来说，经营者都要对项目的盈利能力和投资回报进行估算。此外，对涉及融资的项目策划，要注重项目风险的分析。项目财务分析可以通过现金预算表、利润表、资产负债表等进行介绍。

◆ **进度控制分析**

对涉及项目管理的项目策划书，有必要编制项目计划，并设计进度控制的基本策略。项目计划和进度控制一般都采用特定的时间分期，分阶段设定各种目标，来保证项目按时、保质地完成。进度控制分析的主要内容包括进度控制、质量控制和费用控制三个部分。

2. 机构设置及职责

◆ **项目调研**

项目调研是指在一定的营销环境下，系统地搜集、分析和报告有关项目信息的过程。

项目策划要做出正确的决策，就必须通过营销调研，准确及时地掌握市场情况，使决策建立在坚实可靠的基础之上。只有通过科学的项目调研，才能减少项目的不确定性，使市场决策更有依据，降低项目策划的风险。在实施过程中，项目策划可以通过调研检查决策的实施情况，及时发现决策中的失误和外界条件的变化，为进一步调整和修改决策方案提供新的依据。

◆ **项目市场的细分与选择**

（1）项目市场细分。项目市场细分是指按照项目消费者或用户的差异性把市场划分为若干子市场的过程。市场细分的客观基础是消费者需求的差异性。

（2）项目市场选择。项目市场细分之后，存在着众多的子市场，经营者在子市场中选出自己的目标市场。主要有以下几种策略。

集中性策略。是指以追求市场利润最大化为目标，项目不是面向整体市场，而是将主要力量放在一个子市场上，为该市场开发具有特色的项目活动，进行广告宣传攻势。这种策略主要适用于短期项目活动，成本小，能在短期取得促销的效果。

无差异策略。是指项目活动不是针对某个市场，而是面向各个子市场的集合，以一种形式在市场中推展开来。这种策略应配以强有力的促销活动，进行大量的、统一的广告宣传；但是成本比较大，时间比较长，一般适用于大型项目活动。

分化市场战略。即从市场中选择两个以上的子市场作为目标市场，分别向每个子市场提供有针对性的活动。这种策略配置的促销活动应有分有合。广告宣传应针对各自的特点而有所不同，努力调动各个子市场消费者的消费欲望，从而使其实现实际的消费行为。

◆ **项目策划书的撰写**

在一系列前期工作结束后，经营者应着手编写项目策划书。项目策划书的主要构件有以下几项。

（1）封面，包括策划主办单位、策划组人员、日期、编号。

（2）序文，阐述此次策划的目的，包括主要构思、策划的主体层次等。

（3）目录，策划书内部的层次排列，给阅读者以清楚的全貌。

（4）内容策划。创意的具体内容要做到文笔生动，数字准确无误，运用方法科学合理，层次清晰。

（5）预算。为了更好地指导项目活动的开展，需要把项目预算在策划书中体现出来。

（6）策划进度表，包括策划部门创意的时间安排以及项目活动本身进展的时间安排。在时间制定上要留有余地，具有可操作性。

（7）策划书的相关参考资料。项目策划书中所运用的二手信息材料要引出书外，以便查阅。

编写项目策划书要注意以下几方面的内容：文字简明扼要；逻辑性强、顺序合理；主题鲜明；运用图表、照片、模型来增强项目的主体效果；具有可操作性。

◆ **项目方案的实施**

项目策划书编写出来之后，经营者应制定相应的实施细则，以保证项目活动的顺利进行。要保证策划方案的有效性，应做好以下三方面的工作。

（1）监督保证。措施科学的管理应使各环节从上到下环环相扣，责、权、利明确。只有监督到位，才能使各个环节少出错误，才能保证项目活动的顺利开展。

（2）防范措施。事物在其发展过程中有许多不确定的因素，只有根据经验或成功的案例进行全面预测，才能发现隐患，防微杜渐，把损失控制在更小限度内，从而推动项目活动的开展。

（3）评估措施。项目活动发展的每一步，都应有一定的评估手段以及反馈措施，从而总结经验，发现问题，及时更正，以保证策划的事后服务质量，提高策划的成功率。

二、项目策划书范文

【项目策划书范文】

创业项目策划书

一、项目概况

项目名称：

启动时间：

准备注册资本：

项目进展：（说明自项目启动以来至目前的进展情况）

主要股东：（列表说明目前股东的名称、出资额、出资形式、单位和联系电话）

组织机构：（用图来表示）

主要业务:（准备经营的主要业务）

盈利模式:（详细说明本项目的商业盈利模式）

· 未来 3 年的发展战略和经营目标:（行业地位、销售收入、市场占有率、产品品牌等）

二、管理层

1. 成立公司的董事会:（董事成员、姓名、职务、工作单位和联系电话）

2. 高管层简介: 董事长、总经理、主要技术负责人、主要营销负责人、主要财务负责人（姓名、性别、年龄、学历、专业、职称、毕业院校、联系电话、主要经历和业绩、在本行业内的管理经验和成功案例）

3. 激励和约束机制:（公司对管理层及关键人员将采取怎样的激励机制和奖励措施）

三、研究与开发

1. 项目的技术可行性和成熟性分析

项目的技术创新性论述:

（1）基本原理及关键技术内容;

（2）技术创新点。

项目成熟性和可靠性分析:

……

2. 项目的研发成果及主要技术竞争对手:（产品是否经国际、国内各级行业权威部门和机构鉴定; 国内外情况, 项目在技术与产品开发方面的国内外竞争对手, 项目为提高竞争力所采取的措施）

3. 后续研发计划:（说明为保证产品性能、产品升级换代和保持技术先进水平, 项目的研发重点、正在或未来 3 年内拟研发的新产品）

4. 研发投入:（截止到现在, 项目在技术开发方面的资金总投入, 计划再投入多少开发资金, 列表说明每年购置开发设备、员工费用以及与开发有关的其他费用）

5. 技术资源和合作:（项目现有技术资源以及技术储备情况, 是否寻求技术开发依托和合作, 如大专院校、科研院所等, 若有请说明合作方式）

6. 技术保密和激励措施:（说明项目采取哪些技术保密措施、怎样的激励机制, 以确保项目技术文件的安全性、关键技术人员和技术队伍的稳定性）

四、行业及市场

1. 行业状况:（发展历史及现状, 哪些变化对产品的利润、利润率影响较大, 进入该行业的技术壁垒、贸易壁垒、政策导向和限制等）

2. 市场前景与预测:（全行业销售发展预测并注明资料来源或依据）

3. 目标市场:（对产品 / 服务所面向的主要用户种类进行详细说明）

4. 主要竞争对手:（说明行业内主要竞争对手的情况, 主要描述在主要销售市场中的竞争对手, 其所占市场份额、竞争优势和竞争劣势）

5. 市场壁垒:（说明市场销售有无行业管制, 公司产品进入市场的难度及对策）

6. SWOT 分析：（产品 / 服务与竞争者相比的优势与劣势，面临的机会与威胁）

7. 销售预测：（预测公司未来 3 年的销售收入和市场份额）

五、营销策略

1. 价格策略：（销售成本的构成，销售价格制订的依据和折扣政策）

2. 行销策略：（说明在建立销售网络、销售渠道、广告促销、设立代理商、分销商和售后服务方面的策略与实施办法）

3. 激励机制：（说明建立一支素质良好的销售队伍的策略与办法，对销售人员采取什么样的激励和约束机制）

六、产品生产

1. 产品生产（产品的生产方式是自己生产还是委托加工，生产规模，生产场地，工艺流程，生产设备，质量管理，原材料采购及库存管理等）

2. 生产人员配备及管理

七、财务计划

1. 股权中小企业融资数量和权益：（希望创业基金参股本项目的数量，其他资金的来源和额度，以及各投资参与者在公司中所占权益）

2. 资金用途和使用计划：（列表说明中小企业融资后项目的实施计划，包括资金投入进度、效果和起止时间等）

3. 投资回报：（说明中小企业融资后未来 3~5 年平均年投资回报率及有关依据）

4. 财务预测：（提供中小企业融资后未来 3 年项目预测的资产负债表、损益表、现金流量表，并说明财务预测数据编制的依据）

八、风险及对策

1. 主要风险：（详细说明本项目实施过程中可能遇到的政策风险、研发风险、经营管理风险、市场风险、生产风险、财务风险、汇率风险、对项目关键人员依赖的风险等）

2. 风险对策：（以上风险如存在，须说明控制和防范对策）

第十五节　活动策划书

活动策划书是相对于市场策划书而言的，活动策划、市场策划是相辅相成、相互联系的。市场策划和活动策划都从属于企业的整体营销思想，只有在此前提下做出的市场策划书和活动策划书才兼具整体性和延续性；也只有这样，才能够有效地使受众群体认同一个品牌的文化内涵。

活动策划书对于企业品牌而言具有十分重要的意义。

一、活动策划书的内容

一份完整的活动策划书包括两大部分：一是市场状况分析，二是策划书正文。

1. 市场状况分析

市场状况分析必须包含下列 12 项内容。

（1）整个产品市场的规模。

（2）各竞争品牌的销售量与销售额的比较分析。

（3）各竞争品牌市场占有率的比较分析。

（4）消费者年龄、性别、职业、学历、收入、家庭结构的分析。

（5）各竞争品牌产品优缺点的比较分析。

（6）各竞争品牌市场区域与产品定位的比较分析。

（7）各竞争品牌广告费用与广告表现的比较分析。

（8）各竞争品牌促销活动的比较分析。

（9）各竞争品牌公关活动的比较分析。

（10）各竞争品牌定价策略的比较分析。

（11）各竞争品牌销售渠道的比较分析。

（12）公司过去 5 年的损益分析。

2. 活动策划书正文

活动策划书正文由六大项构成，分别如下。

◆ 公司的主要政策

策划者在拟定活动策划书之前，必须与公司的最高领导层就公司未来的经营方针与策略做深入细致的沟通，以确定公司的主要方针政策。双方要研讨下面这些细节：确定目标市场与产品定位；销售目标是扩大市场占有率还是追求利润；制定价格政策；确定销售方式；广告表现与广告预算；促销活动的重点与原则；公关活动的重点与原则。

◆ 销售目标

所谓销售目标，就是指公司的各种产品在一定期间内（通常为 1 年）必须实现的营业目标。销售目标量化有下列优点：为检验整个活动策划书的成败提供依据；为评估工作绩效目标提供依据；为拟定下一次销售目标提供基础。

◆ **推广计划**

策划者拟定推广计划的目的，就是要协助实现销售目标。推广计划包括目标、策略、细部计划三大部分。

活动策划书是为了实现整个策划案的销售目标，所希望达到的推广活动的目标。

决定推广计划的目标之后，接下来要拟定实现该目标的策略。推广计划的策略包括广告表现策略、媒体运用策略、促销活动策略、公关活动策略四大项。

广告表现策略：其针对产品定位与目标消费群，决定方针表现的主题。

媒体运用策略：媒体的种类有很多，包括报纸、杂志、电视、广播、传单、户外广告等。该策略主要解决要选择何种媒体、各占多少比例、广告的视听率与接触率有多少等问题。

促销活动策略：明确促销的对象、促销活动的方式，以及采取各种促销活动所希望达成的效果是什么。

公关活动策略：明确公关的对象、公关活动的方式，以及举办各种公关活动所希望达到目的是什么。

细部计划要详细说明每一种策略在实施过程中的各种细节。

广告表现计划：报纸与杂志广告稿的设计（标题、文字、图案），电视广告的创意脚本、广播稿等。

媒体运用计划：明确选择大众化还是专业化的报纸与杂志，还要明确刊登日期与版面大小、电视与广播广告选择的节目时段与次数等。另外，也要考虑 CRP（总视听率）与 CPM（广告信息传达到每千人平均之成本）。

促销活动计划：包括商品购买陈列、展览、示范、抽奖、赠送样品、品尝会、折扣等。

公关活动计划：包括股东会、发布公司消息稿、公司内部刊物、员工联谊会、爱心活动、与传播媒体的联系等。

◆ **市场调查计划**

市场调查在策划案中是非常重要的内容。因为从市场调查所获得的市场资料与情报，是拟定营销策划案的重要依据。此外，前述第一部分市场状况分析中的 12 项资料，大都可通过市场调查获得，由此也显示出市场调查的重要性。

然而，市场调查常被高层领导人与策划书撰写人员所忽视。许多企业每年投入大笔广告费，而不注意市场调查，这种错误的观念必须转变。

市场调查与推广计划一样，也包含了目标、策略以及细部计划三大项。

◆ **销售管理计划**

假如把策划案看成是陆海空联合作战的话，销售目标便是最终目的 —— 登陆，市场调查计划负责提供情报，推广计划是海空军的掩护，而销售管理计划是陆军采取的行动，在情报的有效支援与强大的海空军的掩护下，我们仍须依靠陆军的攻城略地，才能获得决定性的胜利。因此，销售管理计划的重要性不言而喻。销售管理计划包括销售主管和职员、销售计划、推销员的挑选与训练、激励推销员、推销员的薪酬制度（工资与奖金）等。

◆ **损益预估**

任何策划案所希望实现的销售目标，实际上都是要实现利润，而损益预估就是要在事前预估该产品的税前利润。把该产品的预期销售总额减去销售成本、营销费用（经销费用加管理费用）、推广费用后，即可获得该产品的税前利润。

二、活动策划书的写作要求

1. 主题要单一，继承总的营销思想

策划者在策划活动的时候，首先要根据企业本身的实际问题（包括企业活动的时间、地点、预期投入的费用等）和市场分析的情况（包括竞争对手当前的广告行为分析、目标消费群体分析、消费者心理分析、产品特点分析等）做出准确的判断，并且在进行 SWOT 分析之后，扬长避短地提取当前最重要的、也是当前最值得推广的一个主题，而且也只能是一个主题。一次活动不能做所有的事情，只能把一个最重要的信息传达给目标消费群体，正所谓"有所为，有所不为"，这样才能把最想传达的信息最充分地传达给目标消费群体，才能引起目标消费群体的关注，从而使其比较容易记住你所要表达的信息。

2. 直接说明利益点

在确定了唯一的主题之后，目标消费群体也能够接受活动所要传达的信息，但是仍然有很多人虽然记住了广告，但是却没有形成购买冲动，为什么呢？那是因为他们没有看到对他们有直接关系的利益点，因此，在活动策划中很重要的一点是直接地说明利益点。如果是优惠促销，就应该直接告诉消费者优惠额数量；如果是产品说明，就应该说明最引人注目的卖点。只有这样，才能使目标消费者在接触了直接的利益信息之后产生购买冲动，从而形成购买。

3. 活动要围绕主题进行并尽量精简

很多策划书在策划活动的时候往往希望执行很多的活动，认为只有丰富多彩的活动才能够引起消费者的注意，其实不然。其一，这样做容易造成主次不分。很多市场活动搞得很活跃，也有很多人参加，似乎反响非常热烈，但是在围观或者参加的人当中，有多少人是企业的目标消费群体呢？而且即使是目标消费群体，他们在参加完活动之后是否会购买产品？目前一些策划者经常抱怨的一个问题就是围观者的参与道德问题，很多围观者经常是看完了热闹就走，或者是拿了公司发放的礼品就走了。其实这里的问题就在于活动的内容与主题不符合，所以很难达到预期效果。在目前的市场策划活动中，有一些活动既热闹，同时又能达到良好的效果，就是因为活动都是紧紧围绕主题进行的。其二，这样做容易增加活动成本，也容易导致操作人员执行不力。在一次策划中，如果加入了太多活动，不仅要投入更多的人力、物力和财力，直接导致活动成本的增加，而且容易导致操作人员执行不力，最终导致活动的失败。

4. 具有良好的可执行性

一个合适的产品，一个良好的创意策划，再加上一支良好的执行队伍，才能促成市场活动的成功。而其执行是否能成功，最直接和最根本地反映着策划案是否具有可操作性。策划要做到具有良好的执行性，除了需要进行周密的思考外，详细的活动安排也是必不可少的。活动的时间和方式的制定必须考虑执行地点和执行人员的情况，策划者应进行仔细分析，在具体安排上应该尽量周全；另外，还应该考虑外部环境（如天气、民俗）的影响。

5. 变换写作风格

一般来说，策划者在策划书的写作过程中往往会积累自己的一套经验，当然这种经验也表现在策划书的写作形式上，所以每个人的策划书可能都会有自己的模式。但是这样的模式往往会限制策划者的思维，没有一种变化的观点是不可能把握市场的。而在策划书的内容上也同样应该变换写作风格，因为如果同一个客户三番五次地看到你的策划书都是同样的壳子，就很容易在心理上产生一种不信任感，而这种首因效应有可能影响创意的表现。

6. 切忌主观言论

策划者在进行活动策划的前期，进行市场分析和调查是十分必要的。只有通过对整个市场局势的分析，才能更清晰地认识到企业或者产品面对的问题，找到了问题才能够有针对性地寻找解决之道。主观臆断的策划者是不可能做出成功的策划的。同样，在策划书的写作过程中，策划者也应该避免主观想法，切忌在策划书中出现主观类的字眼，因为策划案还没有付诸实施，任何结果都可能出现，策划者的主观臆断将直接导致执行者对事件和形势产生模糊的分析。而且，客户如果看到策划书上的主观字眼，会觉得整个策划案都没有经过实在的市场分析，只是主观臆断的结果。

三、活动策划书的格式

1. 名称

策划者要尽可能具体地写出策划的名称，如"×年×月××大学××活动策划书"，将其置于页面中央；当然也可以写出正标题后将此作为副标题写在下面。

2. 活动背景

这部分内容应根据策划书的特点在以下项目中选取内容重点阐述：基本情况简介、主要执行对象、状况、组织部门、活动开展的原因、社会影响，以及相关目的、动机。活动背景应说明问题的环境特征，主要考虑环境的内在优势、弱点、机会及威胁等因素，对其做好全面的分析（SWOT 分析），将内容重点放在环境分析的各项因素上，对过去、现在的情况进行详细的描述，并通过对情况的预测制订计划。如果环境不明，则应该通过调查研究等方式进行分析、加以补充。

3. 活动的目的、意义和目标

对活动的目的、意义应用简洁明了的语言将要点表述清楚。在陈述目的要点时，该活动的核心构成或策划的独到之处及由此产生的意义（经济效益、社会效益、媒体效应等）都应该明确写出。活动目标要具体化，并需要满足重要性、可行性、时效性的要求。

4. 资源需要

列出所需的人力资源、物力资源，包括使用的地方，如教室或活动中心。可以列为已有资源和需要资源两部分。

5. 活动的开展

作为策划书的正文部分，其表现方式要简洁明了，使人容易理解；但表述方面要力求详尽，防止遗漏。此部分不仅局限于文字表述，也可适当加入统计图表等。对策划的各个工作项目，策划者应按照时间的先后顺序排列，绘制实施时间表有助于方案的核查。人员的组织配置、活动对象、相应权责及时间地点也在这部分加以说明，执行的应变程序应该在这部分加以考虑。

这里提供一些方面供大家参考：会场布置、接待室、嘉宾座次、赞助方式、合同协议、媒体支持、校园宣传、广告制作、主持人、领导讲话、司仪、会场服务、电子背景、灯光、音响、摄像、信息联络、技术支持、秩序维持、服饰、指挥中心、现场气氛调节、接送车辆、活动后清理人员、合影、餐饮招待、后续联络等。大家可根据实际情况自行调节。

6. 经费预算

策划者将活动的各项费用根据实际情况进行具体、周密的计算后，要用清晰明了的形式列出。

7. 活动中应注意的问题及细节

内外环境的变化不可避免地会给方案的执行带来一些不确定性因素，因此，环境变化时是否有应变措施、损失的概率是多少、造成的损失有多大、应急措施等，也应在策划中加以说明。

8. 活动负责人及主要参与者

策划书中要注明组织者、参与者的姓名，嘉宾及单位；如果是小组策划，应注明小组的名称、负责人。

四、活动策划书范文

【活动策划书范文】

"3·15"消费者权益日活动策划书

一、活动背景

随着经济的不断发展和社会的不断进步，许多的权益问题开始从社会进入大学校园，而且由于它与大学生的学习、生活密切相关，权益问题也越来越突出，成为大学内一个亟待解决的问题。但是，当前大学生的维权意识却没有相应地得到加强，可以说，在大学内，权益问题对于许多大学生来说甚至相当陌生，他们不知道该如何去维护自己的合法权益，只能忍气吞声。因此，增强广大学生的维权意识、法律意识，对于加强高校各方面的建设，解决学校与学生之间的矛盾，维护学生的权益，推动我校"和谐校园"的建设，都具有重要的意义。

二、活动目的

当代大学生是未来祖国现代化建设的栋梁，搞好大学生的消费教育，对于倡导文明的消费方式、构建和谐的消费环境和和谐社会有重要意义。但是，现在的一些大学生社会经验少、阅历浅，又急于经济自立，往往成为不良商家侵害的对象。许多大学生消费形式不健康，不懂法、不会用法，在权益被侵犯时经常无可奈何。因此，消费法律知识的普及、维权意识的培养也是当代大学生的重要一课。

三、活动主题

新权益，新责任

四、活动时间

2017 年 3 月 14 日

五、活动地点

电气与自动化工程学院前广场

六、活动主办单位

电气与自动化工程学院学生会

七、活动内容

1. 给你一双"火眼金睛"

活动当天中午，在大学生活动中心前摆好桌子，向过往的学生普及鉴别假冒伪劣产品的知识，并提前做一些展板来宣传此类知识。再请专业工作人员教大家一些区别假币的常识和常见信用卡诈骗、网上诈骗的伎俩，以提高大学生的防骗意识。

2. 价格比比看

由权益部成员提前几天进入学校四海一家超市，调查一些生活必需品的价格，并记录下这些价格。然后通过网络查找这些商品的市场平均价格，最后以海报的形式在 3 月 14 日前把这些信息公布在东西苑食堂门口的公告板上。

3. 消费维权案例展示

在活动现场摆放展板，通过海报向大家展示近几年消费者维权的经典案例，以增强大家的维权的意识。海报内容将配合图画、文字来宣传消费者维权案例。

4. 维权知识有奖竞答

届时将准备一块用便利贴贴满，写上分类，有易、中、难三种不同程度问题的展板。老师、同学们如果知道正确答案，可将知道答案的问题撕下，交由兑奖活动人员判断正误，答对的有奖，答错的话活动人员会把此问题重新贴回展板。同时安排三名部员为兑奖活动人员，每人分发一份问题编号及答案，为来答题的老师和同学们查看正误并发放奖品；如参与的老师或同学答错，将由其中一名部员将未解开的问题重新贴回展板。

答对"易"问题获得三等奖 —— 棒棒糖；答对"中"问题获得二等奖 —— 中性笔；答对"难"问题获得一等奖 —— 精美笔记本。

5. 万人签名

活动现场还将举行万人签名活动，邀请师生们在签名板上签名，并可以写上自己在消费维权方面的美好愿望或建议，提高大家对我国消费现状及消费者权益保护方面的信心。2017 年"3·15"活动的主题为"新权益、新责任"，因此，我们的签名板内容确定为"情系 3·15，关注自身权益"。

八、经费预算

物品	单价（元）	数量	合计	总计（元）
马克笔	2	5		10
海报	5	4		20
棒棒糖	1	30		30
中性笔	2	20		40
笔记本	3	10		30
便利贴	1	3		3
				133

电气与自动化工程学院学生会

2017 年 3 月 4 日

第一节　总结

总结是最为常见的一种应用文体，是社会团体、企业单位和个人在自身的某一时期、某一项目或某些工作告一段落或者全部完成后进行回顾检查、分析评价，从而肯定成绩、得到经验、找出差距、得出教训和一些规律性认识的一种书面材料。

一、总结的特点

1. 回顾性

总结的内容是回顾已经做过的工作。在总结的时间段内，做了多少就写多少，不能无中生有，不能浮夸、掺假。

2. 经验性

总结的目的不仅是回顾已经做过的工作，还在于把感性的认识上升到理性的高度，从具体工作中引出经验教训，以便为以后的工作提供借鉴。

二、总结的写法

总结分为标题、正文、落款。

总结的标题一般由单位名称、时限、内容、文种组成；正文由前言、主体、结尾组成，结尾又分自然收尾和总结全文式收尾两种；落款由单位名称和时间组成。

1. 总结的结构

◆ 标题

总结的标题有多种形式，最常见的是由单位名称、时间、主要内容、文种组成的，如《江州市财政局 2016 年工作总结》《大风厂 2017 年上半年工作总结》。

有的总结标题中不出现单位名称，如《创先争优活动总结》《教师工作总结》《2016 年教学工作总结》。

有的总结标题只是内容的概括，并不标明"总结"字样，但一看内容就知道是总结，如《一年来的谈判及前途》等。

还有的总结采用双标题形式，正标题点明文章的主旨或中心内容，副标题具体说明文章的内容和文种，如《构建农民进入市场的新机制 —— 运城麦棉产区发展农村经济的实践与总结》《加强医德修养　树立医疗新风 —— 南方医院口腔科精神文明建设的经验》。

◆ 正文

和其他应用文体一样，总结的正文也分为开头、主体、结尾三部分，各部分均有其特定的内容。

总结的开头主要用来概述基本情况，包括单位名称、工作性质、主要任务、时代背景、指导思想，以及总结的目的、主要内容提示等。开头部分要简明扼要，文字不可过多。

主体是总结的主要部分，内容包括成绩和做法、经验和教训、今后的打算等。这部分篇幅大、内容多，要层次分明、条理清楚。

结尾是正文的收束，应在总结经验教训的基础上，提出今后的方向、任务和措施，表明决心、展望前景。这段内容要与开头相照应，篇幅不应过长。有些总结在主体部分已将这些内容表达过了，即就不必再写结尾。

◆ 落款

2. 总结主体部分的结构形态

总结主体部分常见的结构形态有三种。

◆ 纵式结构

纵式结构就是按照事物或实践活动的过程安排内容。写作时，撰写者可以把总结所包括的时间划分为几个阶段，按时间顺序分别叙述每个阶段的成绩、做法、经验、体会。这种写法的好处是将事物的发展或社会活动的全过程交代得清楚明白。

◆ 横式结构

横式结构是按事实性质和规律的不同分门别类地依次展开内容，使各层之间呈现相互并列的态势。这种写法的优点是各层次的内容鲜明集中。

◆ **纵横式结构**

撰写者在选用纵横式结构安排内容时，既要考虑到时间的先后顺序，体现事物的发展过程，又要注意内容的逻辑联系，从几个方面总结出经验教训。这种写法多数是先采用纵式结构，写事物发展的各个阶段的情况或问题，然后用横式结构总结经验或教训。

总结主体部分的外部形式有贯通式、小标题式、序数式三种。

● 贯通式适用于篇幅短小、内容单纯的总结。它像一篇短文，全文之中不用外部标志来显示层次。

● 小标题式将主体部分分为若干层次，每层加一个概括核心内容的小标题，重点突出，条理清楚。

● 序数式也将主体分为若干层次，各层用"一、二、三……"的序号排列，层次一目了然。

3. 总结的写作要求

◆ **要坚持实事求是的原则**

实事求是、一切从实际出发，这是总结写作的基本原则。但在总结写作的实践中，违反这一原则的情况却屡见不鲜。有人认为"三分工作七分吹"，在总结中夸大成绩，隐瞒缺点，报喜不报忧。这种弄虚作假、浮夸邀功的坏作风，对单位、对国家、对事业、对个人都没有任何益处，必须坚决抵制。

◆ **要注意共性、把握个性**

总结很容易写得千篇一律、缺乏个性。当然，总结不是文学作品，无须刻意追求个性特色，但千部一腔的文章是不会有独到价值的，因而也是不受人欢迎的。撰写者要想总结有个性，就要有独到的发现、独到的体会、新颖的角度、新鲜的材料。

◆ **要详略得当，突出重点**

有人写总结时总想把一切成绩都写进去，所有的正面材料都不肯舍弃，结果总结写得臃肿拖沓，没有重点，不能给人留下深刻印象。总结的选材不能求全贪多、主次不分，要根据实际情况和总结的目的，把那些既能显示本单位、本地区特点，又有一定普遍性的材料作为重点选用，写得详细、具体。而一般性的材料则要略写或舍弃。

◆ **坚持正确的指导思想**

总结必须以党的方针、政策、路线为依据，正确估计实际工作情况，从中总结出能够指导现实的有价值的经验。

◆ 语言简明、准确

　　总结的语言一定要简明、准确，要用第一人称，即从本部门的角度出发来撰写。

三、总结范文

【总结范文】

2016 年度工作总结

　　2016 年，我在公司及部门领导的支持和帮助下，紧紧围绕公司工作重心，扎实工作，充分发挥岗位职能，不断改进工作方法，提高工作效率，较好地完成了各项工作任务，在政治思想觉悟和业务工作能力等方面都取得了一定的进步，为今后的工作和学习打下了良好的基础。现做以下简要汇报。

一、工作情况

　　1. 加强思想政治学习，提高政治素质。我认真学习"三个代表"重要思想、科学发展观的重要论述以及习近平总书记系列重要讲话精神，积极参加公司党委"两学一做"专题教育学习活动，扎实认真地搞好学习实践活动，用先进的思想武装大脑，提高自身的思想觉悟和理论水平。作为一名共产党员，我始终坚持学习党章以及党的路线、方针、政策，和党中央保持高度的一致。

　　2. 加强业务知识学习，提高工作能力。公文是公司对外联系工作的主要方式，是展示公司形象的窗口。公司领导对公文质量高度重视，从公文的格式、内容等方面都进行指导，本部门也严格把关，使公文的质量逐步得到提高。同时抓好上级文件的处理工作，做到文件的及时收发、传阅、送阅，按照规范化标准，提高办文质量，加快办文速度。准备了各种会议的领导讲话材料。此外，还整理了上级领导视察工作的汇报材料。

　　3. 服务大局。接待工作上水平。公司领导高度重视接待工作，我将"接待工作无小事"时刻铭记在心，完成了上级领导视察工程建设的接待工作。接待程序日趋完备。接待工作本着热情、高效、务实的原则，全年共完成重大接待任务 20 余次，主要有集团公司云总、程总、任总、辛总到公司视察，新能源公司领导班子成员多次来公司视察指导。

　　4. 耐心细致，搞好后勤工作。"兵马未动，粮草先行"，综合管理部负责公司全体员工的衣食住行。我积极配合本部门完成了现场办公楼、员工食堂的搬迁工作，保证了公司全体员工的正常办公和饮食问题。在工作中我能够坚持全心全意为人民服务的宗旨，积极帮助同事处理力所能及的事情。

　　5. 加强宣传，做好宣传报道工作。公司自成立以来，一直狠抓宣传报道工作，时时报道工程建设进展情况及公司工作开展情况。我共向集团公司和新能源公司投稿 34 篇，发表 24 篇。其中新闻快递 13 篇、基层新闻 11 篇。

　　6. 工作态度、勤奋敬业方面。我能够以正确的态度对待各项工作任务，热爱本职工作，一切以公司的事情为重。由于工程基建期事情繁杂、部门人员严重不足，为了部门工作的正常运行，我劝解家人推迟了婚期。每次领导视察期间，由于公司人员、车辆紧张，为全面做好领导视察材料的准备工作，我急公司之所急，将私家车用作公车。同时提高自身的各项业务素质，争取工作的主动性，具备较强的专业心、责任心。我在目前的工作岗位上已工作了 1 年多时间，经过不断学习、不断积累，具备了比较丰富的工作经验，能够比较从容地处理日常工作中出现的各类问题。经过 1 年多的锻炼，我在组织管理能力、综合分析能力、协调办事能力和文字语言表达能力等方面都有了很大的提高，能够保证本岗位各项工作的正常运行，在实施上述各项工作的过程中没出现过明显失误。

二、存在的不足

一是政治理论学习虽有一定的进步，但还没有深度和广度。二是事务性工作纷繁复杂，减少了学习的时间，从而无法进一步提高自己的写作能力。三是工作中不够大胆，总是在不断学习的过程中改变工作方法，而不能在创新中去实践、去推广。

三、明年的工作打算

回顾一年来的工作与学习，我虽说取得了一定的成绩，但也存在一定的不足。例如，开创性的工作开展得不多，个别工作做得不是十分到位。这些问题都有待于在今后的工作中不断加强学习，及时改进。

1. 加强理论学习。在新的一年里，我会进一步认真学习党的十八大及十八届四中全会精神，认真贯彻实践"三个代表"和"科学发展观"重要思想以及习近平总书记系列重要讲话精神，努力提高思想觉悟和业务工作水平，为全面完成部门工作贡献自己应该贡献的力量。

2. 尽职尽责抓印信。我会严格发文标准，提高发文质量，做到文件的及时收发、传阅、送阅；严格遵守规章制度，按照各项制度办事，做到收文有规范、办会有制度、办事有纪律，各项工作都有章可循、有据可依。

3. 继续抓好接待工作。我会不断加强个人修养，自觉提高接待水平，努力学习先进的工作方法，努力适应新形势下接待工作的需要，树立办公室良好的形象。

×××

2016 年 12 月 17 日

第二节　章程

章程是组织、社团经特定的程序制定的关于组织规程和办事规则的法规文书，是一种根本性的规章制度。章程与规则的关系类似于宪法和法律。

一、章程的特点

1. 稳定性

章程是组织或团体的基本纲领和行动准则，在一定时期内稳定地发挥其作用。如需更动或修订，应履行特定的程序与手续（经组织全体成员或其代表审议通过）。有关单位开展业务工作的章程是其基本的办事准则，也应保持相对稳定，不宜轻易变动。

2. 约束性

章程作用于组织内部，依靠全体成员共同实施，不由国家强制力予以推行，但要求其下属组织及成员信守，有一定的规范作用和约束力。

二、章程的写法

1. 标题

组织章程的标题，一般由组织或社团名称加文种构成。标题下面写明什么时间由什么会议通过，用括号括入。有关组织的代表大会通过了的章程，就算正式章程；如果是尚未经代表大会通过的，应在标题末尾加上"草案"字样。

2. 正文

章程正文包括总则、分则和附则三部分。

◆ 总则

总则又称总纲，从总体说明组织的性质、宗旨、任务和作风等。

◆ 分则

分则规定：成员，讲成员的条件、权利、义务和纪律；组织，讲全国组织、地方组织、基层组织，代表大会、理事会、常务理事会、专业小组、名誉职务；经费，讲经费来源及其使用管理等。

◆ 附则

附则附带说明制定权、修改权和解释权等。

三、章程的写作要求

1. 内容完备

章程的内容要包括社团的名称、宗旨、任务、组织机构、会员资格、入会手续、会员的权利与义务、领导者的产生和任期、会费的缴纳和经费的管理使用等。章程中必要的项目要完备，既突出特点又照顾全面。

2. 结构严谨

全文由总到分，要有合理的顺序。分的部分，一般是先讲成员，后讲组织；先讲全国组织，次讲地方组织，后讲基层组织；先讲对内，后讲对外。要一环扣着一环，体现严密的逻辑性，使章程成为一个有机的统一体。

章程的条款要完整和单一。一条表示一个意思，不要把一个完整的意思拆成几条，弄得零零碎碎；也不要把几个意思合在一条之中，交叉杂乱。这样才便于陈述、便于执行、便于引用。

3. 明确简洁

章程特别强调明确简洁。撰写者要尽量反复提炼，用很少的话把其意思明确地表达出来。

章程用断裂行文法，用条文表达，句与句、段与段之间有一定的跳跃性，一般不使用"因为……所以……"，"虽然……但是……"等关联词语。

章程的语言多用词语的直接意义，不用比喻、比拟、夸张和婉曲等修辞手法。这样，语义毫不含糊，没有歧义，让人一看就明白。

四、章程范文

【章程范文】

中国工会章程
（中国工会第十六次全国代表大会部分修改，2013 年 10 月 22 日通过）

总　则

中国工会是中国共产党领导的职工自愿结合的工人阶级群众组织，是党联系职工群众的桥梁和纽带，是国家政权的重要社会支柱，是会员和职工利益的代表。

中国工会以宪法为根本活动准则，按照《中华人民共和国工会法》和本章程独立自主地开展工作，依法行使权利和履行义务。

工人阶级是我国的领导阶级，是先进生产力和生产关系的代表，是改革开放和社会主义现代化建设的主力军，是维护社会安定的强大而集中的社会力量。中国工会高举中国特色社会主义伟大旗帜，以马克思列宁主义、毛泽东思想、邓小平理论、"三个代表"重要思想、科学发展观为指导，贯彻执行党的以经济建设为中心，坚持四项基本原则，坚持改革开放的基本路线，坚定不移地走中国特色社会主义工会发展道路，推动党的全心全意依靠工人阶级的根本指导方针的贯彻落实，全面履行工会的社会职能，在维护全国人民总体利益的同时，更好地表达和维护职工的具体利益，团结和动员全国职工自力更生、艰苦创业，坚持和发展中国特色社会主义，为全面建成小康社会、把我国建设成为富强民主文明和谐的社会主义现代化国家、实现中华民族伟大复兴的中国梦而奋斗。

中国工会的基本职责是维护职工合法权益。

中国工会动员和组织职工积极参加建设和改革，努力促进经济、政治、文化、社会和生态文明建设；代表和组织职工参与国家和社会事务管理，参与企业、事业单位和机关的民主管理；教育职工不断提高思想道德素质和科学文化素质，建设有理想、有道德、有文化、有纪律的职工队伍，不断发展工人阶级先进性。

中国工会坚持组织起来、切实维权的工作方针，坚持以职工为本，主动依法科学维权的维权观，促进完善社会主义劳动法律，维护职工的经济、政治、文化和社会权利，参与协调劳动关系和社会利益关系，努力构建和谐劳动关系，促进经济发展和社会的长期稳定，为构建社会主义和谐社会作贡献。

中国工会维护工人阶级领导的、以工农联盟为基础的人民民主专政的社会主义国家政权，协助人民政府开展工作，依法发挥民主参与和社会监督作用。

中国工会在企业、事业单位中，按照促进企事业发展、维护职工权益的原则，支持行政依法行使管理权力，组织职工参加民主管理和民主监督，与行政方面建立协商制度，保障职工的合法权益，调动职工的积极性，促进企业、事业的发展。

中国工会实行产业和地方相结合的组织领导原则，坚持民主集中制。

中国工会坚持以改革创新精神加强自身建设，坚持群众化、民主化，保持同会员群众的密切联系，依靠会员群众开展工会工作。各级工会领导机关坚持把工作重点放到基层，全心全意为基层、为职工服务，增强基层工会的活力，把工会建设成为深受职工群众信赖的学习型、服务型、创新型"职工之家"。

工会兴办的企业、事业，坚持为改革开放和发展社会生产力服务，为职工群众服务，为推进工运事业服务。

中国工会努力巩固和发展工农联盟，坚持爱国统一战线，加强包括香港特别行政区同胞、澳门特别行政区同胞、台湾同胞和海外侨胞在内的全国各族人民的大团结，促进祖国的统一、繁荣和富强。

中国工会在国际事务中坚持独立自主、互相尊重、求同存异、加强合作、增进友谊的方针，在独立、平等、互相尊重、互不干涉内部事务的原则基础上，广泛建立和发展同国际和各国工会组织的友好关系，推动形成公正合理、民主和谐的国际工运新秩序，同全世界工人和工会一起，为世界的和平、发展、工人权益和社会进步而共同努力。

第一章　会员

第一条　凡在中国境内的企业、事业单位、机关和其他社会组织中，以工资收入为主要生活来源或者与用人单位建立劳动关系的体力劳动者和脑力劳动者，不分民族、种族、性别、职业、宗教信仰、教育程度，承认工会章程，都可以加入工会为会员。

第二条　职工加入工会，由本人自愿申请，经工会基层委员会批准并发给会员证。

第三条　会员享有以下权利。

（一）选举权、被选举权和表决权。

（二）对工会工作进行监督，提出意见和建议，要求撤换或者罢免不称职的工会工作人员。

……

第五条　会员组织关系随劳动（工作）关系变动，凭会员证明接转。

第六条　会员有退会自由。会员退会由本人向工会小组提出，由工会基层委员会宣布其退会并收回会员证。

会员没有正当理由连续六个月不交纳会费、不参加工会组织活动，经教育拒不改正，应当视为自动退会。

第七条　对不执行工会决议、违反工会章程的会员，给予批评教育。对严重违法犯罪并受到刑事处分的会员，开除会籍。开除会员会籍，须经工会小组讨论，提出意见，由工会基层委员会决定，报上一级工会备案。

第八条　会员离休、退休和失业，可保留会籍。保留会籍期间免交会费。

工会组织要关心离休、退休和失业会员的生活，积极向有关方面反映他们的愿望和要求。

第二章　组织制度

第九条　中国工会实行民主集中制，主要内容是：

（一）个人服从组织，少数服从多数，下级组织服从上级组织。

（二）工会的各级领导机关，除它们派出的代表机关外，都由民主选举产生。

……

第十九条　中华全国总工会执行委员会，在全国代表大会闭会期间，负责贯彻执行全国代表大会的决议，领导全国工会工作。

执行委员会全体会议选举主席一人、副主席若干人、主席团委员若干人，组成主席团。

执行委员会全体会议由主席团召集，每年至少举行一次。

……

第八章　会徽

第四十一条　中国工会会徽，选用汉字"中""工"两字，经艺术造型呈圆形重叠组成，并在两字外加一圆线，象征中国工会和中国工人阶级的团结统一。会徽的制作标准，由中华全国总工会规定。

第四十二条　中国工会会徽，可在工会办公地点、活动场所、会议会场悬挂，可作为纪念品、办公用品上的工会标志，也可以作为徽章佩戴。

第九章　附则

第四十三条　本章程解释权属于中华全国总工会。

第三节　办法

办法是国家行政主管部门为贯彻执行某一法令、条例或进行某项工作的方法、步骤、措施等，提出具体规定的法规性公文，根据内容、性质的不同，可分为实施文件办法和工作管理办法两种。

一、办法的特点

办法的法规约束性侧重于行政约束力；办法的条款都要具体、完整，不能抽象笼统。

二、办法的写作

办法由首部和正文两部分组成。

1. 首部

首部包括标题、制发时间和依据等内容。

◆ 标题

办法的标题由发文机关、事由、文种构成。

◆ 制发时间和依据

标题之下用括号注明办法制发的时间和通过的会议；或通过的会议、时间及发布的机关、时间；或批准的机关、时间等。有的办法随"命令"等文种同时发布，则这一项目内容可不再写。

2. 正文

办法的正文一般由依据、规定、说明这三层意思组成，可分章、分条叙述。办法中的各条规定是办法的主体部分，撰写者要将具体内容和措施依次逐条写清楚。办法的结尾，一般是交代实施的日期和对实施的说明。

三、办法范文

【办法范文】

会计档案管理办法

中华人民共和国财政部国家档案局令第 79 号

第一条 为了加强会计档案管理，有效保护和利用会计档案，根据《中华人民共和国会计法》《中华人民共和国档案法》等有关法律和行政法规，制定本办法。

第二条 国家机关、社会团体、企业、事业单位和其他组织（以下统称单位）管理会计档案适用本办法。

第三条　本办法所称会计档案是指单位在进行会计核算等过程中接收或形成的，记录和反映单位经济业务事项的，具有保存价值的文字、图表等各种形式的会计资料，包括通过计算机等电子设备形成、传输和存储的电子会计档案。

第四条　财政部和国家档案局主管全国会计档案工作，共同制定全国统一的会计档案工作制度，对全国会计档案工作实行监督和指导。

县级以上地方人民政府财政部门和档案行政管理部门管理本行政区域内的会计档案工作，并对本行政区域内会计档案工作实行监督和指导。

第五条　单位应当加强会计档案管理工作，建立和完善会计档案的收集、整理、保管、利用和鉴定销毁等管理制度，采取可靠的安全防护技术和措施，保证会计档案的真实、完整、可用、安全。

单位的档案机构或者档案工作人员所属机构（以下统称单位档案管理机构）负责管理本单位的会计档案。单位也可以委托具备档案管理条件的机构代为管理会计档案。

第六条　下列会计资料应当进行归档。

（一）会计凭证，包括原始凭证、记账凭证；

（二）会计账簿，包括总账、明细账、日记账、固定资产卡片及其他辅助性账簿；

（三）财务会计报告，包括月度、季度、半年度、年度财务会计报告；

（四）其他会计资料，包括银行存款余额调节表、银行对账单、纳税申报表、会计档案移交清册、会计档案保管清册、会计档案销毁清册、会计档案鉴定意见书及其他具有保存价值的会计资料。

第七条　单位可以利用计算机、网络通信等信息技术手段管理会计档案。

……

第二十五条　单位的会计档案及其复制件需要携带、寄运或者传输至境外的，应当按照国家有关规定执行。

第二十六条　单位委托中介机构代理记账的，应当在签订的书面委托合同中，明确会计档案的管理要求及相应责任。

第二十七条　违反本办法规定的单位和个人，由县级以上人民政府财政部门、档案行政管理部门依据《中华人民共和国会计法》《中华人民共和国档案法》等法律法规处理处罚。

第二十八条　预算、计划、制度等文件材料，应当执行文书档案管理规定，不适用本办法。

第二十九条　不具备设立档案机构或配备档案工作人员条件的单位和依法建账的个体工商户，其会计档案的收集、整理、保管、利用和鉴定销毁等参照本办法执行。

第三十条　各省、自治区、直辖市、计划单列市人民政府财政部门、档案行政管理部门，新疆生产建设兵团财务局、档案局，国务院各业务主管部门，中国人民解放军总后勤部，可以根据本办法制定具体实施办法。

第三十一条　本办法由财政部、国家档案局负责解释，自 2016 年 1 月 1 日起施行。1998 年 8 月 21 日财政部、国家档案局发布的《会计档案管理办法》（财会字〔1998〕32 号）同时废止。

第四节 简报

简报是各行政机关之间用来下情上报、上情下达和互通情况、交流信息的文种，是信息类公文中最重要、最常用的一种，是一种机关文书，是就一个问题而简单向听众简述报告内容的过程。

一、简报的特点

简报具有一般报纸的新闻性特点，又有本身的特点。

1. 内容专业性强

简报一般由有关单位、部门主办，专业性十分明显，如《人口普查简报》《计划生育简报》《水利工程简报》《招生简报》等，分别由主办单位组织专人撰写，传递该项工作的各种信息，包括情况、经验、问题和对策等，一般性的东西少说，无关的东西不说，专业性的东西多说。这样，对一般读者来说，简报能使他们了解工作的进展情况，增强责任感。对领导机关来说，各级领导接到这样的简报，掌握了情况，有问题就有办法处置了。

2. 篇幅特别简短

虽然所有报纸篇幅都有限，文章都较简短，但比较起来，公开的大报一般都有4版，有4万多字；地方小报，每期也有2万多字。简报姓"简"。简，是它区别于其他报刊的最显著的特点。一期简报甚至只登一篇文章、几段信息，或一期几篇文章，总共2000字左右，长的也不过4000字左右，读者可以用很短的时间把它读完，这十分适应现代快节奏工作的需要。因此简报的语言必须简明精练。

3. 限于内部交流

一般报纸面向全社会，内容是公开的，没有保密价值，读者越多越好，正因为如此，它除了要具有新闻性外，还要求有知识性和趣味性。简报则不同，它一般在编报机关管辖范围内各单位之间交流，不宜甚至不能公开传播，特别是涉外机关和专政机关主办的简报更是如此。有的简报往往是专给某一级领导人看的，有一定的保密要求，不能任意扩大阅读范围。

二、简报的写作

1. 简报的结构

简报的种类尽管很多，但其结构却大致相同，一般都包括报头、标题、正文和报尾四部分。有些还由编者配加按语，使其变为由五个部分组成。

简报一般都有固定的报头，包括简报的名称、期号、编发单位、发行日期、保密等级和保存要求、编号。

◆ **简报名称**

简报名称印在简报第一页上方的正中处，为了醒目起见，其字号宜大，尽可能用套红印刷。

◆ **期号**

期号位于简报名称的正下方，一般按年度依次排列，有的还可以标出累计的总期号。属于"增刊"的期号，要单独编排，不能与"正刊"期号混编。

◆ **编发单位**

编发单位应标明全称，其位置在期号的左下方。

◆ **发行日期**

简报的发文日期以领导签发日期为准，应标明具体的年、月、日，位置在期号的右下方。

◆ **保密等级和保存要求**

简报的保密等级要顶格印在报头的左上角，分别标明"机密""绝密"等字样。

◆ **编号**

编号位于报头右上方。保密性简报才用编号，一般简报不用编号。

报头部分位于标题和正文之间，一般都用一条粗线隔开。

有些简报根据需要，还应标明密级，如"内部参阅""秘密""机密""绝密"等，其位置在简报名称的左上方。

报尾部分应包括简报的报、送、发单位。报，指简报呈报的上级单位；送，指简报送往的同级单位或不相隶属的单位；发，指简报发放的下级单位。如果简报的报、送、发单位已固定，却又要临时增加发放单位，一般还应注明"本期增发×××（单位）"。报尾应包括本期简报的印刷份数，以便于管理、查对。报尾部分的内容印在简报末页的下端。

2. 简报的写作要求

◆ **报头**

简报名称一般用大号字体套红印刷。如有特殊内容而又不必另出一期简报时，就在名称或期数下面注明"增刊"或"××专刊"字样。秘密等级写在报头左上角，也有的写"内部文件"或"内部资料，注意保存"等字样。

◆ **报核**

报核即简报所刊的一篇或几篇文章。简报的写法是多种多样的，因此，它的形式也较灵活。大多数是消息，包括标题、导语、主体、结果和穿插在叙述中的背景材料。除了消息，还有别的文体，所以，不是每篇简报都有这几项内容。

简报的标题类似新闻的标题，要揭示主题，简短醒目。

导语通常用简明的一句话或一段话概括全文的主旨或主要内容，给读者一个总的印象。导语的写法多种多样，有提问式、结论式、描写式、叙述式等。导语一般要交代清楚谁（某人或某单位）、什么时间、干什么（事件）、结果怎样等内容。

主体用足够的、典型的、有说服力的材料，把导语的内容加以具体化。

结尾或指明事情发展趋势，或提出希望及今后打算。如果主体部分已经把事情说清楚了，那就不必再加结尾。

背景是对人物、事件起作用的环境条件和历史情况。背景可以穿插在各个部分中。

◆ **报尾**

报尾在简报最后一页下部，用横线与报核隔开，横线下左边写明发送范围，在平行的右侧写明印刷份数。

3. 简报写作注意事项

- 字体要够大。字体太小的话，摆出来也没有人可以看到，就失去了意义。
- 切忌在简报内插入表格，特别是资产损益表之类的表格。很少有人会去细阅每一行小字所表达的内容。
- 切忌贪心，不要在每一版中塞入太多内容。每一版内最多放四五行内容。再多的话，也最多分成两版或三版表示。如果内容超过三版，说明简报不够简洁。

三、日常工作简报

日常工作简报又称业务简报。这是一种反映本地区、本系统、本部门日常工作或问题的经常性简报。它包含的内容较广，工作情况、成绩问题、经验教训、表扬批评，对上级某些政策或指示执行的步骤、措施都可以进行反映。它常以定期或不定期的形式出现，在一定范围内发行。

【日常工作简报范文】

古交市法律宣传日普法活动工作简报
2016 年第 6 期

12 月 4 日，我市在市民广场开展了"12 · 4"国家宪法日暨全国法制宣传日集中宣传活动，市人大常委会主任闫××，市委常委、统战部长王×，市委常委、政法委书记陈×× 等市领导出席活动。

今年的宣传日活动以"弘扬宪法精神，推动创新、协调、绿色、开放、共享发展"为主题，重点是深入学习宣传宪法、党的十八届六中全会精神以及中国特色社会主义法治体系。来自全市的 32 个司法部门和执法单位的 200 余名工作人员参加了宣传活动。现场各单位通过悬挂条幅、设立咨询台、摆放展板、发放宣传资料等形式向过往群众进行宣传。活动现场还有"同心 · 律师服务团"、法律援助、公正等法律工作者及法治宣传志愿者为广大群众提供了法律咨询服务。活动中共发放宣传资料 6.78 万份，展出宣传版面 63 块。

通过此次法治集中宣传活动，引导广大干部群众深入学习宣传贯彻党的十八大和十八届三中、四中、五中、六中全会精神，自觉维护宪法和法律权威，提高公民法治意识，牢固树立社会主义法治理念，大力弘扬法治精神，为进一步推动法治古交建设，更好地服务我市转型跨越发展，营造了良好的法治氛围和法治环境。

四、中心工作简报

中心工作简报又称专题简报，它是一种阶段性的简报。它往往是针对机关工作中某一时期的中心工作、某项中心任务办的简报，中心工作完成，中心简报也就停办了。

【中心工作简报范文】

工作简报
2016 年第 2 期（总第 6 期）

国家内河航道整治工程技术研究中心办公室编　2016 年 12 月 31 日

本期要目

【1】"绿色交通与装备技术协同创新中心"获批"第六批荆州市 2016 协同创新中心"

【2】中心组织召开"航运与水资源综合利用学术研讨会"

【3】中心承办"第一届全国非饱和土与特殊土力学及工程学术研讨会"

【4】中心承办"中国水利学会水利量测技术专业委员会第六届第五次委员会议"

【5】中心协办"第 13 届全国岩石动力学学术会议"

【6】技术研发

中心承担的两项"十二五"国家科技支撑计划项目接受科技部中期检查

交通运输部西部重大专项"长江干线通航条件关键技术研究"项目专题研究成果验收会在汉召开

黄金水道重大专项中期检查暨第五次领导小组会议在汉召开

《航道工程设计规范》编写组第四次会议在汉召开

水路运输子领域技术预测深入开展

"长江航道要素智能感知与融合技术研究及综合应用"项目顺利通过交通运输部大纲评审

"潮汐河段护底软体排稳定性及余排宽度计算研究"中间成果通过审查

"大水位差公路大桥结构防撞关键技术研究"通过中期检查

【7】技术推广

扭双工字型透水框架成功应用于长江南京以下深水航道建设一期工程

【8】人才培养

中心在第三届全国大学生水利创新设计大赛中再创佳绩

【9】合作研究

中心与广东金东海集团联合启动"现代水利水运工程技术研究中心"实质性建设

中心与重庆水利电力建设有限公司联合成立"水利电力工程联合研究中心"

黄召彪院长率中心技术团队赴长江科学院防洪模型试验基地开展技术考察与交流

李文全副总率中心技术团队赴天津水运工程科学研究院开展技术考察与交流

"智能航道"与"感知航道"在无锡智慧碰撞

中心与 ESRI 中国研发中心交流智能航道技术

……

【17】研发条件建设

中心－重庆交通大学双福科研试验新基地建设

中心－重庆交通大学南岸校区新建 70m 玻璃水槽

中心成功研制细颗粒泥沙絮凝沉降试验系统

【18】最新动态

重庆市人大常委会副主任沈金强一行来中心视察

王多银教授负责的《港口水工建筑物》获国家级精品资源共享课立项

中心联合交通运输部规划设计研究院中标两段长江干线数字航道建设工程

中心两个专业入选"三特行动计划"特色专业建设项目

五、会议简报

会议简报是会议期间反映会议情况的简报，它是一种临时性的简报，内容包括会议中的情况、发言及会议决定等。规模较大、时间较长的会议常要编发多期简报，以起到及时交流情况，推动会议的作用。小型会议一般是一会一期简报，常常在会议结束后写一期较全面的总结性的情况反馈报告。

【会议简报范文】

政协八届五次会议简报第四期
栉风沐雨铸辉煌，砥砺奋进谱华章
—— 县政协八届五次会议胜利闭幕

3月4日上午，政协第八届文成县委员会第五次会议圆满完成各项议程，在县文化中心剧院胜利闭幕。

县政协主席郑建华主持会议，副主席余云初、刘建华、胡晓雄、郑士钗，秘书长叶洪锋及县政协常委会组成人员在主席台就座。

应邀出席并在主席台就座的领导有：汪驰、王彩莲、刘建忠、李建业、徐清雨、徐良悟、金利强、周钧、吴承亮、吴宇凌、钟信友、林乐融、陈成武、蔡爱东、季昌丰、郑文东、吴昌亮、雷宇、朱鹏鸣、卢小明、褚长龙、郑国启、雷开勤、冯俊培、钟维枢。大会应到委员198名，实到171名，符合规定人数。

会议期间，全体政协委员以饱满的政治热情和强烈的使命感，紧紧围绕"十三五"新发展，认真履行职责，积极建言，生动展现了我县广大政协委员重协商、促团结、求奋进、谋新篇的良好形象，充分发挥了社会主义协商民主的独特优势和重要作用。

会议听取了政协第八届文成县委员会提案委员会关于八届五次会议提案审查情况的报告，审议通过了政协第八届文成县委员会第五次会议决议。

县委书记汪驰代表中共文成县委，对大会圆满成功表示热烈祝贺；对2015年广大政协委员主动谋事、积极干事，为推动全县经济社会发展凝聚合力、鼓劲添彩，表示充分肯定。他指出，今年是"十三五"的开局之年，面对新目标、新要求，希望县政协和广大政协委员，切实增强政治责任感、历史使命感、工作荣誉感，运用好、发挥好人民政协的独特优势，聚万众之心，汇八方之力，纳各界之策，为我县"十三五"顺利开局做出积极贡献。

对于2016年的工作，他提出了四点希望和要求：一是增强看齐意识，在加强理论学习中坚定政治方向。县政协和广大政协委员，必须要深入学习贯彻党的十八大及历次全会和习近平总书记系列重要讲话精神，深化对党的一系列重大理论、实践问题和决策部署的认识，确保政协事业沿着正确方向前进。二是增强担当意识，在服务发展大局中贡献力量。要充分发挥政协组织优势，主动承担起推进人民政协协商民主的重任，围绕"五大百亿工程"推动过程中的重大问题，积极开展民主协商，努力为全县发展出实招、谋良策。三是增强服务意识，在改善社会民生中履职尽责。始终把实现好、维护好、发展好最广大人民群众的根本利益作为履职尽责的出发点和落脚点，多关心困难群众，多关注弱势群体，切实增强群众"获得感"、扩大群众"幸福面"、提升群众"满意度"。当好听民意、察民情的"有心人"，当好解民忧、惠民生的"热心人"，当好解民惑、安民心的"贴心人"。四是增强创新意识，在加强自身建设中提升能力。县政协和广大政协委员要针对新问题、新情况，以改革创新的精神加强自身建设，不断提升履职能力和政协机关工作水平。

他指出，县委将一如既往地重视政协工作，确保人民政协政治有地位、建言有机会、出力有舞台、工作有作为。他要求各乡镇、各部门要主动配合支持政协组织开展的各项活动，自觉接受政协民主监督，认真办理政协提案，积极吸纳政协议政成果，为政协委员开展活动创造便利条件。

他期盼，在新的一年里，广大政协委员紧密凝聚起来，拉高标杆、争先进位，勇当排头兵，再创新辉煌，为谱写"十三五"赶超发展新篇章，全面建成小康社会而努力奋斗。

大会秘书处

2016 年 3 月 4 日

第五节　细则

一、细则的特点

细则多是主体法律、法规、规章的从属性文件，它具有以下特点。

1. 规范性

细则是对法律、法规和规章的补充说明或辅助性的规定，自然具有法律、法规、规章的规范性特点。

2. 补充性和辅助性

细则是主体法律、法规、规章的从属性文件，它是对法令、条例、规定或其部分条文进行的解释和说明。制定细则的目的是为了补充法律、法规、规章条文原则性强而操作性弱的不足，以利于贯彻执行。

3. 操作性强

细则对有关法律、法规、规章的基本概念进行界定，规定具体适用的标准及执行程序，从而使主体规范性文件具有更强的操作性。

二、细则的写作

细则一般由首部和正文两部分组成。

1. 首部

首部包括标题、制发时间和制发依据等内容。

细则的标题几乎全由"适用范围 + 实施 + 文种"构成，其适用范围一般多由母体公文标题来充当。一般细则的标题有两种形式。

- 由地区、法（条例、规定）名称和文种组成，如《中华人民共和国义务教育法实施细则》。
- 由法（条例、规定）名称和文种组成，如《文物保护法实施细则》。

2. 正文

正文一般由总则、分则和附则三部分组成：总则说明制作本细则的目的、根据、适用范围、执行原则；分则根据法律、法规、规章的有关条款制订出具体的执行标准、实施措施、执行程序和奖惩措施；附则说明解释权和施行时间，有的细则还在附则中对一些未尽事宜做出说明。

细则的正文结构形式有两种：章条式和条项式。章条式的细则，第一章是总则，最后一章是附则，中间各章是分则，每章有若干条款；条项式细则不分章，各条项内容相当于章条式各条，但项目略少，内容更加具体。一般来说，根据法律制订的细则多采用章条式，根据条例或办法制订的细则多采用条项式。

三、细则的写作要求

- 任何细则都是为贯彻执行某一条规而制发的，必须首先说明制定细则的条文根据，根据几条就注明几条，不能随意增减。
- 必须注意细则的补充性和辅助性，并体现在一个"细"字上，把有关条规具体化、细密化，而不是在原有条规之外另起炉灶，再来一个"补充说明"。
- 要注意细则条文的逻辑顺序，一项一事，体现出相对的独立性。
- 细则写作必须坚持"上有所依，下有所系"的原则，即必须根据上级机关的有关条规，联系本地区、本系统的实际，提出具体的实施细则。

四、细则范文

【细则范文】

天津市居住证办理的实施细则
2016 年 4 月 18 日实施
第一章 总则

第一条 为做好境内来津人员申办天津市居住证（以下简称居住证）工作，根据《天津市人民政府关于印发天津市居住证管理办法的通知》（津政发〔2015〕39号），制定本细则。

第二条　本细则适用于境内来津人员居住登记和居住证的申领、核查、制发、管理等相关工作。

第三条　居住登记的申请人包括自然人申请人和法人申请人；居住证的申请人为自然人申请人。自然人申请人是指由本人直接申报居住登记或申领居住证的境内来津人员。法人申请人是指组织本单位合同工人集体申报居住登记的用人单位。

境内来津人员是指具有中华人民共和国国籍、离开常住户口所在地进入本市居住的中国公民（港澳台地区居民除外）。

第四条　区县各级流动人口服务管理机构（包括区县流动人口服务管理中心，街道、乡镇流动人口服务管理站，社区、村、大型企业、建筑工地流动人口信息采集点）受公安机关委托负责具体承办居住登记工作。区县公安人口服务管理中心、公安派出所、有条件的社区警务室及受公安机关委托的流动人口服务管理机构具体负责承办居住登记和居住证的申领、签注、补（换）领、注销等业务。

区县公安机关负责居住证签发工作。市公安机关负责居住证制作工作。

第五条　居住证证件信息包括：姓名、性别、民族、出生日期、公民身份号码、近期照片、户籍地址、居住地址、签发机关、有效期限。

居住证每年签注1次，逾期未签注，使用功能中止；办理居住证签注手续后，使用功能恢复。经社区民警核查确认的，公安机关应在受理单位开具《天津市居住证受理回执》后20个工作日内完成证件制作、发放工作。

第二章　居住登记

第六条　境内来津人员拟在津居住7日以上的，应当依照《天津市人民政府关于印发天津市居住证管理办法的通知》有关规定，到居住地流动人口服务管理机构或居住证申领点申报居住登记。

申报居住登记时，自然人申请人应当提供居民身份证、合法居所证明，无居民身份证人员还应提供常住户口所在地居民户口簿和近期证件照片；法人申请人除以上材料外，还需提供单位营业执照副本复印件和申请人员名册。申请人员名册应当包括姓名、公民身份号码、居住地址等项目，并加盖单位印章。

......

第十八条　居住证自签发之日起须每年签注1次。居住证持有人应当在居住每满1年之日前1个月内提交签注申请，经社区民警核查确认后持居民身份证等有效身份证明、居住证及合法居所证明等，到受理部门办理签注手续。

第十九条　居住证持有人居住地址发生变动的，应当自变动之日起7日内提交签注申请，经社区民警核查确认后持居住证和变动后的合法居所证明，到受理部门办理变更签注手续。

第二十条　居民姓名、性别、民族、出生日期、户籍地址发生变化的，以及居住证损坏难以辨认的，应当及时到受理部门换领新证。

受理部门办理换领手续时，应当收回损坏的居住证，对居住证持有人基本信息进行审核，并依照居住证首次申领的工作程序和时限进行办理，收取换领居住证工本费并开具收费票据。收回的居住证应编制清单，每半年上交1次，由区县人口服务管理中心集中统一销毁。

第二十一条　居住证持有人有下列情形之一的，经核实认定后，居住地公安机关应当在居住证管理信息系统中注销居住登记信息并注销、回收居住证。

（一）居住证持有人在申领时提供虚假证明材料取得居住证的；

（二）居住证持有人情况发生变更且不符合居住证办理要求的；

（三）居住证持有人已转为本市常住户口的；

（四）法律、法规、规章规定其他应当注销的情形。

第三章 附则

第二十二条 人民警察依法执行职务时，经出示执法证件，可以查验居住证。其他任何单位和个人不得查验、扣押居住证。

第二十三条 在开展居住登记和居住证申领、管理工作中，区县人口服务管理中心应当设立并向社会公布投诉电话，严肃查处侵害投诉人合法权益的违规行为。

第二十四条 居住证受理部门及其工作人员对在居住证服务和管理工作中获悉的境内来津人员信息，应当予以保密。任何单位和个人不得泄露或者违法查询、使用居住证持有人信息。

第二十五条 居住证受理部门及其工作人员有下列行为之一的，根据情节轻重，依法给予处分；构成犯罪的，依法追究刑事责任。

（一）违反规定收取费用的；

（二）利用制作、发放、查验居住证的便利，收受他人财物或者谋取其他利益的；

（三）违反规定查验、扣押居住证的；

（四）将在服务和管理过程中获得的境内来津人员信息出售或者非法提供给他人的；

（五）在居住登记和居住证管理工作中，有其他侵害境内来津人员合法权益行为的。

第二十六条 个人或者用人单位有下列行为之一的，由公安机关依法进行处罚。

（一）不按规定申报居住登记的；

（二）不按规定办理居住地址变更的；

（三）使用虚假证明材料骗领居住证的；

（四）出租、出借、转让居住证的；

（五）伪造、变造居住证，买卖或者使用伪造、变造居住证的；

（六）冒用他人居住证或者使用骗领的居住证的；

（七）使用、制造虚假材料或故意隐瞒实际情况，骗取积分入户资格的。

第二十七条 个人和单位认为有关行政机关在居住证服务和管理工作中的具体行政行为侵害其合法权益的，可以依法申请行政复议或者提起行政诉讼。

第二十八条 本细则自公布之日起实施，2020年12月31日废止。

第七章
社交类文书写作要点与范文

第一节　会议开幕词

会议是种有组织、有目的的言语沟通活动方式，是围绕一定目的进行的、有控制的集会，有关人士聚集在一起，围绕一个主题发言、插话、提问、答疑、讨论，通过语言相互交流信息、表达意见、讨论问题、解决问题。筹划和召开各种会议，利用会议形式来传递信息、沟通意见、协调关系、也是公共关系常用的一种传播方式。

它既可以作为一种经常商讨并处理重要事务的常设机构或组织的名称，也可以被用来表示有组织、有领导的民主协商和决定某些事项的临时性集会，也就是我们通常所说的"开会"。在后一种含义上，会议和会是同义词，都是指人们的一种活动方式。随着社会的飞速发展和社会信息量的不断增长，会议已成为现代社会开展政务、经济、文化及其他活动的一种重要方式。

一、会议开幕词的特点

1. 简明扼要

开幕词要简洁明了、短小精悍，最忌长篇累牍，言不及义；多使用祈使句，表示祝贺和希望。

2. 口语化

会议开幕词的语言应该通俗、明快、上口。

二、会议开幕词的写作

会议开幕词由首部、正文和结束语三部分组成。

1. 首部

首部包括标题、时间、称谓三部分内容。

◆ **标题**

会议开幕词的标题一般由事由和文种构成，如《中国共产党第十八次全国人民代表大会开幕词》。

有的标题由致词人、事由和文种构成，其形式如《俞正声同志在政协第十二届全国委员会常务委员会第十八次会议开幕词》。

有的采用复式标题，正标题揭示会议的宗旨、中心内容，副标题与前两种标题的构成形式相同，如《我们的文学应该站在世界的前列 —— 中国作家协会第四次会员代表大会开幕词》。

也有的标题只写文种，如《开幕词》。

◆ **时间**

时间位于标题之下，用括号注明会议开幕的年、月、日。

◆ **称谓**

称谓一般根据会议的性质及与会者的身份确定，如"同志们""各位代表、各位来宾""运动员同志们"等。

2. 正文

正文包括开头、主体和结尾三部分。

◆ **开头**

开头部分一般开门见山地宣布会议开幕；也可以对会议的规模及与会者的身份等做简要介绍，如"参加这次大会的代表有 ××× 人，其中有来自……"，并对会议的召开及对与会人员表示祝贺。需要说明的是，开头部分即使只有一句话，也要单独列为一个自然段，其与主体部分要分开。

◆ **主体**

这是开幕词的核心部分。通常包括以下三项内容。

阐明会议的意义，通过对以往工作情况的概括总结和对当前形势的分析，说明会议是在什么形势下、为了解决什么问题和达到什么目的召开的。

阐明会议的指导思想，提出大会任务，说明会议主要议程和安排。

为保证会议顺利举行，向与会者提出会议的要求。

◆ **结尾**

结尾部分一般提出会议任务、要求和希望。

3. 结束语

会议开幕词的结束语要简短、有力，并要有号召性和鼓动性。写法上常以呼告语领起一段，用"预祝大会圆满成功"结束。

三、会议开幕词范文

【会议开幕词范文】

2016 年度工作会议开幕词
（2017 年 1 月 5 日）

各位同人：

大家上午好！

春回大地，万象更新！转眼之间 2016 年已经过去，充满新的挑战与机遇的 2017 年已然来临。今天，我们欢聚一堂，在这里隆重召开名仁居地产营销机构 2016 年度工作大会。首先，我谨代表公司向各位参会人员表示热烈的欢迎，再者，向全体员工在过去一年里的辛勤工作致以深深的谢意！

2016 年是公司大跨步发展的一年，也是充满挑战的一年。公司自 2006 年成立以来，已然走过十个年头，在这十年的时间里公司承接了数个地产项目，项目涉及区域遍及安徽省多个县市地区，乃至外省地区。机遇和挑战是并存的，尤其是在近几年，整个市场经济处于一种较为动荡的时期，致使房地产市场局势也变得变幻莫测，从而给我们的销售工作带来了很大的挑战。但是通过公司全体员工的不懈努力，公司获得了健康、稳步、持续的发展，做到了稳健运营，实现持续发展的目标。

在 2016 年，公司总部经历了办公场所的搬迁和工作人员的扩编，由原先的狭小办公场所搬到了现在宽敞、明亮的专业商务写字楼，公司各职位也逐渐达到齐全的人员配备状态。这些方方面面都是公司在不断发展壮大的实际体现，当然公司的发展伴随着全体员工的辛勤劳动和不断努力，也凝聚着每位员工在各自岗位上的自我突破和无私奉献。因此，我谨代表公司向全体员工表示衷心的感谢，并通过你们向你们的家人表示由衷的感谢！

展望 2017 年，我们将面临新的机遇和更大挑战，希望大家继续努力，开拓创新，与时俱进，以新的姿态、新的步伐，谱写出名仁居全新的篇章！

我相信 2017 年，在公司的正确决策下，有我们全体员工的共同努力和齐心协力，通过强化管理，提升效率，我们的员工和企业一定能够携起手来，共同进步，在激烈的市场竞争中求得新的发展，公司一定会有更美好的未来！

最后祝我们的年度会议圆满成功！谢谢大家！

2017 年 2 月 15 日

第二节　会议闭幕词

闭幕词是一些大型会议结束时由有关领导人或德高望重者总结会议的讲话，具有总结性、评估性和号召性。闭幕词应对会议进展情况、完成的议题、取得的成果、提出的会议精神及会议意义等进行高度的语言概括。因此，闭幕词的篇幅一般都短小精悍，语言简洁明快。

一、会议闭幕词的作用

闭幕词对于会议也具有十分重要的作用，这主要表现在如下几个方面。

1. 宣布会议闭幕

闭幕词标志着会议的结束，最后完成了整个会议的工作。

2. 总结会议情况

闭幕词能够概括会议的历程，反映与会人员的情绪和会议的气氛，能够加深与会人员对会议情况的了解。

3. 肯定会议成果

闭幕词能够陈述会议所达到的目的，肯定会议中提出的合理化建议与正确意见，这有利于与会人员进一步把握会议精神。

4. 提出会议希望

闭幕词往往对与会人员和广大人民群众提出希望，发出号召，这就有助于会议精神的发扬光大。

二、会议闭幕词的写作

闭幕词由标题、称呼和正文三部分组成，标题与称呼的写法与开幕词基本相同。

在标题和称呼之后，另起一段首先说明会议已经完成预定任务，现在就要闭幕了；然后概述会议的进行情况，恰当地评价会议的收获、意义及影响。

核心部分要写明：会议通过的主要事项和基本精神；会议的重要性和深远意义；向与会人员提出贯彻会议精神的基本要求；等等。一般来说，这几方面内容都不能少，而且顺序是基本不变的。

撰写者在写作时要掌握会议情况，有针对性地对会议内容予以阐述和肯定；同时可以对会议未能展开但与会人员都已认识到的重要问题做出适当强调或补充；闭幕词的行文要热情洋溢，文章要简洁有力，起到激发斗志，增强信念的作用。

结尾部分一般先以坚定语气发出号召、提出希望、表示祝愿等，最后郑重宣布会议闭幕。

闭幕词出现在会议终了，因此，要与开幕词前后呼应、首尾衔接，显示大会开得很圆满、很成功。

三、开幕词与闭幕词的关系

开幕词与闭幕词既各有侧重，又遥相呼应，构成一个有机的整体。

- 开幕词、闭幕词都是会议的重要组成部分。

开幕词重在给予会议指导，主要阐述会议的宗旨与开法。它有如戏剧的前奏、序曲，拉开会议的帷幕，动员与会人员带着明确的任务与饱满的热情投入到会议中去。

闭幕词重在对会议进行总结，主要归纳会议的精神与成果。它有如戏剧的高潮与结尾，落下会议的大幕，鼓舞与会人员肩负会议的使命与百倍的信心奔赴各自的工作岗位。

- 开幕词与闭幕词都是会议进程中不可缺少的部分，会议的基本精神始终是在它们中"一以贯之"的，所不同的是，从开幕词到闭幕词，会议的基本精神经过会议得到了深化。

开幕词与闭幕词的写作都重在概括。开幕词主要概括会议的任务、意义，而闭幕词则是概括会议的精神、成果。

开幕词与闭幕词都以鼓动性为特点。开幕词以鼓励与会人员投入会议为目的，而闭幕词则以鼓动与会人员为实现会议的任务而努力。

开幕词与闭幕词都不是会议的主体，篇幅都宜短小。

四、会议闭幕词范文

【会议闭幕词范文】

中国人民政治协商会议第十二届全国委员会第五次会议闭幕词
（2017 年 3 月 13 日）

各位委员，同志们：中国人民政治协商会议第十二届全国委员会第五次会议在中共中央、全国人大常委会、国务院高度重视和各有关部门、社会各方面大力支持下，经过全体委员共同努力，顺利完成各项议程，就要闭幕了。

会议期间，中共中央总书记、国家主席、中央军委主席习近平等党和国家领导同志，出席大会开幕式和闭幕会，深入界别小组听取意见，与委员们互动交流，共同谋划促进经济平稳健康发展和社会和谐稳定的有效措施，充分展示了社会主义协商民主的生机活力。

……

今年是十二届全国政协工作的最后一年。一届政协委员，一生政协情缘。我们要倍加珍惜宝贵时间，倍加珍惜委员荣誉，锲而不舍，奋发向上，不忘初心，敬终如始，恪尽职守，不懈怠、不松劲、不停步，在时代发展大潮中和人民政协舞台上，定格人生奋斗坐标，留下生动政协故事，以新的业绩为人民政协事业增光添彩。

……

现在，我宣布中国人民政治协商会议第十二届全国委员会第五次会议闭幕！

（本文有删节）

第三节　讲话稿

讲话稿有广义和狭义之分。广义的讲话稿是人们在特定场合发表讲话的文稿；狭义的讲话稿即一般所说的领导讲话稿，是各级领导在各种会议上发表带有宣传、指示、总结性质讲话的文稿，是应用写作研究的重要文体之一。

一、讲话稿的特点

1. 内容的针对性

讲话稿的内容由会议主题、讲话者和受众等因素决定。在写讲话稿之前，撰写者必须要了解会议的主题、性质、议题，讲话的场合、背景，领导者的指示、要求，听众的身份、背景情况、心理需求和接受习惯等。

2. 篇幅的限制性

讲话是有时间限制的，因此讲话稿的篇幅有特定要求，不能不顾具体情况长篇大论。一般来讲，表彰、通报、庆典等会议上的讲话稿篇幅不宜过长，以免喧宾夺主。

3. 语言要得体

为了便于讲话者表达，易于听众理解和接受，讲话稿的语言既要准确、简洁，又要通俗、生动。另外，由于讲话多在现场进行，因此撰写讲话稿时必须提前考虑和把握现场气氛和场合。

4. 集智起草

为了提高行政效率，领导讲话稿经常由秘书代笔，然后经领导审核后采用。有的部门还专设起草小组，领导一般要将写作的目的、背景、写作要求等对起草小组交代清楚，然后由起草小组分工协作、集体撰稿，并在起草的过程中反复讨论、修改，几易其稿，才提交领导使用。

5. 交流的互动性

讲话稿应通俗易懂，符合口语习惯，不能咬文嚼字，同时要能与听众形成良好的互动，善于把抽象的道理具体化。

二、讲话稿的写作

讲话稿一般由标题和正文两部分组成。

1. 标题

讲话稿的标题分为两种。

- 由讲话人的姓名、职务、事由和文种构成，如《××省长在全省教育工作会议上的讲话》。

- 由一个主标题和副标题组成。主标题一般用来概括讲话的主旨或主要内容，副标题则与上一种标题的构成形式相同，如《进一步学习和发扬鲁迅精神 —— 在鲁迅诞生 110 周年纪念大会上的讲话》。

2. 正文

讲话稿的正文包括开头、主体和结尾三部分。

◆ 开头

其开头首先根据与会人员的情况和会议性质来确定适当的称谓，如"同志们""各位专家学者"等，要求庄重、严肃、得体；然后用极简洁的文字把要讲的内容概述一下，说明讲话的缘由或者所要讲的内容重点；接着转入正文讲话。

◆ 主体

该部分内容根据会议的内容和发表讲话的目的，可以重点阐述如何领会文件、指示、会议精神；可以通过分析形势和明确任务，提出搞好工作的几点意见；可以结合本单位情况，提出贯彻上级指示的意见；可以对前面其他领导人的讲话做补充讲话；也可以围绕会议的中心议题，结合自己分管的工作谈几点看法等。

◆ 结尾

结尾用以总结全篇，照应开头，发出号召，或者征询对讲话内容的意见或建议等。

三、讲话稿的写作要求

1. 目标明确，中心突出

讲话稿的写作要有的放矢，开的是什么会，听众对象是谁，预期的效果是什么，都要心中有数、目标明确。讲话稿的主题要切合听众的实际，一次讲话一个中心，切忌信口开河、东拉西扯。如果是秘书代笔，其更要想领导所想，设身处地考虑领导在这个问题上的观点及该领导平时讲话的风格，否则讲话的效果会与预期目标大相径庭。

2. 语言要"上口""入耳"

所谓"上口"就是说起来要顺口。用笔写出的讲话稿最终要用嘴说出去，因此要符合口语的习惯，尽量选用响亮的字眼，多用短句，言语的搭配要符合听觉习惯。所谓"入耳"是要听起来不含糊，能让人听明白、听懂，这就要求其讲得要通俗；若要听众爱听，则还要注意语言的生动、活泼。

四、工作类讲话稿范文

工作类讲话稿是领导人在会议上对重要工作加以阐述、评价或鼓动的议论性讲话文稿，能起到表现会议主题、促进工作发展的作用，是一种重要的会议材料。它一般包括总结性讲话稿、指导性讲话稿和号召性讲话稿等。工作类讲话稿具有指导性、目的性和鼓动性的特点。

【工作类讲话稿范文】

尊敬的各位领导、同志们：

大家好！

刚才聆听了张书记的讲话，我们经济发展服务中心全体人员，深受鞭策，备受鼓舞。张书记为街道的经济发展描绘了宏伟蓝图，使我们深受触动，同时，也深感肩上责任重大。今年以来，我们经济发展服务中心在街道党工委、办事处的正确领导下，按照区委、区政府"三年"活动整体要求，以"选商聚智"、服务企业为重要抓手，牢牢把握当前发展机遇，不断提高自身服务水平，努力推动街道经济又好又快发展。上半年，街道税收、引进内资、合同利用外资、实到外资等主要指标完成良好，绝大部分经济指标均时间过半任务过半。指标的完成有我们经济部门的努力，但更离不开街道领导、街道各部门以及各社区每一位工作人员的努力付出。为了顺利实现全年工作目标，做好下半年工作，在此，我谨代表经济发展中心全体人员做如下表态发言。

一、明确思路，认识再到位。坚持以抓好、抓实、抓紧为原则，不断深化危机意识、竞争意识，全力抓好招商引资工作。一方面主动"走出去"，到有意向的重点区域上门招商，沟通洽谈建立友谊，寻求合作。另一方面主动"请进来"，注重寻求招商信息，充分挖掘辖区企业、招商顾问单位的招商信息，对有投资意向的客商，积极主动联系，邀请他们前来实地考察洽谈，努力使投资意向变为合作项目，使客商源变为投资源。

二、抓住重心，强化措施。把合同履约率、资金到位率、项目开工率作为核心工作来抓，确保各项工作落到实处。针对街道经济工作中存在的突出问题和面临的新形势，认真分析，积极探索，提出合理化意见和建议。做好辖区内的产业布局，发掘区域优势产业、特色经济，为街道经济可持续发展打下扎实基础。

三、强化执行，责任再落实。按照街道制定的有关规章制度，认真履行职责，加大执行力度，提高工作的主动性、创造性。对照全年工作目标任务，明责任、抓进度，把责任落实到人、落实到位。

四、提高服务与实效。不断提高服务水平，积极为客商、为企业提供优质高效的服务，营造良好的投资软环境。对重点项目、重点企业，采取定人、定时、定目标，提供从政策宣传、项目洽谈、到办理手续的保姆式服务，以使引进企业"进来有信心、留下有发展"，提高工作实效。

各位领导，同志们！我们坚信，在街道党工委、办事处的坚强领导下，通过大家的共同努力，经济发展服务中心一定能顺利完成全年各项经济指标，为街道经济发展做出更大的贡献！

我的发言结束了，谢谢大家！

五、庆祝、纪念类讲话稿范文

此类讲话稿是领导在纪念某一历史事件、历史人物或重大庆典等纪念性会议上所发表的讲话稿。这类讲话稿既要肯定和颂扬历史事件的重大意义和历史人物的丰功伟绩，还要立足当前、面向未来，揭示其现实意义，对继承光荣传统，弘扬革命精神提出具体要求。

【庆祝、纪念类讲话稿范文】

习近平在纪念万里同志诞辰 100 周年座谈会上的讲话
（2016 年 12 月 5 日）

同志们，朋友们：

今天，我们怀着崇敬的心情，在这里隆重集会，纪念万里同志诞辰 100 周年，缅怀他为我国革命、建设、改革事业做出的卓越贡献，追思他的革命精神和崇高风范，激励全党全国各族人民为夺取中国特色社会主义新胜利、实现中华民族伟大复兴的中国梦而努力奋斗。

万里同志是中国共产党的优秀党员，久经考验的、忠诚的共产主义战士，杰出的无产阶级革命家、政治家，党和国家的卓越领导人，曾担任中国共产党第十一届、十二届中央书记处书记，第十二届、十三届中央政治局委员，国务院副总理，第七届全国人民代表大会常务委员会委员长。在 70 多年革命生涯中，万里同志把自己的全部精力贡献给了党和人民，为中华民族独立和解放、为社会主义革命和建设、为改革开放和社会主义现代化建设事业建立了不朽功勋。

万里同志 1936 年 5 月加入中国共产党，从此走上革命道路。革命战争年代，万里同志积极从事根据地和解放区建设工作，为夺取新民主主义革命胜利做出了积极贡献。抗日战争时期，万里同志积极发展地下党员，成立抗日团体，创办抗日报刊，广泛宣传党的抗日救亡主张，组织人民群众团结抗日。在敌后扩战最艰苦的时期，万里同志创建并坚持了运西抗日根据地，领导当地军民反"扫荡"、反"蚕食"，有力促进了冀鲁豫地区抗日战争胜利。解放战争时期，万里同志参与领导冀鲁豫地区人民群众积极参军参战、组织生产、支援前线，有力支援了刘邓大军千里跃进大别山、实现解放战争的伟大战略转折。他到黄河以南地区工作，参与领导当地军民为巩固、扩大解放区进行了艰苦卓绝的斗争。

中华人民共和国成立后，万里同志在大西南工作期间，积极探索当地工业发展道路，为西南地区工业生产恢复和发展做了大量卓有成效的工作。他在担任城市建设部部长等职务期间，深入实际，调查研究，加强和改进城市规划工作，反对城市建设中急躁冒进的倾向，强调城市建设要同工业建设及其他经济文化建设相协调，积极推动"一五"时期工业建设和重点工业城市有计划有秩序发展。在北京市工作期间，他协助周恩来总理负责国庆 10 周年献礼工程建设，带领广大干部职工，坚持古为今用、洋为中用，精心设计，精心施工，仅用不到一年时间就完成人民大会堂等北京"十大建筑工程"建设任务，创造了世界建筑史上的奇迹。毛泽东同志称赞他"别人日行千里，而你是日行万里"。

"文化大革命"中，万里同志受到严重迫害。他对林彪、江青反革命集团的倒行逆施深恶痛绝，以实际行动进行抵制和斗争。1975年，万里同志在担任铁道部部长等职务期间，坚决支持邓小平同志提出的实行全面整顿、把铁路系统作为整顿突破口的主张，提出实现"四通八达、畅通无阻，安全正点，当好先行"的目标，坚决反对和制止派性，坚持整顿领导班子、健全规章制度、狠抓铁路运输秩序，迅速扭转了铁路系统的混乱局面。

在改革开放新的历史时期，万里同志勇当改革先锋和闯将，为探索中国特色社会主义道路做出重大贡献。在安徽工作期间，万里同志深入基层，走村串户，体察民情，采取果断措施拨乱反正。他重视农业生产，关心农民疾苦，提出农村工作以生产为中心，勇敢探索发展农业生产、改善农民生活、转变农村面貌的新路子。他大力支持和推广肥西县"包产到户"和凤阳县小岗村"包干到户"的做法，推动全省农业管理体制变革。万里同志领导的安徽农村改革，是对社会主义经济制度的一次艰辛和成功的探索。

在担任中央书记处书记、国务院副总理等职务期间，万里同志解放思想、实事求是，提出改革农村生产经营体制，领导起草了5个中央1号文件，经党中央研究批准后下发，推动了农村改革不断深入。他参与领导经济体制改革，积极推动政治、科技、教育、文化等其他各方面改革。他坚持把转变机制、调动广大劳动者积极性作为改革的指导思想，强调尊重价值规律、发展商品经济，提出贯彻各尽所能、按劳分配的社会主义分配原则。他积极探索以增强企业活力为中心环节的经济体制改革，支持企业实行经济责任制。他大力倡导社会主义民主法制建设，强调发展民主与健全法制是我们国家的一件根本大事。

在担任全国人大常委会委员长职务期间，万里同志强调要贯彻党在社会主义初级阶段的基本路线，履行宪法法律赋予的职责，提出要把"保证和促进改革"作为人大的首要职责，把加强社会主义民主法制建设作为人大的中心任务。他高度重视社会主义民主政治建设，强调发扬社会主义民主是政治体制改革的重要方面，主张通过改革一步一步使我国社会主义民主政治走向制度化、法律化。他高度重视立法工作，强调要适应社会主义现代化建设和改革开放的需要加强立法工作，保障社会主义市场经济发展。他高度重视人大监督工作，提出要把对法律执行情况的监督检查同制定法律放在同等重要的地位，明确执法检查是人大履行监督职责的重要形式，对促进法律实施起到了积极作用。从领导岗位上退下来以后，他仍然关心党和国家事业发展，坚决拥护支持党中央领导，积极关注中国特色社会主义伟大事业。

同志们、朋友们！

当前，我们党正带领人民走在实现"两个一百年"奋斗目标、实现中华民族伟大复兴中国梦的新长征路上，老一辈革命家为之奋斗的伟大事业和美好理想正在一步步实现。让我们继承和发扬先辈们的革命精神和崇高风范，不忘初心、继续前进，努力创造无愧于时代、无愧于人民的新业绩！

（本文有删节）

第四节 演讲稿

演讲稿又叫演说词，它是在大会上或其他公开场合发表个人的观点、见解和主张的文稿。演讲稿的好坏直接决定了演讲的成功与失败。

演讲稿像议论文一样论点鲜明、逻辑性强，但它又不是一般的议论文。它是一种带有宣传性和鼓动性的应用文体，经常使用各种修辞手法和艺术手法，具有较强的感染力。演讲稿有两个方面的作用：一是通过对思路的精心梳理，对材料的精心组织，使演讲内容更加深刻和富有条理。二是可以帮助演讲者消除临场紧张、恐惧的心理，增强演讲者的自信心。

一、演讲稿的特点

1. 针对性

演讲是一种社会活动，是用于公众场合的宣传形式。它为了以思想、感情、事例和理论来晓谕听众，打动听众，"征服"群众，必须要有现实的针对性。

所谓针对性，首先是撰写者提出的问题是听众所关心的问题，评论和论辩要有雄辩的逻辑力量，要能为听众所接受并使其心悦诚服，这样才能起到应有的社会效果；其次是要懂得听众有不同的对象和不同的层次，而"公众场合"也有不同的类型，如党团集会、专业性会议、服务性俱乐部、学校、社会团体、宗教团体、各类竞赛场合，撰写者在写作时要根据不同场合和不同对象，设计不同的演讲内容。

2. 易说可讲

演讲的本质在于"讲"，而不在于"演"，它以"讲"为主、以"演"为辅。由于演讲要诉诸口头，拟稿时必须以易说能讲为前提。如果说有些文章和作品主要通过阅读欣赏，使读者领略其中意义和情味，那么演讲稿的要求则是"上口、入耳"。一篇好的演讲稿对演讲者来说要可讲，对听讲者来说应好听。因此，演讲稿写成之后，撰写者最好能通过试讲或默念加以检查，凡是讲不顺口或令人听不清楚之处（如句子过长），均应修改与调整。

3. 鼓动性

演讲是一门艺术。好的演讲自有一种激发听众情绪、赢得好感的鼓动性。要做到这一点，首先要依靠演讲稿思想内容的丰富、深刻，其见解要精辟，有独到之处，发人深省；语言表达要形象、生动、富有感染力。如果演讲稿写得平淡无味、毫无新意，即使演讲者在现场"演"得再卖力，效果也不会好，甚至适得其反。

4. 整体性

演讲稿并不能独立地完成演讲任务，它只是演讲的一个文字依据，是整个演讲活动的一个组成部分。演讲主体、听众对象、特定的时空条件共同构成了演讲活动的整体。撰写演讲稿时，撰写者不能将它体从整体中剥离出来。为此，演讲稿的撰写要从以下几个方面照顾整体性。

- 首先，要根据听众的文化层次、工作性质、生存环境、品位修养、爱好愿望来确立选题，选择表达方式，以便更好地沟通。
- 其次，演讲稿不仅要充分体现演讲者独到、深刻的观点和见解，而且还要对声调的高低、语速的快慢、体态语的运用进行设计并加以注释，以达到最佳的传播效果。
- 最后，还要考虑演讲的时间、空间、现场氛围等因素，以强化演讲的现场效果。

5. 口语化

口语化是演讲稿区别于其他书面表达文章和会议文书的重要方面。书面性文章无须多说，其他会议文书如大会工作报告、领导讲话稿等，并不太讲究口语化，虽然由某一领导在台上宣读，但听众手中一般也有一份印制好的讲稿，一边听讲一边阅读，不会有什么听不明白的地方。演讲稿就不同了，它有较多的即兴发挥，不可能事先印好讲稿发给听众。为此，一篇好的演讲稿要做到讲起来通达流利，听起来非常顺畅，没有什么语言障碍，不会发生曲解。撰写者在写作时要注意做到：

- 把长句改成适听的短句；
- 把倒装句改为常规句；
- 把听不明白的文言词语、成语加以改换或删去；
- 把单音节词换成双音节词；
- 把生僻的词换成常用的词；
- 把容易误听的词换成不易误听的词。

这样，才能保证其演讲者讲起来朗朗上口，听众听起来清楚明白。

6. 临场发挥

演讲活动是演讲者与听众面对面的一种交流和沟通。听众会对演讲内容及时做出反应：或表示赞同，或表示反对，或饶有兴趣，或无动于衷。演讲者对听众的各种反应不能置之不顾。因此，写演讲稿时，撰写者要充分考虑它的临场特性，在保证内容完整的前提下，要注意留有伸缩的余地；要充分考虑到演讲时可能出现的种种问题，以及应付各种情况的对策。总之，演讲稿要具有弹性，要体现出必要的控场技巧。

二、演讲稿的写作

不同类型、不同内容的演讲稿，其结构方式也各不相同，但基本形态都由开头、主体、结尾三部分构成。

1. 开头

开头要先声夺人，富有吸引力。

演讲稿的开头也叫开场白，它犹如戏剧开头的"镇场"，在全篇中占据重要的地位。开头的方式主要有以下几种。

◆ **开门见山，亮出主旨**

这种开头不绕弯子，直奔主题，开宗明义地提出自己的观点。例如，李卜克为西在《在德国国会上反对军事拨款的声明》的开头就说："我投票反对这项提案，理由如下……"

◆ **叙述事实，交代背景**

开头向听众报告一些新发生的事实，比较容易引起人们的注意，吸引听众倾听。

◆ **提出问题，引人深思**

开头可以通过提问，引导听众思考一个问题，并由此制造一个悬念，引起听众欲知答案的期待。例如，曲啸的《人生理想追求》就是这样开头的："一个人应该怎样对待自己青春的时光呢？我想在这里同大家谈谈我的情况。"

◆ **引用警句，引出下文**

开头也可以引用内涵深刻、发人深省的警句，引出下面的内容来。例如，一个大学生的演讲稿，标题叫"我的思考与奋起"，其开头就很精彩："思考可以构成一座桥，让我们通向新知识。"

开头的方法还有一些，此处不再一一列举。总之，无论采用什么形式的开头，都要做到先声夺人，使演讲富有吸引力。

2. 主体

演讲稿的主体部分要层层展开，步步推向高潮。所谓高潮，即演讲中最精彩、最激动人心的段落。主体部分的行文要在理论上一步步说服听众，在内容上一步步吸引听众，在感情上一步步感染听众；要精心安排结构层次，层层深入，环环相扣，水到渠成地推向高潮。

主体部分展开的方式有以下三种。

◆ 并列式

并列式就是围绕演讲稿的中心论点，从不同角度、不同侧面进行表现，其结构形态呈放射状四面展开，宛若车轮之轴与其辐条，而每一侧面都直接面向中心论点、证明中心论点。

◆ 递进式

递进式即从表面、浅层入手，采取步步深入、层层推进的方法，最终揭示深刻的主题，犹如层层剥笋。用这种方法来安排演讲稿的结构层次，能使道理得到由表及里的深入阐述和证明。

◆ 并列递进结合式

这种结构，或是在并列中包含递进，或是在递进中包含并列。一些气势雄伟的演讲稿常采用这种方式。

3. 结尾

结尾部分要干脆利落，简洁有力。

演讲稿的结尾是主体内容发展的必然结果。结尾或归纳、或升华、或希望、或号召，方式很多。好的结尾应收拢全篇，卒章显志，干脆利落，简洁有力，切忌画蛇添足、节外生枝。

三、演讲稿的写作要求

演讲，首先要了解听众，了解他们的性格、年龄、受教育程度、工作内容、出生地，注意听众的组成，分析他们的观点、态度、希望和要求。撰写者掌握这些以后，就可以决定采取什么方式来吸引听众、说服听众，取得好的效果。

一篇演讲稿要有一个集中、鲜明的主题。无中心、无主次、杂乱无章的演讲是没有人愿听的。一篇演讲稿只能有一个中心，全篇内容都必须紧紧围绕着这个中心去铺陈，这样才能给听众留下深刻的印象。

　　好的演讲稿，应该既有热情的鼓动，又有冷静的分析，要把抒情和说理有机地结合起来，做到动之以情，晓之以理。

　　演讲稿的语言要做到准确、精练、生动形象、通俗易懂，不能讲假话、大话、空话，也不能讲过于抽象的话；要多用比喻，多用口语化的语言，深入浅出，把抽象的道理具体化，把概念化的东西形象化，让听众听得入耳、听得明白。

四、演讲稿范文

【 演讲稿范文 】

2017 年三八妇女节演讲稿

　　一年一度三八妇女节，每逢这个节日，我们公司都不会忘记我们这些曾经在工作各个岗位上恪尽职守、奋发努力、锐意进取、默默奉献的女员工们，公司工会每年都竭尽全力为女员工们搞些愉悦身心、大家喜闻乐见的活动。目的是激发我们女员工热爱生活、积极进取的激情，弘扬妇女半边天精神，激励她们在工作岗位上建功立业。

　　2017 年的妇女节是第 1C4 个国际劳动妇女节，为了庆祝这个节日，公司工会在几次开会征求意见的基础上举办了这次活动，活动的两个内容：一是组织"团体女性安康保险"活动；二是这个即将结束的女员工联欢及才艺表演活动。此次活动为公司女员工搭建了展示自己心灵手巧、多才多艺的舞台，今天她们在这个舞台上，表演绝活，各显神通、淋漓尽致地展示着自己不为人知的另一面才能。手工编织、手工剪纸、十字绣表演、手工插花、厨艺表演、书法表演等绝活异彩纷呈。××同志的书法表演独树一帜，让我们拍手称快；××同志的厨艺表演让我们拍案叫绝；××同志的手工编织、十字绣表演让我们叹为观止；××同志的手工剪纸让我们大开眼界。昨天，她们在工作岗位上展示的是敢为人先的粗犷，今天展示给我们的另一面是生活中"花拳绣腿"的细腻。我们的女同胞真是刚柔并济、粗细兼容呀。我们的女同胞真是"太有才了"，"这是为什么呢"？就是因为妇女是半边天。这个半边天是推动社会物质文明建设和精神文明建设乃至社会发展不可缺少的力量。做女人真是太难了，虽然现在妇女解放了，可是，现在我们要承担起奉献社会和相夫教子的双重职责。所以，我们女人处处要善待自己，对自己下手要"狠"一点。

　　言归正传。此次活动在公司领导的支持下，在工会的积极组织下，在基层分会和全体女员工的支持和参与下，搞得比较成功，丰富了女员工的业余文化生活，愉悦了女员工的精神，陶冶了女员工的情操，展示了女员工热爱生活、勤劳智慧的风貌。为此对一贯支持和参与我们女员工工作的领导和同志们表示衷心的感谢。

　　全体女同胞们！冰雪消融，冬去春来的美好时刻正是春意盎然、激情盎然的时刻，在生活和工作中，我们要在重视自己、善待自己的同时要勉励自己、奋发向上、积极进取。我们要树立自尊、自重、自强的精神，继续发挥工作岗位上的半边天作用。2017 年，公司的生产任务还很重，我们要不辱使命、立足岗位、锐意进取、努力工作、恪尽职守，发挥聪明才智，开足马力、加大油门、为全面完成公司 2017 年生产经营目标做出自己应有的贡献。

第五节 唁电

　　唁电分个人唁电、单位唁电、国与国之间派发的唁电三类，多用于官方等正式场合，是对死者表示哀悼、对其亲属表示慰问的一种文体，它是对死者的一种比唁函更迅速、更庄重的悼念致哀形式。

一、唁电的格式

1. 开头

　　顶格写收唁电的单位或逝世者家属的称呼。称呼要根据收唁电者的身份选用，诸如"先生""同志""夫人""女士"等。

2. 正文

　　正文另起一段，先以两三句直抒惊闻噩耗后的悲恸之情；然后以沉痛的心情简述逝世者生前的品德、功绩，激起人们的缅怀、思念之情并表达致哀者继承逝世者遗志的决心和行动；最后向丧家表示亲切的问候、安慰。

3. 结尾

　　结尾单行写"特电慰问""肃此电达"等。

4. 落款

　　落款写在右下方，要写明拍发唁电的单位名称或个人姓名，然后在此下面还要署上发电时间"××年×月×日"。

二、唁电的写法

　　唁电是对死者表示哀悼、对其亲属表示慰问的一种文体，它是对死者的一种比唁函更迅速、更庄重的悼念致哀形式。当前，许多地方的邮局开办了这种业务，唁电得到了越来越广泛的运用。

　　唁电的通常写法为：标题写"唁电"二字，开头写明收电人或收电单位，正文主要写对死者的哀悼之情和对死者亲属表示的问候，也可写上是否前往参加遗体告别或代送花圈等事宜，结尾写"×××同志千古"或"×××同志永垂不朽"等，最后注明发电人姓名或单位，以及日期、地址、电话，以便丧家联系。其文字应当高度凝练，不宜拖沓。

三、唁电的常用语

- 顷接讣告，不胜伤悼。
- 闻悉令堂逝去，大出意外，望节哀释念。
- 尊翁逝去，深致哀悼，尚望节哀顺变。
- 良友云逝，伤感自多，尚望珍重。
- 惊悉尊夫人不幸逝世，不胜哀悼。
- 惊承讣告，悲悼不已，专电致唁，并慰哀衷。
- ××仙逝，实足哀伤，有志者入泉，思之黯然。
- 接××长逝之耗，凡在相好，无不同深惋惜。
- 死者已矣，生者恳请多保重。
- 近闻××逝去，甚哀悼之，足下遇此大故伤感必甚。
- 恳请宽辟哀情，善自珍重。

四、唁电范文

【唁电范文】

唁电
闵恩泽院士逝世（唁电）

闵恩泽院士治丧委员会：

　　惊悉闵恩泽院士不幸逝世，深感悲痛。我谨代表中国工程院，对闵恩泽院士的逝世表示沉痛哀悼，对闵恩泽院士的亲属表示亲切的慰问！

　　闵恩泽院士是中国共产党的优秀党员，中国著名的石油化工催化剂专家，是中国炼油催化应用科学的奠基者，石油化工技术自主创新的先行者，绿色化学的开拓者，在国内外石油化工界享有崇高的声誉。他参加并指导完成了移动床催化裂化小球硅铝催化剂、流化床催化裂化微球硅铝催化剂、铂重整催化剂和固定床烯烃叠合磷酸硅藻土催化剂制备技术的消化吸收再创新和产业化，打破了国外技术封锁，满足了国家的急需，为我国炼油催化剂制造技术奠定了基础。他指导开发成功的Y-7型低成本兰合成分子筛催化剂、渣油催化裂化催化剂及其重要活性组分超稳Y型分子筛、稀土Y型分子筛，以及钼镍磷加氢精制催化剂，使我国炼油催化剂迎头赶上世界先进水平，并在多套工业装置推广应用，实现了我国炼油催化剂跨越式发展。他从战略高度出发，组织指导了多项催化新材料，新反应工程和新反应的导向性基础研究工作，满足了我国炼油工业的发展和油品升级换代的需要，为我国石化工业发展做出了卓越贡献，曾获国家最高科学技术奖、国家技术发明一等奖等奖项，1980 年当选为中国科学院院士，1993 年当选为第三世界科学院院士，1994 年当选为中国工程院院士。

闵恩泽院士热爱祖国、敬业奉献、追求真理、勇于创新、治学严谨、品德高尚，具有崇高的人格魅力和精湛的学术造诣，是我国工程科技界的杰出代表。

闵恩泽院士的逝世，是我国化学工程科技界的重大损失，也是中国工程院和中国工程科技界的重大损失。

闵恩泽院士千古！

中国工程院

2016 年 3 月 7 日

第六节　悼词

今天的悼词是从古代的诔辞、哀辞、吊文、祭文一步步演化而来的。诔辞作为中国哀悼文体的最古形式，最早是一种专门表彰死者功德的宣读性的哀悼文体。狭义的悼词专指在追悼会上对死者表示敬意、寄托哀思的专用哀悼文体。

一、悼词的写作

1. 标题

悼词的标题有以下几种写法或用法。

- 在悼词正文前写上"悼词"二字。
- 主持人在追悼会上要用"×× 同志致悼词"。
- 贴出、刊印时要用"在追悼 ×× 同志大会上 ×× 同志致的悼词"。

2. 正文

- 写明用什么心情悼念什么人。
- 写明去世者生前的身份或担任的各种职务名称，何种原因在何年何月何日几时几分不幸去世，终年岁数。
- 按时间先后顺序介绍去世者的简单生平。

- 对去世者的称颂，可概括成几个方面，文字力求简洁。
- 对评价去世者带来的损失，应实事求是；向去世者学习什么，可分成几点写明，并写明用什么实际行动化悲痛为力量。

3. 结尾

结尾自成一段，一般有如下两种写法。

- 一句式，如"××同志安息吧！"
- 概括式，如"××同志和我们永别了，我们要化悲痛为力量……，××同志永远是我们学习的榜样。"

悼词的结尾一定要简短。

二、悼词的写作要求

撰写者要明确写悼词的目的是主要介绍死者的生平事迹，歌颂死者生前在革命或建设中的功绩，让人们从中学习死者好的思想作风，继承死者的遗志。但是这种歌颂是严肃的，不夸大，不粉饰，要根据事实做出合理的评价。

要化悲痛为力量。有的死者生前为党为人民做了很多好事，他们的美德会时时触动人们的心灵，悼词应勉励生者节哀奋进。

其语言要简朴、严肃、概括性强，这也是写悼词应注意的问题。

三、悼词范文

【悼词范文】

各位亲友、各位来宾：

今天我们怀着十分沉痛的心情深切悼念退休职工张文山同志。

张文山同志因病医治无效，于 2017 年 4 月 23 日 13 时 36 分去世，享年 88 岁。

张文山同志 1929 年 9 月出生于河北省一个农民家庭，1951 年参加工作，1988 年退休。

青年时代的张文山同志和许许多多同龄人一样饱经了苦难贫困生活的煎熬和考验，他十来岁时因生活所迫，弃书投工，在轧钢厂当工人，担起了养家糊口的重任。张文山同志一生勤勤恳恳、任劳任怨，他无论是在车间工作还是在后勤工作期间，总是一心扑在工作上，干一行、爱一行、精一行，敬业爱岗，默默奉献，得到领导与同志们的肯定和赞誉，多次被厂工会评为先进工作者。他对本职工作认真负责，一丝不苟，在设备调试期确保了生活方面取暖、高压蒸汽、开水的正常供应；在测压关键期，领导安排他休息，他说"这段时间是锅炉检修、管道保养、清理煤渣的时间"，他还是坚持每天按时上班，不怕脏、不怕苦、不怕累，他对锅炉管道的每个部件认真检查、保养，确保了安全运转。他对工作认真负责、兢兢业业的精神永远值得我们学习。

张文山同志为人忠厚、襟怀坦荡；谦虚谨慎、平易近人；生活节俭，艰苦朴素；家庭和睦，邻里团结。他对子女从严管教，严格要求，子女个个遵纪守法，好学上进，他在病榻上始终关心着医院的建设和发展，尽最大可能不给单位增添负担，以顽强的毅力和病魔做斗争，在病危时告诫家人及子女，他去世后丧事从简，不要铺张浪费，要按照国家政策规定进行火化。

张文山同志的逝世，使我们失去了一位好同志。虽然他离我们而去，但他那种勤勤恳恳、忘我工作的奉献精神，那种艰苦朴素、勤俭节约的优良作风，那种为人正派、忠厚老实的高尚品德，仍值得我们学习，我们为他的家庭失去这样的好丈夫、这样的好父亲而惋惜。但人死不能复生，我们只能控制自己的感情，抑制自己的悲痛，以更加高昂的热情加倍工作，以慰张文山同志在天之灵。

第七节　请柬

请柬又叫请帖，是单位团体或个人要求有关人员出席某个会议、参加某项活动前发出的礼仪性书信，应用范围较广，篇幅简短。

一、请柬的格式

无论单帖还是双帖，其在帖文行文方面大致是一样的。帖文首行顶格书写被邀请者的姓名或被邀请单位的名称。有的请柬把被邀请者的姓名或单位名称放在末行，但也要顶格书写。

请柬中要写明被邀请者参加活动的内容，如参加座谈会、联欢会、赴宴，应交代具体时间、地点。若有其他活动，如观看影视表演，应在请柬上注明或附入场券。

结尾写"敬请光临""致以敬礼"等，古代称此为"具礼"。

落款应写明邀请人的单位或姓名和发出请柬的时间。

二、请柬的样式

请柬一般有如下两种样式。

- 单面的，直接由标题、称谓、正文、敬语、落款构成。

- 双面的，即折叠式。一为封面，写"请柬"二字；一为封里，写称谓、正文、敬语、落款等。

　　请柬的篇幅有限，书写时应根据具体场合、内容、对象，认真措辞，行文应达、雅兼备。达，即准确；雅就是讲究文字美。在遣词造句方面，有的使用文言语句，显得古朴典雅；有的选用较平易通俗的语句，显得亲切热情。不管使用哪种风格的语言，都要庄重、清晰，使人一看就懂，切忌语言乏味、浮华。

三、请柬的写作

　　不论哪种样式的请柬，都有标题、称谓、正文、敬语、落款和日期等。

1. 标题

　　双柬帖在封面上印上或写明"请柬"二字，一般应对其做些艺术加工，如采用字面烫金、名家书法或图案装饰等。有些单柬帖，"请柬"二字写在顶端第一行，字体较正文稍大。

2. 称谓

　　顶格写清被邀请单位的名称或个人姓名，其后加冒号。个人姓名后要注明职务或职称，如"××女士""××博士"。

3. 正文

　　正文另起行，前空两格，写明活动的内容、时间、地点及其他应知事项。

4. 敬语

　　一般以"敬请（恭请）光临""此致敬礼"等作结。"此致"另起行，前空两格，再另起行，顶格写"敬礼"等词。

5. 落款和日期

　　写明邀请单位或个人姓名，下边写日期。

四、请柬范文

【请柬范文】

请柬

送呈：×××先生台启

　　　公历××××年××月××日

　　　谨定于（星期日）

　　　公历××××年××月××日

为 ××× 先生和 ××× 小姐举行结婚典礼敬备喜筵

恭请光临

敬礼

××× 、××× 敬邀

第八节　贺信

贺信又称祝贺信，是对单位、集体、个人表示祝愿、庆贺一类书信的总称，主要用于表彰、庆祝对方在某个方面所取得的成就或所做的贡献，用以表示慰问和赞扬。可以直接邮寄给对方，也可以在报刊上登载，在电台上广播。

一、贺信的写作

贺信一般由标题、称谓、正文、结尾和落款五部分构成。

1. 标题

贺信的标题通常由文种名构成。

如在第一行正中书写"贺信"二字，有的还在"贺信"或"贺电"的前面加上谁写给谁的内容，或者写明祝贺事由等。个人之间的贺信、贺电也可以不写标题。

2. 称谓

顶格写明被祝贺单位或个人的名称或姓名。写给个人的，要在姓名后加上相应的礼仪名称。称呼之后要用冒号。特殊情况下，也可省略。

3. 正文

贺信的正文要交代清楚以下几项内容。

- 结合当前的形势状况，说明对方取得成绩的大背景，或者某个重要会议召开的历史条件。

- 概括说明对方都在哪些方面取得了成绩，分析其成功的主观、客观原因。贺寿的贺信，要概括说明对方的贡献及他的宝贵品质。总之这一部分是贺信的中心部分，一定要交代清楚祝贺的原因。

- 表示热烈的祝贺。要写出自己祝贺的心情，由衷地表达自己真诚的慰问和祝福。

要写些鼓励的话，提出希望和共同理想。

4. 结尾

结尾要写上祝愿的话，如"此致 —— 敬礼""祝您健康长寿""祝争取更大的胜利"等。

5. 落款

落款要写明发文的单位或个人的姓名、名称，并署上成文的时间。

二、贺信范文

【贺信范文】

习近平致清华大学建校 105 周年贺信

值此清华大学建校 105 周年之际，我向全体师生员工和广大校友，致以热烈的祝贺和诚挚的问候！

清华大学是我国高等教育的一面旗帜。105 年来，清华大学秉承自强不息、厚德载物的校训，开创了中西融汇、古今贯通、文理渗透的办学风格，形成了爱国奉献、追求卓越的精神和又红又专、全面发展的培养特色，培养了大批学术大师、兴业英才、治国人才，为国家、为民族做出了重要贡献。

办好高等教育，事关国家发展、事关民族未来。我国高等教育要紧紧围绕实现"两个一百年"奋斗目标、实现中华民族伟大复兴的中国梦，源源不断培养大批德才兼备的优秀人才。站在新的起点上，清华大学要坚持正确方向、坚持立德树人、坚持服务国家、坚持改革创新，面向世界、勇于进取，树立自信、保持特色，广育祖国和人民需要的各类人才，深度参与创新驱动发展战略实施，努力在创建世界一流大学方面走在前列，为国家发展、人民幸福、人类文明进步做出新的更大的贡献。

衷心祝愿清华大学的明天更加美好！

习近平

2016 年 4 月 22 日

第九节　贺电

　　贺电多用于向取得显著成绩，或做出重大贡献的单位、集体或个人表示祝贺，向大型庆典、喜庆活动的单位、集体或个人表示祝贺，对新当选的外国政府首脑表示祝贺，对重要人物的寿辰表示祝贺等。它多是以政府部门、企事业单位或首脑人物、代表人物名义发给有关单位、集体、个人的。同贺信一样，贺电也可以通过直接发给对方、或者登报、广播等形式发布。

一、贺电的写作

1. 标题

　　在第一行的中间写上"贺电"两字；也可以写成谁给谁的贺电以及被祝贺的事由。

2. 称谓

　　称谓即对贺电接受者的称呼。顶格写接受贺电的单位或个人的称谓，后边加上冒号，表示后面有话可说。

3. 正文

　　正文是贺电的具体内容，紧接称呼之后，另起一行，空两格写起。这部分大致包括以下内容：简略交代当时的背景或其他有关情况，为颂扬成绩做铺垫；充分肯定和热情赞扬对方所取得的主要成绩，以及取得成就的根本原因和重大意义，并做出肯定性评价。祝贺会议的贺电，应概括写出会议的主要内容和重要性。祝贺寿辰的贺电，应精练地说明被祝贺者的突出贡献和高贵品质，表示热烈的祝贺和赞扬。

4. 结尾

　　结尾应表示出殷切的希望、热情的祝愿等。

5. 署名

　　在正文的右下方写明发电的单位、发电人姓名。署名下方写明发电的年、月、日。

二、贺电的写作要求

1. 文字精简明了

电报是按字数计收费用的，所以电文越简短越好，但精简应以表达清楚、明白为前提。

2. 严格按格填写

电报是按电报纸上的格子安字计费的，所以要按格认真写，手写字体要端正。

3. 数字的写法

数字用阿拉伯数字填写，一个数字可以填在一个格子里。

4. 电报挂号的用法

"电报挂号"是一个单位在电信部门登记后获得的专用号码，使用这个号码，就可以代替单位的地址和名称。

5. 如实详细填写附项

附项是电文以外的内容，不拍发、不计费。但因具有在电报无法投递或其他意外情况下供电信部门与发报人联系的作用，所以应如实详细填写。

三、贺电的写作注意事项

贺电篇幅不能太长，一般用百余字表达祝贺就行了。贺电太长，就与贺信无甚分别了。

贺电在用语上要细细斟酌，贺颂要恰如其分，提出的要求和希望要合乎情理。

贺电要及时、迅速拍发。

四、贺电范文

【贺电范文】

中共中央总书记、国家主席、中央军委主席习近平对神舟十一号载人飞船发射成功的贺电。贺电全文如下。

空间实验室飞行任务总指挥部：

欣闻神舟十一号载人飞船发射成功，我谨向全体参研参试人员和航天员们表示热烈的祝贺和诚挚的问候！

天宫二号和神舟十一号载人飞行任务，将首次实现我国航天员中期在轨驻留，开展一批体现国际科学前沿和高新技术发展方向的空间科学与应用任务，标志着我国载人航天工程取得了新的重大进展。

太空探索永无止境，航天攻关任重道远。希望同志们大力弘扬载人航天精神，精心做好后续各项工作，确保实现既定任务目标，不断开创载人航天事业发展新局面，使中国人探索太空的脚步迈得更大更远，为建设航天强国做出新的贡献。

习近平

北京时间 2016 年 10 月 17 日于印度果阿

第十节　感谢信

感谢信是重要的礼仪文书，是向帮助、关心和支持过自己的集体（党政机关、企事业单位、社会团体等）或个人表示感谢的专业书信，有感谢和表扬双重意思。

一、感谢信的特点

感谢信具有以下三个特点。

- 公开感谢和表扬。
- 感情真挚。
- 表达方式多样。

二、感谢信的写作

感谢信一般由标题、称谓、正文、结语、署名与日期五部分构成。

1. 标题

标题可只写"感谢信"三字；也可加上感谢对象，如"致 ××× 同学的感谢信""致 ×××× 公司的感谢信"；还可再加上感谢者，如"××× 全家致 ×××× 社区居委会的感谢信"。

2. 称谓

称谓要写明感谢对象的单位名称或个人姓名，如"×××× 有限公司""×××

同志"。

3. 正文

正文主要表达两层意思：一是感谢对方的理由，二是直接表达感谢之意。

● 写感谢理由：先准确、具体、生动地叙述对方的帮助，交代清楚人物、时间、地点、事迹、过程、结果等基本情况；然后在叙事基础上对对方的帮助做恰当、诚恳的评价，以揭示其精神实质、肯定对方的行为，在叙述和评价的字里行间要自然渗透感激之情；最后表达谢意。在叙事和评论的基础上直接对对方表达感谢之意，根据情况也可在表达谢意之后表示以实际行动向对方学习的态度。

4. 结语

结语一般用"此致 —— 敬礼"或"再次表示诚挚的感谢"之类的话，也可自然结束正文。

5. 署名与日期

该部分写感谢者的单位名称或个人姓名，以及写信的时间。

三、感谢信范文

【感谢信范文】

感谢信

××××（感谢单位）：

　　××××（本单位）×××（感谢的活动）于××月××日在××××召开。××××（感谢的事）产生了×××××，明确了××××（本单位）今后发展思路，对凝聚各方智慧和力量、推动人力资源服务业创新发展必将产生深远影响。

　　本次××××（感谢的事）规模大，人数多，时间紧，任务重。在××××（感谢的活动）筹备和组织召开期间，得到了广大人员单位的大力支持和帮助。尤其是××××（单位），在自身任务繁重，人手较少的情况下，派出精兵强将，全程参与了××××（感谢的活动）的筹备及组织工作，为××××（感谢的活动）的成功召开做出了积极贡献。对你们这种无私奉献的主人翁精神，对本次大会给予的大力支持，我们表示衷心的感谢并致以崇高的敬意！

××××（本单位）

××××年××月××日

第十一节　慰问信

慰问信是表示向对方（一般是同级、或上级对下级单位、个人）关怀、慰问的信函。它是有关机关或者个人，以组织或个人的名义在他人处于特殊的情况下（如战争、自然灾害、事故），或在节假日，向对方表示问候、关心的应用文。

一、慰问信的适用范围

慰问信是组织、部分群众以及某个人向有关集体、个人表示慰劳、问候、致意的书信。所谓有关集体或个人，可以分为两类：一类是在"两个文明"建设中做出了重大贡献的，另一类是由于某种原因而遭到暂时困难和严重损失的。慰问信对前者表示慰问，鼓励他们戒骄戒躁，乘胜前进；对后者表示同情和安慰，鼓励他们加倍努力，战胜困难。

二、慰问信的写作

1. 标题

标题可只写"慰问信"或者加上慰问对象，如"×××致×××的慰问信"。

2. 称谓

一般来说，称谓是不可缺少的，但是有的情况下，如标题中已经出现受信一方的名称，如《给全市教师的慰问信》，则专门的称谓可省略。

3. 正文

正文写明慰问的原因，也可写事件的情况，或介绍他人的事迹等。在正文的结尾应包含祝愿语，如"祝愉快"等。

4. 署名和日期

如果署组织名称应写全称；个人姓名前可加职衔，但姓名后一般不要写职衔；在姓名下写日期。

三、慰问信的写作要求

第一行正中写"慰问信"三个字；如果写成"×××致×××慰问信"，那么"慰问信"三个字可移至第二行中间。接着换一行顶格写受慰问的单位或者个人的称呼。该称呼若为单位，则要写全称；若为个人，要在其姓名之后加上如"同志""先生""师傅"之类的称谓，后边加冒号。

在个人姓名前边，往往还要加上"敬爱的""尊敬的""亲爱的"等字样，以表示尊重，然后另起一行，空两格起写正文。

正文的内容，应该首先说明写慰问信的原因，该原因或是对方在现代化建设中取得了成绩，或是对方遭到了暂时的困难和挫折；其次叙述对方的模范事迹或遇到的困难时表现出来的高尚品质，并向对方表示慰问；再次，写一些鼓励和祝愿的话；接着在正文后面或是另起一行空两格写"祝""此致"；最后在下一行顶格写"节日愉快""取得更大的成绩""敬礼"等。署名要写在另起一行的右半行。

如果慰问信的单位、个人不止一个，也都要一一写上。日期写在署名的下边，年、月、日都要写上。

四、节日慰问信范文

【节日慰问信范文】

慰问信

驻浙中国人民解放军和人民武装警察部队全体指战员，全省红军老战士、军队离退休干部、烈军属、残疾军人、转业复员退伍军人：

值此 2017 年新春佳节来临之际，向你们致以亲切的问候和诚挚的祝福！

2016 年，是浙江改革发展史上极不平凡、具有特殊意义的一年。习近平总书记对我们提出了"秉持浙江精神，干在实处、走在前列、勇立潮头"的新要求，明确了浙江当前所处的历史新方位。全省上下在以习近平同志为核心的党中央坚强领导下，拉高标杆、自我加压、苦干实干，实现了"十三五"发展的良好开局。特别是，我们举全省之力服务保障 G20 杭州峰会，落实了"西湖风光、江南韵味、中国气派、世界大同"的理念，向全世界展示了中国方案、中国道路、中国智慧之鲜活样本。我们坚持以"八八战略"为总纲，坚定不移打好以"拆、治、归"为主要内容的转型升级系列组合拳，打出了干净整洁的好环境，打出了制胜未来的新优势，打出了人民群众的好口碑。我们自觉践行以人民为中心的发展思想，坚持"群众想什么、我们就干什么"，认真解决事关群众切身利益的"关键小事"，不断增强人民群众的成就感和获得感。我们大力推进全面从严治党向纵深发展，加快建设勇立潮头的浙江铁军，努力打造政治上的绿水青山。这一年，浙江大地发生了全面深刻的变化、影响深远的变化、鼓舞人心的变化。

回望砥砺奋进的 2016 年，我们深切感受到，浙江经济社会发展的每一个进步、每一项成就，都凝聚着驻浙人民子弟兵的汗水和辛劳，都饱含着驻浙人民子弟兵的贡献和功绩。我们忘不了，在 G20 杭州峰会的服务保障中，人民子弟兵顶高温、冒酷暑，当尖兵、打头阵，不怕疲劳、连续奋战，用绝对忠诚筑起了峰会安保的铜墙铁壁。我们忘不了，在遂昌山体滑坡、温州鹿城农房倒塌的抢险救援中，人民子弟兵紧急驰援、冲锋在前，夜以继日、连续作业，不畏艰险、不怕牺牲，把灾害造成的损失降到了最低程度。我们忘不了，在推进"拆、治、归"等重点工作中，人民子弟兵把浙江当家乡，发挥优势、主动服务，军地协力、军民齐心，谱写了团结共建的崭新篇章。我们也忘不了，在高水平全面建成小康社会的征程中，全省广大红军老战士、军队离退休干部、烈军属、残疾军人和转业复员退伍军人保持革命本色、继承光荣传统，以各种方式发挥作用、贡献力量，赢得了社会各界的高度赞誉。人民子弟兵不愧是祖国安全稳定的坚强柱石，不愧是浙江改革发展的坚强后盾，不愧是全省人民幸福安康的坚强依靠！浙江省委、省政府感谢你们，浙江人民感谢你们！希望你们一如既往地参与浙江建设、支持浙江发展。浙江省委、省政府将不遗余力地支持驻浙部队建设，倾心尽力搞好各项服务保障，积极做好新形势下的优抚安置工作，推动"爱我人民爱我军"的新型军政军民关系不断巩固发展。

当前的浙江，正挺立在中国特色社会主义伟大事业的潮头上，正奔跑在"干在实处、走在前列"的跑道上，正站在高水平全面建成小康社会的关键节点上。让我们更加紧密地团结在以习近平同志为核心的党中央周围，军民鱼水一家亲，军地合力一条心，共同把"浙江的今天"建设得更好，为"中国的明天"贡献更多的浙江实践、浙江素材、浙江经验，以优异成绩迎接党的十九大和省第十四次党代会胜利召开！

中共浙江省委
浙江省人民政府
2017 年 1 月 18 日

五、同情安慰的慰问信范文

【同情安慰的慰问信范文】

法兰西共和国
巴黎
爱丽舍宫
弗朗索瓦·奥朗德总统阁下：
总统先生：惊悉巴黎发生系列恐怖袭击事件，造成惨重的人员伤亡。在此法国人民悲伤的时刻，我谨代表中国政府和人民，并以我个人的名义，对这一野蛮行径予以最强烈的谴责，向不幸遇难者表示深切的哀悼，向伤员和遇难者家属表示诚挚的慰问。

中国一贯反对一切形式的恐怖主义，愿同法国及国际社会一道，加强安全领域合作，共同打击恐怖主义，维护各国人民生命安全。

中华人民共和国国家主席习近平
二〇一五年十一月十四日于北京

第十二节　介绍信

　　介绍信主要用于联系工作、洽谈业务、参加会议、了解情况时的自我说明，对于持信人而言，介绍信具有介绍、证明双重作用，是比较重要的应用文体之一。

一、介绍信的写作

　　介绍信有两种形式。

1. 便函式介绍信

　　便函式介绍信用一般的公文信纸书写，包括标题、称谓、正文、结尾、单位名称和日期、附注几部分。

◆ **标题**

　　在第一行居中写"介绍信"三个字。

◆ **称谓**

　　另起一行，顶格写收信单位名称或个人姓名，姓名后加"同志""先生""女士"等称呼，再加冒号。

◆ **正文**

　　另起一行，开头空两格写正文，一般不分段。正文中一般要写清楚以下内容：派遣人员的姓名、人数、身份、职务、职称等；说明所要联系的工作、接洽的事项等；对收信单位或个人的希望、要求等，如"请接洽"。

◆ **结尾**

　　写上表示致敬或者祝愿的话，如"此致 —— 敬礼"等；写上单位名称和日期。

◆ **单位名称和日期**

　　在正文的右下方写明派遣单位的名称和介绍信的开出日期，并加盖公章。日期写在单位名称下方。

◆ **附注**

注明介绍信的有效期限，具体天数要大写。

2. 存根式介绍信

带存根的介绍信有固定的格式，一般由存根、间缝、本文三部分组成。

◆ **存根**

存根部分由标题（介绍信）、介绍信编号、正文、开出时间等组成。存根由出具单位留存备查。

◆ **间缝**

间缝部分写介绍编号，应与存根部分的编号一致，还要加盖出具单位的公章。

◆ **正文**

正文部分基本与便函式介绍信相同，只是有的要在标题下要注明介绍信编号。

二、介绍信的写作规范

1. 便函式介绍信

用公文纸书写以下内容。

- 在公文纸正中的地方写"介绍信"三个字，字要比正文大些。
- 联系单位或个人的称呼。
- 被介绍人的姓名、身份、人数（派出人数较多的，可写成"×××等×人"）。
- 接洽事项和向接洽单位或个人提出的希望，最后可写上"请接洽""请予协助""此致　敬礼"等语。
- 本单位名称和写信日期，加盖公章。

2. 存根式介绍信

- 有固定格式，使用时只需填上有关内容。
- 存根部分简填，以便日后查考。
- 正文部分要填写详细些。
- 派人联系办理重要或保密事情，要注明被派人员的政治面貌、职务。
- 重要的介绍信要经领导过目或在存根上签字，有的还要限制有效期。
- 除本文部分需加盖公章外，存根与本文的虚线正中亦要加盖公章。

三、介绍信的写作要求

- 接洽事宜要写得具体、简明。
- 要注明使用介绍信的有效期限，天数要大写。
- 字迹要工整，不能随意涂改。

四、介绍信的注意事项

- 要坚持实事求是的原则，优点要突出，缺点不避讳，最好是用成就和事实替代华而不实的修饰语，恰如其分地做介绍。
- 要态度诚恳，措辞得当。用语应委婉而不隐晦，自信而不自大。
- 篇幅不宜过长，言简意赅，在有限的篇幅中突出重点；同时文字要顺畅，字迹要工整。

五、介绍信范文

【介绍信范文】

介绍信

×××公司：

　　兹介绍×××同志（壹人，身份证号 _____ ）前来你处联系 _____ 事宜。请接洽。

　　（有效期×天）

××局

××××年××月××日

第十三节　证明信

　　证明信是以行政机关、社会团体、企事业单位或个人的名义，凭借确凿的证据证明某人的身份、经历或某件事情的真实情况时所使用的一种专用书信。证明信一般也直接被称作证明。证明信可分为组织证明信和个人证明信，前者又可分为普通书写证明信和印刷证明信。

一、证明信的特点

1. 充作凭证的作用

证明信的作用旨在证明，是持有者用以证明自己身份、经历或某事真实性的一种凭证，所以证明信的第一个特点就是它的凭证作用。

2. 采用书信体格式

证明信是一种专用书信，尽管证明信有好几种形式，但它的写法同书信的写法基本一致，大部分采用书信体的格式。

3. 内容简洁

证明信只要把要证明的事实描述清晰即可，不必牵涉其他内容。

二、证明信的写作

1. 标题

标题一般用"证明"或"有关 ×× 问题的证明"。

2. 称谓

称谓需要另起一行写上单位名称，之后加冒号。

3. 正文

正文主要描写被证明的事实。

4. 结尾

结尾一般写"特此证明"。

5. 落款

出具证明的单位署名、日期，加盖公章。

三、证明信范文

【证明信范文】

证明信

联众信息科技有限公司：

　　贵公司市场运营部经理杨华军同志，原系我公司融资租赁部经理。他在我公司工作期间，工作积极，有开拓创新精神，且作风正派，密切关注市场动态，给我公司创造了良好的经济效益。特此证明。

江苏省苏州市神州通外贸有限公司（公章）
2017 年 4 月 18 日

第十四节　公开信

　　公开信主要是写给社会中的某一部分人或写给个人的，写信者希望有更多的人阅读、了解，甚至讨论信中的问题。公开信的主要内容一般都涉及重大问题，具有普遍意义上的指导、教育和宣传作用，涉及的对象比较宽泛，是应用范围较广的一种应用文。

一、公开信的特点

　　公开信是将不必保密的全部内容公之于众，让大家周知和讨论的信件。公开信的内容一般都具有普遍的思想意义和教育意义。一封好的公开信，在宣传中会产生较大的影响，它能促进人们积极参与，树立良好的社会风气，指导工作广泛开展和推动活动顺利进行。有的公开信可以在报上刊登，也可以在电台上广播。

二、公开信的写法

1. 节庆类公开信

　　这类公开信是以领导机关、群众团体的名义，在重大事件、纪念活动、传统节日里给有关单位、集体发出的书信。这种公开信有问候、表扬、鼓励的效果，如"五四"青年节给青年的公开信等。这类信的格式与普通书信格式基本相同。此类公开信的对象不止一两个人，而是一个团体、一类人，其内容、写法与普通信件有很大的不同。

◆ **标题**

正中写"公开信"三个字，或"××致×××公开信"。

◆ **称谓**

针对发信的对象和发信方式的不同，有的写集体的称呼，有的写个人姓名。在称呼之前，根据不同对象的身份特点加"尊敬的""敬爱的"等字样。称谓顶格写在第一行，称呼后加冒号。

◆ **正文**

正文另起一行，前空两格。其内容可首先写关怀、问候、祝愿的话，给人以亲切、温暖的感觉；其次热情赞颂收信人的品德、贡献及其影响；再次根据收信对象的共同特征，提出要求、希望，给予鼓励；最后以饱满、热烈的感情发出号召。

◆ **结尾**

一般写上表示祝愿的话。

◆ **署名和日期**

在正文右下方写发信单位或个人姓名，署名下边写年、月、日。

2. 针对具体问题的公开信

这类公开信是领导机关、群众团体或个人针对某一个问题给有关对象发的公开信。这类公开信有的是批评，有的是表扬，有的是倡导新风，有的是提出建议。

◆ **标题**

正中写"公开信"三个字，或"××致×××公开信"。

◆ **开头**

开头写收信人的称呼，该称呼多是用"同志们""朋友们"，有的是直接写姓名或职称。开头顶格书写，后加冒号。

◆ **正文**

正文另起一行，空两格。其内容通常包括：问题的背景、原因；事件的经过、结果；表明自己对人物或事件的态度，或者赞扬，或者批评，或者提出某种主张、建议等。

◆ 结尾

结尾写上表示祝愿的话，如"此致敬礼""祝开心"等。

◆ 署名和日期

在正文右下方写发信单位或个人姓名，下边写年、月、日。

3. 收信人无着的公开信

有的信本来是私人信件，但由于某种原因找不到收信人的地址，而信的内容又很急切，非发给本人不可。这种信需要通过媒介登在报纸上，或在电台上广播，希望以此与对方取得联系。这类公开信的格式基本上与普通书信相同，但由于要寄给报刊编辑部或广播电台、电视台，因此要注意写好信封。

三、公开信的写作要求

撰写者想写好公开信，需要注意以下几个问题。

● 考虑需要与可能，的确有写公开信的必要，的确有实现公开信所说的目标的可能，才宜选用该种文体。

● 既要诚心诚意地将发表公开信的理由告诉读者，又要向读者阐述公开信的基本思想，切忌夸夸其谈、不切实际。

● 把握好发表公开信的角度及时间，使其能够取得很好的社会效果。

四、公开信范文

【公开信范文】

致阮成发省长的公开信

尊敬的阮成发省长：

您好。

近日，我听闻您在全国"两会"期间对云南旅游市场的情况与问题进行了深入分析，并对严格治理云南旅游市场的问题提出了您的一些想法。

对于您的这番表态，我也"感同身受"。作为植根于中国的全球领先在线旅游企业（NASDAQ：CTRP），携程的发展一直以来都得到了包括云南省的各级政府的大力支持。如今，携程得以不断壮大，我和携程数万员工饮水思源，有责任也有义务为云南旅游市场的健康发展尽绵薄之力。

近年来在省委省政府的关心与指导下，云南旅游业发展迅猛。携程作为行业龙头企业，不断加强与云南各地区的合作，专门设立分公司深耕这片极具发展潜力的旅游市场。作为携程消费者非常喜爱的旅游目的地之一，通过携程平台赴云南旅游的消费者每年都在大幅增加，2016年同比2015年的出行人次增加了近两倍。我和我的团队也曾多次到云南领略当地秀美的风景。随着携程在云南业务的不断拓展，我们也发现了您指出的云南旅游市场存在的"病灶"。

云南旅游业的转型升级离不开大数据的决策支持，携程愿意在旅游大数据方面与云南开展密切合作。

携程是包括入境游客在内的众多游客预订云南旅游产品的首选平台，每年为云南输送了大量客流，携程积累了丰富的旅游大数据资源。

我们注意到，云南在旅游发展中遇到了一些瓶颈问题：不合理低价游、观光产品比重大、过度依赖门票收入、综合管理水平不高，以及应急处理能力薄弱等问题长期存在，这不仅给游客的旅游体验造成了影响，而且对云南的旅游形象也造成了一定影响。

李克强总理今年所做的《政府工作报告》中，提出要"推动互联网＋深入发展、促进数字经济加快成长，让企业广泛受益、群众普遍受惠"。因此，携程与云南积极践行"互联网＋"战略，进一步地挖掘云南旅游市场的潜力，进而通过"互联网＋"推动云南旅游的转型升级。

互联网、移动互联网的本质是开放透明、以用户为中心。"互联网＋"已经成为我国传统产业转型升级的一大动力，而云南旅游业转型升级的动力是推进互联网与传统旅游业的融合，通过公开、透明的互联网平台实现供需对接、信息对称，进而进行创新和改造提升，回归以消费者为中心的旅游产业模式。旅行社、景点、导游等根据消费者需求提供产品和服务，实现优胜劣汰。

最后，我还希望通过新业态挖掘，助力云南旅游业的创新。

云南是具备极佳发展潜力的旅游大省和强省。携程希望能够成为云南旅游市场永远的合作伙伴，并非常欢迎您莅临携程考察调研。携程真诚地希望尽到企业公民应尽的责任，助力云南旅游发展再上一个台阶。

在此，我代表携程及全体员工，对您和云南各级政府长期以来给予集团的支持与帮助，表示由衷的感谢！

携程集团首席执行官孙洁

2017年3月9日

第十五节　通讯稿

一、通讯稿的概念

通讯作为应用写作研究的重要文体之一，是运用叙述、描写、抒情、议论等多种手法，具体、生动、形象地反映新闻事件或典型人物的一种新闻报道形式。它是记叙文的一种，是报纸、广播电台常用的文体。通讯的类型有人物通讯、事件通讯、工作通讯、概貌通讯、新闻故事、文艺通讯、主题通讯、旅游通讯，最常见的是人物通讯和事件通讯。

二、通讯稿的特点

通讯是报刊、电台等媒体最常用的体裁之一，新闻性显然是其基本的特征，而真实性、时效性、思想性及典型意义则构成了新闻性的不同层面。就报道对象而言，或是人物、事件，或是经验、成果、工作情况、社会风貌等，都必须是真实的，不允许虚构或"合理想象"，而且报道对象应该具有必需的思想性和典型意义。就报道时效而言，通讯虽不及消息这般快速敏捷，有时为将人物、事件报道细致完整耗时较长，但也必须及时，仍须有很强的时效性概念。除去真实性、时效性的新闻性特征，相比于消息通讯的主要特点还表现在以下几个方面。

1. 生动性

通讯尤其是人物通讯具有一定的文学色彩。消息在表达上主要是平面的叙述，语言追求简洁、明快、准确。通讯则较多借用文学手段，可以描写、抒情、对话，可以用比喻、象征、拟人等修辞。因此通讯在语言和表达方法上都具有一定的文学性，它在报道真实的人和事的过程中，善于再现情景，更加生动和形象，给人以立体感、现场感。

此外，通讯虽然一般以第三人称叙述为主，但在"见闻""采访记"一类的通讯中，也采用第一人称。不过其中的"我"主要起见证人或采访线索的作用。在效果上，第一人称的使用也增加了一些亲切感。

2. 完整性

通讯须相对完整、具体地报道人物或事物的过程。消息侧重写事，叙述简明扼要，一般不展开情节。通讯可写人物也可写事件，其材料比消息丰富、全面，其容量比消息厚实、充足。它要求详尽、具体地报告事件的经过、演绎人物的命运，充分展开情节，甚至描写细节和场面。这些既是生动性的表现，同时也是内容完整性、具体化的要求。

3. 评论性

通讯须运用夹叙夹议的方法对人或事做出直接的评论。消息是以事实说话，除述评消息，一般不允许作者直接发表议论。通讯则要求在报道人物或事件的同时，表露作者的感情与倾向。然而通讯的评论不同于议论性文体的论证，它须时时紧扣人物或事件，依傍事实做适时的、恰到好处的评价点拨。因此这是一种通过描写、叙述、抒情等表达手段进行的议论，它的特点是以情感人，理在情中。

三、常见的通讯类型

1. 人物通讯

所谓人物通讯，就是以报道各条战线上的先进人物为主的通讯。它着重揭示先进人物的精神境界，通过写人物的先进事迹，反映人物的先进思想，使之成为社会的共同财富。同时，它也报道转变中的人物和某些有争议的人物。"金无足赤，人无完人"，撰写者在写作时切不可把先进人物写成从来没有过的大智大勇、十全十美，写人叙事要力求言真意切、恰如其分。

2. 事件通讯

所谓事件通讯，就是报道典型的、有普遍教育作用的新闻事件。写事当然离不开与事件有关的人，但它不像人物通讯那样着力刻画人，而是以事件为中心，在事件的总画面中，为了写好事来写人。它既可以反映现实生活中发生的重大的、振奋人心的典型事件和突出事件；也可以从某一新闻事件截取一个或若干片断，进行细致详尽的描述，揭示事件的深刻含义；还可以是对若干事件的综述。

3. 工作通讯

所谓工作通讯，就是反映贯彻执行党的路线、方针、政策中的成绩，总结实际工作中的经验和教训，或者探讨有争议的、亟待解决的问题的报道。它是报纸上经常运用指导工作的重要报道形式。它的主要特点有四个：一是把介绍工作经验和分析问题作为主旨；二是凭借事实，深入分析；三是生动活泼，讲究文采；四是不拘一格，形式多样，随笔、散记、侧记、札记、记事均可。

4．概貌通讯

概貌通讯又称风貌通讯。它是以反映社会生活、风土人情、自然风光和日新月异的建设成就为主的报道。尤其是改革开放所带来的变化，又为这类通讯增加了新的内容。概貌通讯与事件通讯不同，它不是围绕一个人物或一个中心事件来写，也不要求写一件事发生、发展的完整过程，而是围绕主题集中各方面的风貌和特色。在表达方式上，其往往运用具体事例来叙述和描写一个地区、一条战线、一个单位、一个点、一个方面的风貌变化，展现时代的步伐和人的思想境界的变化，一般采取"巡礼""纪行""散记""侧记"等形式向读者介绍。

5．小通讯（小故事）

小通讯反映现实生活中的一个片断，通常表现一人一事，线索单一而有故事情节，短小精悍，生动活泼。撰写者不能将其写得人物繁多，场面太大，枝节横生，否则就使其失去了"小"的特点。

四、通讯稿的写作要求

- 主题要明确。有了明确的主题，取舍材料才有标准，起笔、过渡、高潮、结尾才有依据。

- 材料要精当。按照主题思想的要求去掂量材料、选取材料，把最能反映事物本质的、具有典型意义的和最有吸引力的材料写进去。

- 写人离不开事，写事为了写人。写人物通讯固然要写人，然而写事件通讯、概貌通讯、工作通讯，也不能忘记写人。当然，写人离不开写事。离开事例、细节、情节去写人，势必写得空洞。

- 角度要新颖。写作方法要灵活多样，除叙述外，可以描写、议论，也可以穿插人物对话、自叙和作者的体会、感受；既可以用第三人称的报道形式，也可以写成第一人称的访问记、印象记或书讯体、日记体等。通讯所报道的新闻事实，可以从各个不同的角度去观察、去反映，诸如正面、反面、侧面、鸟瞰、平视、仰望、远眺、近看、俯首、细察……角度不同，印象各异。若撰写者能精心选取最佳角度去写，往往能使稿件陡然增添新意，别具一格。

五、通讯稿范文

【通讯稿范文1】

市督查互查组来河东区督查
排查安全隐患全覆盖零容忍

本报讯（记者张丹）日前，天津市安委办、红桥区安委办组成市督查互查组，对河东区安全生产隐患大排查大整治工作开展了督查。区安监局、消防河东支队、东新街道等单位的负责同志参加。

督查互查组一行听取了河东区安全生产隐患大排查大整治工作的整体汇报和消防河东支队、东新街道开展大排查大整治工作的经验汇报，并查阅了相关档案资料，实地检查了三源电力游泳馆等企业落实安全生产隐患大排查大整治工作的相关情况。检查结束后，双方就基层单位安全生产人员配备等问题交换了工作意见。

据了解，河东区树立"隐患就是事故、事故就要处理"的理念，以"铁面、铁规、铁腕、铁心"为要求，全面开展安全生产隐患大排查大整治工作，排查和消除了一批安全生产隐患，维护了全区安全生产形势的基本稳定。

【通讯稿范文2】

交警西城支队设置安全警示铃音
驾驶员听铃声避隐患

本报讯（记者潘莹　通讯员徐岩）交警西城支队于日前在客运企业、危险品运输企业驾驶人的手机上设置了安全驾驶提示手机铃声。听铃声避隐患，既安全又便捷，保障营运客车、危险品运输等重点车辆的行车安全。

近日，交警西城支队召集辖区内42家"两客一危"企业负责人，统一布置安装安全提示铃音工作，要求各企业在驾驶人手机安装设置安全提示铃音，一旦驾驶人在驾驶过程中车辆因为超速被监控平台发现，将通过监控人员拨打电话自动播放超速提示铃音提示驾驶人。

每一辆营运客车、危险品运输车都装有GPS动态监控系统，设置驾驶提示手机铃声后，驾驶人不用分心接电话就可收到提示信号，立即将车速降到规定速度，从而进一步保障了行车安全。

参考文献

[1] 李星. 新编公文写作全能一本通：格式、技巧与范例大全 [M]. 北京：人民邮电出版社，2018.

[2] 谢亦森. 大手笔是怎样炼成的 [M]. 湖北：长江文艺出版社，2013.

[3] 舒雪冬. 公文写作范例大全：格式、要点、规范与技巧 [M]. 北京：清华大学出版社，2016.

[4] 张保忠. 中国党政公文写作要领与范例 [M]. 北京：经济科学出版社，2013.

[5] 陈涛涛. 党政机关公文写作处理：规则方法与范本·党员干部从政必备的基本功 [M]. 北京：中国法制出版社，2015.